TEOLOGIA PASTORAL

Dados Internacionais de Catalogação na Publicação (CIP)
(Câmara Brasileira do Livro, SP, Brasil)

Brighenti, Agenor
  Teologia Pastoral : a inteligência reflexa da ação evangelizadora / Agenor Brighenti. – Petrópolis, RJ : Vozes, 2021. – (Coleção Iniciação à Teologia)
  ISBN 978-65-571-3028-5
  1. Bíblia – Teologia 2. Evangelização 3. Igreja Católica – Liturgia – Teologia 4. Teologia – Estudo e ensino 5. Teologia Pastoral 6. Teologia Sistemática I. Título II. Série.

20-49283   CDD-253

Índices para catálogo sistemático:
1. Teologia Pastoral : Cristianismo 253

Maria Alice Ferreira – Bibliotecária – CRB-8/7964

AGENOR BRIGHENTI

TEOLOGIA PASTORAL
A INTELIGÊNCIA REFLEXA DA AÇÃO EVANGELIZADORA

EDITORA VOZES

Petrópolis

© 2021, Editora Vozes Ltda.
Rua Frei Luís, 100
25689-900 Petrópolis, RJ
www.vozes.com.br
Brasil

Todos os direitos reservados. Nenhuma parte desta obra poderá ser reproduzida ou transmitida por qualquer forma e/ou quaisquer meios (eletrônico ou mecânico, incluindo fotocópia e gravação) ou arquivada em qualquer sistema ou banco de dados sem permissão escrita da editora.

CONSELHO EDITORIAL

Diretor
Gilberto Gonçalves Garcia

Editores
Aline dos Santos Carneiro
Edrian Josué Pasini
Marilac Loraine Oleniki
Welder Lancieri Marchini

Conselheiros
Francisco Morás
Ludovico Garmus
Teobaldo Heidemann
Volney J. Berkenbrock

Secretário executivo
João Batista Kreuch

Editoração: Leonardo A.R.T. dos Santos
Diagramação: Sheilandre Desenv. Gráfico
Revisão gráfica: Nilton Braz da Rocha
Capa: Editora Vozes

ISBN 978-65-571-3028-5

Editado conforme o novo acordo ortográfico.

Este livro foi composto e impresso pela Editora Vozes Ltda.

Sumário

Apresentação à segunda edição da Coleção Iniciação à Teologia, 7
Prefácio, 11
Introdução, 13

Unidade I – Pastoral e teologia, 17

1 A pastoral na teologia, 21

2 A pastoral como o ser da Igreja, 43

3 Itinerário da pastoral e da Teologia Pastoral, 69

Unidade II – Pastoral e ação evangelizadora, 93

4 A pastoral como ação em favor da vida em abundância, 97

5 Modelos de pastoral em torno à renovação do Vaticano II, 121

6 Evangelização nova e conversão pastoral da Igreja, 146

Unidade III – A pastoral como processo de encarnação da fé, 169

7 Pastoral em uma Igreja em saída às periferias, 173

8 Evangelização, inculturação e pastoral urbana, 196

9 A projeção da ação pastoral no seio de uma Igreja sinodal, 223

Referências, 247
Índice, 255

Apresentação à segunda edição da Coleção Iniciação à Teologia

Uma coleção de teologia, escrita por autores brasileiros, leva-nos a pensar a função do teólogo no seio da Igreja. Tal função só pode ser entendida como atitude daquele que busca entender a fé que professa, e, por isso, faz teologia. Esse teólogo assume, então, a postura de produzir um pensamento sobre determinados temas, estabelecendo um diálogo entre a realidade vivida e a teologia pensada ao longo da história, e se caracteriza por articular os temas relativos à fé e à vivência cristã a partir de seu contexto. Exemplos claros desse diálogo, com situações concretas, são Agostinho ou Tomás de Aquino, que posteriormente tiveram muitas de suas teorias incorporadas à doutrina cristã-católica, mas que a princípio buscaram estabelecer um diálogo entre a fé e aquele determinado contexto histórico. Como conceber um teólogo que se limita a reproduzir as doutrinas pensadas ao longo da história? Longe de ser alguém arbitrário ou que assuma uma posição de déspota, o teólogo é aquele que dialoga com o mundo e com a tradição. Formando a tríade teólogo-tradição-mundo, encontramos um equilíbrio saudável que faz com que o teólogo ofereça subsídios para a fé cristã, ao mesmo tempo que é fruto do contexto eclesial em que vive.

Outra característica que o acompanha é a de ser filho da comunidade eclesial, e, como tal, deve fazer de seu ofício um serviço aos cristãos. Se consideramos que esses cristãos estão inseridos em realidades concretas, cada teólogo é desafiado a oferecer pistas, respostas ou perspectivas teológicas que auxiliem na construção da identidade cristã que nunca está fora de seu contexto, mas acontece justamente na relação dialógica com ele. Se o contexto é sempre novo, também a teologia se renova. Por isso o teólogo olha novos horizontes e desbrava novos caminhos a partir da experiência da fé.

O período do Concílio Vaticano II (1962-1965) consagrou novos ares à teologia europeia, influenciada pela *Nouvelle Théologie,* pelos movimentos bíblicos e litúrgicos, dentre outros. A teologia, em contexto de modernidade, apresentou sua contribuição aos processos conciliares, sobretudo na perspectiva do diálogo que ela própria estabelece com a modernidade, realidade latente no contexto europeu. A primavera teológica, marcada por expressiva produção intelectual e pelo contato com as várias dimensões humanas, sociais e eclesiais, também chega à América Latina. As conferências de Medellín (1968) e Puebla (1979) trazem a ressonância de vários teólogos latino-americanos que, diferente da teologia europeia, já não dialogam com a modernidade, mas com suas consequências, vistas principalmente no contexto socioeconômico. Desse diálogo surge a Teologia da Libertação e sua expressiva produção editorial. A Editora Vozes, nesse período, foi um canal privilegiado de publicações, e produziu a coleção *Teologia & Libertação* que reuniu grandes nomes na perspectiva da teologia com a realidade eclesial latino-americana. Também nesse período houve uma reformulação conceitual na *REB* (Revista Eclesiástica Brasileira), organizada pelo ITF (Instituto Teológico Franciscano), sendo impressa e distribuída pela Editora Vozes. Ela deixou de ser canal de formação eclesiástica para se tornar um meio de veiculação da produção teológica brasileira.

Embora muitos teólogos continuassem produzindo, nas décadas do final do século XX e início do XXI, o pensamento teológico deixou de ter a efervescência do pós-concílio. Vivemos um momento antitético da primavera conciliar, denominado por muitos teólogos como inverno teológico. Assumiu-se a teologia da repetição doutrinária como padrão teológico e os manuais históricos – muito úteis e necessários para a construção de um substrato teológico – que passaram a dominar o espaço editorial. Essa foi a expressão de uma geração de teólogos que assumiu a postura de não mais produzir teologia, mas a de reafirmar aspectos doutrinários da Igreja. O papado de Francisco marcou o início de um novo momento, chancelando a produção de teólogos como Pagola, Castillo, e em contexto latino-americano, Gustavo Gutiérrez. A teologia voltou a ser espaço de produção e muitos teólogos passaram a se sentir mais responsáveis por oferecerem ao público leitor um material consonante com esse momento.

Em 2004, o ITF, administrado pelos franciscanos da Província da Imaculada, outrora responsável pela coleção *Teologia & Libertação* e ainda responsável pela *REB*, organizou a coleção *Iniciação à Teologia*. O Brasil vivia a efervescência dos cursos de teologia para leigos, e a coleção tinha o objetivo de oferecer a esse perfil de leitor uma série de manuais que exploravam o que havia de basilar em cada área da teologia. A perspectiva era oferecer um substrato teológico aos leigos que buscavam o entendimento da fé. Agora, em 2019, passamos por uma reformulação dessa coleção. Além de visarmos um diálogo com os alunos de graduação em teologia, queremos que a coleção seja espaço para a produção teológica nacional. Teólogos renomados, que têm seus nomes marcados na história da teologia brasileira, dividem o espaço com a nova geração de teólogos, que também já mostraram sua capacidade intelectual e acadêmica. Todos eles têm em comum a característica de sintetizarem em seus manuais a produção teológica que é fruto do trabalho.

A coleção *Iniciação à Teologia*, em sua nova reformulação, conta com volumes que tratam das Escrituras, da Teologia Sistemática, Teologia Histórica e Teologia Prática. Os volumes que estavam presentes na primeira edição serão reeditados; alguns com reformulações trazidas por seus autores. Os títulos escritos por Alberto Beckhäuser e Antônio Moser, renomados autores em suas respectivas áreas, serão reeditados segundo os originais, visto que o conteúdo continua relevante. Novos títulos serão publicados à medida que forem finalizados. O objetivo é oferecermos manuais às disciplinas teológicas, escritos por autores nacionais. Essa parceria da Editora Vozes com os teólogos brasileiros é expressão dos novos tempos da teologia, que busca trazer o espírito primaveril para o ambiente de produção teológica, e, consequentemente, oferecermos um material de qualidade, para que estudantes de teologia, bem como teólogos e teólogas, busquem aporte para seu trabalho cotidiano.

Welder Lancieri Marchini
Editor teológico, Vozes
Coordenador da coleção

Francisco Morás
Professor do ITF
Coordenador da coleção

Prefácio

A autonomia de uma disciplina teológica está condicionada a constituir-se em um saber com objeto e método próprios. Nesse sentido, a Teologia Pastoral, além de ser uma disciplina teológica que se ocupa do ser e do agir da comunidade eclesial, se constitui como espaço privilegiado para que a teologia pense a fé cristã, em estreita conexão com a realidade local na qual a Igreja está inserida.

A fé cristã é uma forma de pensar e de agir em consonância com a vida e a obra de Jesus e o seu Evangelho, que a Teologia Pastoral atualiza no presente dos presentes nas comunidades eclesiais, superando perspectivas tradicionalistas, colonialistas ou mesmo devocionistas de determinados momentos históricos que tendem a se perenizar. Quando descontextualizada, a pastoral pode incorrer no erro de engessar a história, desvinculando concepções e práticas de seu momento histórico. É o reconhecimento dessa contingência que livra a fé de ser uma ideologia e permite fazer a obra de Jesus nova em cada manhã. A Teologia Pastoral está estreitamente ligada ao dinamismo da história, até porque o cristianismo, entendido como prática, nunca se desgarra dos processos históricos. A função da Teologia Pastoral está justamente em contribuir para que a ação evangelizadora aconteça em um determinado tempo e espaço, mas sempre em consonância com o ser e o agir de Jesus.

Um dos mais reconhecidos teólogos pastoralistas do Brasil e da América Latina, Agenor Brighenti, nos oferece mais uma obra sobre Teologia Pastoral, uma das disciplinas mais jovens da teologia. Para o estudante de teologia, seja no âmbito acadêmico ou fora dele, a obra possibilitará um entendimento conceitual da Teologia Pastoral, bem como de seus desdobramentos históricos, epistemológicos e metodológicos, contribuindo para fazer da ação evangelizadora uma ação pensada antes, durante e depois dela. Outra contribuição ímpar da obra de Brighenti está em ampliar os horizontes da ação pastoral, para além dos limites da realidade paroquial. Não se trata de nenhum demérito à paróquia, que merecidamente recebeu a atenção em vários documentos da CNBB (docs. 100, 105 e 107) nos últimos anos. O Concílio Vaticano II, ao situar a catolicidade da fé nas Igrejas locais, rompe tanto com o paroquialismo como com o universalismo dos movimentos, inserindo os cristãos profeticamente no seio da sociedade pluralista, a partir de redes de comunidades eclesiais em saída às periferias, sejam elas territoriais ou existenciais (*EG* 30). Consequentemente, ação pastoral deixa de ser, por um lado, uma ação centralizada no clero e na paróquia e, por outro, desvinculada da Igreja local, fazendo da comunidade eclesial como um todo o sujeito da pastoral. Cada cristão se torna sujeito ativo e corresponsável pela ação evangelizadora como um todo.

Com isso, a participação do laicato na ação evangelizadora, tanto *ad intra* como *ad extra*, torna-se efetiva. É a materialização da eclesiologia do Povo de Deus e da Igreja-comunhão do Vaticano II. A inclusão de todos os batizados na vida e na missão da Igreja, sejam eles leigos e leigas, clérigos ou religiosos e religiosas, em especial no estudo da teologia, é sinal de uma Igreja sacramento do Reino de Deus, que acontece para todos, acolhe todos e todos contempla.

Welder Lancieri Marchini
Editor teológico, Vozes
Coordenador da coleção

Francisco Morás
Professor do ITF
Coordenador da coleção

Introdução

A Teologia Pastoral enquanto ciência ou disciplina teológica é um tratado relativamente novo no seio da teologia. Começou a ser pensada no final do século XVIII, foi sistematizada no início do século XIX, deu um salto em meados do mesmo século, adquirindo sua formulação atual na metade do século XX, em torno ao movimento de renovação do Vaticano II. A pastoral não só foi o eixo e a perspectiva do Concílio, como já havia se tornado na teologia moderna uma dimensão constitutiva.

Na América Latina, alicerçada na Ação Católica, em estreita relação com a "irrupção dos pobres" e do "terceiro mundo" na década de 1960, uma pastoral em perspectiva profética e libertadora elevou a Teologia Pastoral ao patamar de "uma inteligência reflexa" da vida e do agir dos cristãos, no interior da Igreja e no seio de uma sociedade em transformação. A "recepção criativa" do Concílio em torno à Conferência de Medellín (1968), que deu origem à tradição eclesial libertadora em torno à leitura popular da Bíblia, às comunidades eclesiais de base, à pastoral social e à teologia da libertação, imprimiu uma marca especial e particular à Teologia Pastoral enquanto tal. O imperativo de uma "evangelização nova" (Medellín), de uma "evangelização inculturada" (Puebla), de uma "conversão pastoral da Igreja" (Santo Domingo) e de uma "pastoral de conversão missionária" (Aparecida), são expressões genuínas de uma pastoral sintonizada com os desafios de seu tempo e de uma teologia que parte da ação para retornar à ação e, assim, ser um serviço ao Povo de Deus que peregrina na história, para "tornar presente o Reino de Deus no mundo" (*EG* 176).

Na perspectiva da teologia latino-americana, a Teologia Pastoral se autocompreende como a inteligência reflexa da ação do Povo de Deus, tanto no seio da Igreja (*ad intra*) como da sociedade (*ad extra*), em estreita relação com as práticas das pessoas, organismos e instituições em geral. Trata-se de uma disciplina da teologia, com sua pertinência e método próprios, autônoma, mas não separada das demais disciplinas. Ao contrário, é um saber com sua especificidade, que tematiza as questões postas pelas práticas dos cristãos no seio de comunidades eclesiais inseridas profeticamente na sociedade, assim como sistematiza a dimensão pastoral da teologia como um todo, pois uma teologia que não serve para a vivência da fé na comunidade eclesial e no mundo não serve para a Igreja.

Em última instância, a Teologia Pastoral é reflexo da consciência de que a fé cristã não é simplesmente uma forma de "pensar" diferente, mas sobretudo de "agir" diferente – "a fé opera pela caridade" (Gl 5,6) e, por isso, as boas ideias, também na teologia, não caem do céu, brotam da realidade, em especial da ação pastoral. Tira-se consequência para a vivência cristã de que "a fé sem obras é morta" (Tg 2,26) e que "dar razão à fé" que opera pelas obras implica uma reflexão sistemática que a sustente e a faça consequente com os desafios de seu contexto. A ação do Povo de Deus, na Igreja e no mundo, precisa ser pensada teologicamente, à luz da fé e a partir dos desafios da realidade, sob pena de ser inconsequente com o Evangelho e irrelevante para seu tempo.

Assim, diferentemente do que já foi e do que alguns podem continuar pensando, por pastoral se entende muito mais do que um receituário prático de ações isoladas ou de um elenco de iniciativas empiristas e imediatistas. Muito menos a pastoral está restrita ao âmbito intraeclesial ou estritamente religioso e espiritual.

Aquilo que já se chamou de "apostolado" e, hoje, de "ação evangelizadora", diz respeito à missão da Igreja em ordem à antecipação possível do Reino de Deus na história, se remete à salvação da humanidade. Salvação, entendida muito mais do que em torno a espiritualismos e devocionismos desencarnados – "salva tua alma". Se assim fosse, a teologia não passaria de um discurso piedoso e espiritualizante e a pastoral estaria restrita à *cura animarum* – (ao cuidado da alma) à oferta dos sacramentos, administrados por "sacerdotes", em paróquias despersonalizadas e massivas, nos parâmetros da "pastoral de conservação", tal como a denominou e a superou *Medellín* (*Med* 6,1).

Em outras palavras, o surgimento da Teologia Pastoral se deve, por um lado, à superação de uma ação eclesial empirista e pragmática no âmbito do religioso e, por outro, à consciência dos limites de uma reflexão teológica atrelada a uma racionalidade essencialista, dedutiva, conceitualista e a-histórica. Quando a Igreja toma consciência de que ela está no mundo e que sua missão é contribuir com a salvação do mundo, ela se dá conta da necessidade, por um lado, de uma racionalidade indutiva, práxica, capaz de apreender a realidade circundante e de contribuir com uma ação evangelizadora consequente com os desafios de um contexto determinado, e, por outro, de uma ação pastoral pensada. A Teologia Pastoral nasce precisamente quando a Igreja descobre e assume que não é o mundo que está na Igreja, mas é a Igreja que está "no" mundo. O mundo é constitutivo da Igreja. Embora a Igreja não seja "deste" mundo, sua missão se dá "neste" mundo. E mais do que isso, a salvação acontece na história, conferindo a esta sentido e importância para a ação evangelizadora, inclusive para além das fronteiras da Igreja. Os meios de salvação de que a Igreja é depositária – a Palavra de Deus e os sacramentos – são meios privilegiados, mas não são os únicos. O Vaticano II afirma que há salvação fora da Igreja, desafiando a pastoral a abrir-se às demais religiões e às pessoas de boa vontade, bem como a superar uma reflexão teológica intraconfessional, sem relação interdisciplinar e desarticulada da concretude da história.

Para uma abordagem do itinerário da pastoral e do perfil da Teologia Pastoral, esta obra se estrutura em três unidades: "Pastoral e teologia" (I), "Pastoral e ação evangelizadora" (II) e "A pastoral como processo de encarnação da fé" (III). Cada uma delas está composta por três capítulos, que têm ao final um breve resumo de recapitulação, no intuito de contribuir para uma melhor assimilação do conteúdo abordado. As referências bibliográficas citadas, reduzidas ao essencial, aparecem no final do livro.

UNIDADE I

PASTORAL E TEOLOGIA

Esta unidade, composta por três capítulos, aborda a relação ação-reflexão no âmbito eclesial, que se remete à relação entre ação evangelizadora e ação pensada ou entre ação pastoral e reflexão teológica. Trata-se do encontro entre reflexão e práxis no âmbito da vida e da ação dos cristãos na Igreja e na sociedade, relação que está na origem de uma ação pastoral integral e pensada, consequente com seu contexto e que, ao mesmo tempo, constitui o teor da Teologia Pastoral entendida como "a inteligência reflexa da ação evangelizadora".

O primeiro capítulo, intitulado "A pastoral na teologia", começa explicitando o que se entende por "pastoral" e por "Teologia Pastoral", uma abordagem a partir do caminhar da Igreja, pois foi a experiência na relação de sua missão com os desafios oriundos do contexto sociocultural que foi marcando a pauta do contínuo alargamento dos conceitos. Na sequência, aborda-se a questão dos sujeitos da pastoral, por longo tempo entendida como a ação do clero; a questão do lugar da pastoral, tradicionalmente restrita à paróquia e aos movimentos apostólicos; e o contexto da pastoral, para além do intereclesial, que é uma sociedade excludente e pluralista.

O segundo capítulo, intitulado "A pastoral como o ser da Igreja", começa caracterizando a pastoral como a realização do tríplice múnus da Igreja – a pastoral profética, a pastoral do serviço e da comunhão, e a pastoral litúrgica - a vocação de todo batizado, que o torna sujeito e membro pleno da Igreja. Entre os três, entretanto, a primazia é do serviço ou da caridade, dado que "a fé opera pelas obras". O capítulo termina apresentando o trinômio "Reino-Igreja-Mundo" como o tripé da pastoral, três realidades inseparáveis, intrinsecamente ligadas, mas que têm sua centralidade no Reino de Deus, do qual a Igreja é sacramento, sinal e instrumento no mundo.

A primeira unidade termina com o terceiro capítulo, intitulado "Itinerário da pastoral e da Teologia Pastoral", que aborda, a partir do caminhar da Igreja, o percurso histórico, tanto da ação evangelizadora como da ação pastoral. É um rico caminhar, no qual a Igreja foi ampliando sua compreensão e ação, segundo os desafios que foram se colocando. Conclui-se a abordagem tratando da relação entre pastoral e ciências, situando a Teologia Pastoral no âmbito de uma necessária relação interdisciplinar, para dar conta de uma realidade complexa como é a vida dos cristãos inseridos no seio de uma sociedade pluralista.

1
A pastoral na teologia

Comecemos nossa abordagem com o que se entende por "pastoral" e por "Teologia Pastoral". Veremos que a pastoral é mais do que um receituário prático, pragmático ou empirista (FLORISTÁN, 1991, p. 151), embora já tenha sido isso e, em alguns lugares, continue sendo. Para ser expressão do prolongamento da obra de Jesus em tempo e espaço determinados, que é o Reino de Deus, precisa ser uma ação pensada. Em outras palavras, implica estar respaldada pela teologia, não por qualquer teologia, mas por uma teologia que seja a inteligência reflexa da experiência da fé, na Igreja e no mundo. Enquanto ação pensada, a pastoral é mais do que prática. Ela é antes "práxis" ou "prática carregada de teoria", de uma teoria vitalmente unida às práticas da comunidade eclesial, inserida na sociedade. Uma boa teoria é capaz de rejuvenescer e recriar a prática, sem perder de vista, por outro lado, que as boas ideias não caem do céu, brotam da realidade.

Neste capítulo veremos que tanto do ponto de vista semântico como em seu teor, a pastoral tem um largo percurso e uma gradual evolução, tanto em relação à sua concepção como a seus sujeitos e a seu lugar de realização. O divórcio entre ação eclesial e teologia no início da Idade Média tinha reduzido a pastoral a uma pragmática, com prejuízo para ambas. Essa situação só foi superada com a abertura e a interação da Igreja com os valores da Modernidade, em especial com uma racionalidade liberta dos limites de uma reflexão essencialista e dedutiva, sem vínculo com a história.

No âmbito eclesial, a renovação da pastoral e sobretudo o surgimento de uma Teologia Pastoral devem muito ao Concílio Vaticano II, em sua "volta às fontes" bíblicas e patrísticas, alicerçada em uma teologia sintonizada com os desafios dos novos tempos. Foi o Concílio que fez da pastoral, enquanto serviço ao mundo na perspectiva da edificação do Reino de Deus já a partir da história, a razão de ser da Igreja, como também fez da pastoral uma dimensão da teologia enquanto tal. Também foi o Concílio que desvinculou a pastoral do clero, concebido como fonte de toda iniciativa, o polo ativo da Igreja em relação ao laicato, tido como o polo passivo, a quem cabia obedecer docilmente aos ministros ordenados. Com isso, a pastoral passa a ser a ação de todos os batizados, num espírito de corresponsabilidade por tudo e por todos. Deve-se igualmente ao Concílio a mudança de lugar da pastoral, costumeiramente restrita ao âmbito paroquial e a ações de caráter estritamente religioso e espiritual. A paróquia passaria a ser concebida como célula da Igreja local, espaço onde se faz presente a Igreja toda, ainda que não seja toda a Igreja, porquanto ela é "Igreja de Igrejas" (cf. TILLARD, 1987). Era o resgate da dimensão diocesana da pastoral, fazendo surgir a pastoral orgânica e de conjunto, no seio da qual as paróquias se inserem, da mesma forma que os movimentos eclesiais costumeiramente supradiocesanos ou supranacionais. Por fim, devemos também ao Vaticano II o resgate da pastoral como expressão e realização do *tria munera Ecclesiae*, superando uma ação eclesial restrita à esfera do culto e da administração dos sacramentos, colocando em relevo a pastoral profética e do serviço ao mundo. E, como se trata dos três múnus conferidos pelo batismo a todo cristão, a pastoral passa a abarcar a vivência de "toda a fé" em "toda a vida", no seio de comunidades eclesiais inseridas no mundo.

1.1 O que se entende por pastoral e Teologia Pastoral

"Pastoral" é um termo polissêmico que se presta a uma diversidade de conceitos, nem todos em consonância com a perspectiva da renovação do Vaticano II. O Concílio, com sua "volta às fontes" bíblicas e patrísticas, resgatou o modo de ser da Igreja nascente, marcado pela figura de Jesus como o "Bom Pastor", a quem se remete a vida e o ministério de todo fiel batizado, seu discípulo. Historicamente, o termo teve equivalentes como "pastoreio", "apostolado", "missão" e "evangelização" (BRIGHENTI, 2018a, p. 16-24).

1.1.1 Delimitações semânticas

O termo "pastoral" deriva do substantivo "pastor", que por sua vez se remete a Jesus "o Bom Pastor", imagem oriunda da prática corrente no povo de Israel, o pastoreio de ovelhas. O pastor vai à frente das ovelhas; empunha bastão ou cajado, cruza verdes pastagens; enfrenta lobos ameaçadores; mantém as ovelhas no redil ou busca as desgarradas; às vezes carrega-as nos ombros. Essas são todas imagens que aludem à pessoa e à práxis de Jesus, que inaugura seu Reino de vida em abundância para toda a humanidade (Jo 10,10) e que seus discípulos, ovelhas suas, estão chamados a acolhê-lo e torná-lo presente, na concretude da história.

Por sua vez, a ação da Igreja como "pastoreio" ou o serviço dos cristãos fundado nos conteúdos da fé estão presentes desde os primeiros passos da Igreja primitiva. Catecismos como a *Didaqué*, escritos como *Pastor de Hermas e a Tradição Apostólica* de Hipólito de Roma, assim como manuais a exemplo da obra *De catechizandis rudibus* de Agostinho e *Liber regulae pastoralis* de Gregório Magno, dão conta da preocupação por uma ação pastoral pensada em vista da eficácia da missão da Igreja como um todo.

Mais tarde, entretanto, nas eclesiologias do "corpo místico de Cristo" e da Igreja como "sociedade perfeita", reinantes durante todo o período da Cristandade e que se estendeu até o Concílio Vaticano II, como os ministros ordenados são tidos o *alter Christus*, a ação de Jesus o Bom Pastor é restrita à ação do clero. Pastoral se resume à *cura animarum* (pastoreio das almas) e, como ela se dá pelos sacramentos, tende a ficar restrita à atuação dos ministros ordenados (BRIGHENTI, 2006, p. 24-36). Por isso, a ação "pastoral" será comumente designada com o termo "apostolado", ou seja, o prolongamento da ação dos apóstolos, dos quais os bispos são os sucessores e os presbíteros têm associado a estes o seu ministério. No contexto da Neocristandade, quando a Igreja se proporá a uma ação de reconquista da sociedade dela emancipada por meio da ação capilar dos leigos no mundo, estes são associados não só ao "apostolado" do clero, como conferido a eles com seu "mandato", uma vez que são tidos como extensão de seu braço. O leigo não tem identidade própria e nem lugar específico na Igreja. Ele é um colaborador do clero, quando e onde este o julgue necessário. Somente com a superação do "binômio clero-leigos" por "comunidade-ministérios" (*LG* 32c), levada a cabo pela renovação conciliar, é que todos os batizados passarão a ser sujeitos na Igreja e, consequentemente, sujeitos da pastoral, dado que o Batismo faz do Povo de Deus um povo todo ele profético, sacerdotal e régio (*LG* 14b; *PO* 5a).

1.1.2 *Pastoral e evangelização*

A consciência da exigência de uma "pastoral integral" deve-se ao surgimento do conceito da missão da Igreja entendida como "evangelização". A introdução do conceito "evangelização" significou uma ampliação do entendimento e do raio de abrangência da pastoral. Alargou também o próprio conceito de missão, tão presente na vida da Igreja, sobretudo a partir da Idade Média até a época contemporânea. Na realidade, a vida e a ação da Igreja, entendidas como evangelização, além de ampliar o conceito e a abrangência da pastoral, praticamente superaria o conceito de missão, concebida nos moldes da tradicional missão *ad gentes*, em grande medida atrelada a uma mentalidade colonizadora. Posteriormente, a questão da inculturação da fé veio enriquecer e dar novo enfoque tanto à pastoral como à evangelização e à missão.

O termo "evangelização", amplamente generalizado no vocabulário pastoral, deriva de "evangelho", que no Antigo Testamento equivale tanto a uma mensagem que traz alegria quanto aos próprios fatos que concretizam essa mensagem, ou seja, a intervenção salvadora de Deus na história (ESQUERDA BIFET, 1995, p. 27-43). Evangelizar, portanto, tem a ver com duas realidades: o anúncio e a concretização de uma "boa notícia". O termo "evangelização" não aparece no Novo Testamento. Ali há o verbo "evangelizar", referindo-se ao anúncio da chegada da era messiânica e do reinado de Deus, universal e definitivo. Nos evangelhos, Jesus é o mensageiro da "Boa-nova" e, ao mesmo tempo, a própria boa notícia (RAMOS, 2001, p. 211-220). Para Marcos, o Evangelho é a história de Jesus, por meio de suas ações. Mateus afirma que Jesus proclama o "Evangelho do Reino". Lucas enfatiza que o Evangelho é alegria e esperança. João substitui o termo "evangelho" por "testemunho" e "envio" (FLORISTÁN, 2002, p. 551-552). Em resumo, no Novo Testamento, evangelizar é anunciar e levar à prática o Evangelho ou a salvação de Jesus Cristo, que acontece com a inauguração do Reino de Deus em sua vida e obra, continuada pela comunidade dos discípulos, a Igreja, ainda que, pelo Espírito e no Espírito, exista presença do Reino para além das fronteiras da Igreja.

O termo "evangelização" foi utilizado pela primeira vez pelo teólogo protestante A. Duff, em 1854. Entretanto, ficou restrito aos meios protestantes até meados do século XX. Com o neologismo, designa-se a encarnação do Evangelho todo, na pessoa inteira, para convertê-la em filho de Deus, bem como a encarnação do Evangelho na concretude da história, impregnando-a dos mistérios do Reino de Deus. Nos meios católicos, o termo só começou a ser usado no contexto imediato do Concílio Vaticano II, precisamente no seio do movimento ecumênico, dadas as reservas que os protestantes tinham com relação ao termo "missão", historicamente com conotações proselitistas ou confessionalistas. Com a exortação *Evangelii Nuntiandi* de Paulo VI, publicada em 1975, o termo "evangelização" praticamente irá substituir o termo "missão" nos meios católicos.

O termo "evangelização", ao ligar pastoral e Evangelho, expressa a consciência de que no coração do Evangelho está a obra de Jesus de Nazaré, que é o anúncio e a inauguração do Reino de Deus, que se faz presente "no meio de nós". Jesus não pregou a si mesmo e nem mesmo pregou Deus, mas o Deus do Reino, uma boa notícia, porquanto seu plano é salvação para a pessoa inteira e todas as pessoas, no seio da criação. O Ressuscitado, em seu corpo cósmico, é primícias da nova criação, expressão do Reino definitivo, que a Igreja tem a missão de ser seu sacramento na história e de contribuir para a convergência de toda a criação para essa plenitude. Como bem resume o Papa Francisco, "evangelizar é tornar presente o Reino de Deus no mundo" (*EG* 176). Paulo VI, na *Evangelii Nuntiandi*, diria que entre evangelização e promoção humana há laços profundos, intrínsecos, inseparáveis, como são inseparáveis corpo-alma, imanência-transcendência, material-espiritual, enfim, salvação e pastoral integral (BRIGHENTI, 2018a, p. 20-25).

Foi a consciência da pastoral como evangelização integral que permitiu superar o limite histórico de reduzi-la ao culto e à sacramentalização. Mas isso só se deu no contexto da renovação do Vaticano II, ao se reafirmar o primado da Palavra na vida e missão da Igreja (*AA* 16). A pastoral entendida como evangelização integral deve-se ao primado da Palavra na vida cristã. Palavra que se fez carne em Jesus Cristo, em quem tudo foi assumido e redimido. A própria Igreja é fruto dessa Palavra acolhida e feita vida na comunidade de fé. Consequentemente, evangelizar não é sacramentalizar, mas antes de tudo ser Igreja testemunha, profeta e servidora da Palavra de Deus no mundo.

1.1.3 Pastoral e missão

O surgimento do termo "evangelização" não só ampliou o conceito de "pastoral" como também de "missão". O termo "missão" deriva de "*apostello*", que significa "enviar"; em latim "*mittere*", de onde brota o substantivo "*missio*". Tal como o termo "evangelizar", o verbo "enviar" nos evangelhos contempla dois aspectos: o ato de enviar e o conteúdo do envio. Em outras palavras, "missão" significa o envio do cristão ao mundo pela Igreja (o enviado) e o objeto do envio, que é tornar presente o Reino de Deus na concretude da história. Assim sendo, todo missionário é um enviado pela Igreja ou um "apóstolo" do Reino. Jesus é o "apóstolo", ou o enviado por excelência de Deus, para "levar a boa notícia aos pobres" (Is 61,1s.). Por sua vez, a missão de Jesus se prolonga na missão de seus próprios enviados, a começar pelos "apóstolos", pelos doze. Os enviados são eleitos por Deus para a salvação de todos. Com isso, a missão estabelece uma dupla relação: com quem envia e com quem se vai encontrar no envio. O missionário é um enviado por alguém a alguém. É um mediador ativo. O termo "enviar" aparece frequentemente no Evangelho de João (FLORISTÁN, 2002, p. 552-553).

Dado que o termo "missão", pela prática da Igreja no período da Cristandade e da Neocristandade, adquiriu uma conotação proselitista e eclesiocêntrica, com a renovação do Concílio Vaticano II será praticamente substituído por "evangelização", termo, como vimos, oriundo dos meios protestantes. No pontificado de João Paulo II, o termo "missão" é resgatado, mas no sentido de uma evangelização inculturada, embora a categoria "nova evangelização" fosse usada com traços de Neocristandade, mais de implantação da Igreja do que de edificação do Reino de Deus no mundo.

Paulo VI, na *Evangelii Nuntiandi*, resume a missão da Igreja à tarefa de evangelizar: "a Igreja existe para evangelizar". Frisa que, na comunidade dos discípulos, nascida da ação evangelizadora de Jesus, evangelizar constitui a tarefa essencial da Igreja que, por sua vez, é essencialmente missionária" (*EN* 14-15). Enquanto evangelizadora, a Igreja começa por evangelizar a si mesma, pois, segundo o papa, ela tem necessidade de ouvir sem cessar aquilo que ela proclama aos outros. Enviada e evangelizadora, a Igreja envia, também ela, evangelizadores não para pregar a si mesmos ou suas próprias ideias, mas o Evangelho, do qual nem os evangelizadores e nem a Igreja são proprietários, mas ministros para transmitir com a máxima fidelidade o que foi recebido por tradição (*EN* 15).

Para Paulo VI, evangelizar é levar a Boa-nova do Reino a toda a humanidade e, pelo seu influxo, transformá-la, a partir de dentro, tornando-a nova (*EN* 18). Segundo ele, o meio primordial de evangelização é o testemunho, irradiando a fé de modo simples e espontâneo. Ao provocar curiosidade e perguntas, o testemunho abre as portas para o diálogo (*EN* 21). Entretanto, embora primeiro, o testemunho é insuficiente. Precisa ser explicitado por um anúncio claro e inelutável de Jesus Cristo e seu Reino (*EN* 22). A adesão a Jesus e seu Reino não é algo abstrato e desencarnado, mas manifesta-se concretamente por uma entrada visível numa comunidade de fiéis (*EN* 23). Finalmente, aquele que foi evangelizado, por sua vez, evangeliza. É inconcebível uma pessoa que tenha acolhido a Palavra e se tenha entregado ao Reino não se tornar alguém que testemunha e, por seu turno, anuncia essa Palavra (*EN* 24). Assim, a evangelização implica: renovação da humanidade, testemunho, anúncio explícito, entrada na comunidade e iniciativas de apostolado (*EN* 24).

Resumindo, evangelizar é antes de tudo dar testemunho, de maneira simples e direta, de Jesus Cristo e seu Reino (*EN* 26). Mas a evangelização não seria completa, adverte Paulo VI, se ela não tomasse em consideração a interpelação recíproca que se fazem constantemente o Evangelho e a vida concreta, pessoal e social. A Igreja não admite circunscrever sua missão apenas ao campo religioso, como se ela se desinteressasse dos problemas temporais (*EN* 34). Junto com a conversão do coração, é missão da Igreja promover estruturas mais humanas, mais justas, menos opressivas, menos escravizantes, mais respeitadoras dos direitos da pessoa (*EN* 36).

1.1.4 *Teologia Pastoral ou Teologia Prática?*

No contexto pré-conciliar, a ação pastoral ou mais propriamente o "apostolado" é entendido como mera "prática", dado que se tratava de uma ação pragmática, da aplicação na vida eclesial, primeiro da Teologia Moral, depois, do Direito Canônico e, finalmente, da Teologia Dogmática (FLORISTÁN, 1991, p. 151-153). Resquício desse tempo, em meios protestantes e em determinados meios católicos, ainda hoje a Teologia Pastoral é denominada "Teologia Prática". Tende-se a compreender a pastoral não como uma "Teologia da Práxis", que sempre faz acompanhar a prática por uma reflexão, antes como aplicação de uma ortodoxia previamente estabelecida do que fonte criadora de ideias.

No contexto da renovação do Vaticano II, a pastoral, enquanto ação pensada, está respaldada na teologia que, por sua vez, confere a esta uma dimensão pastoral. Etimologicamente, o termo "prática", do grego "*prakticós*", significa a repetição rotineira e ordinária de atividades que, embora exijam certa habilidade, não requerem reflexão ou uma teoria que lhe dê sustentação. Já o termo "pastoral", associado a "ação" ou como adjetivo de "práxis", vem acompanhado de uma teologia que o fundamenta e alimenta, dado que se trata da ação do Povo de Deus como um todo, na comunidade eclesial e no mundo (*GS* 43a), enquanto atualização da obra redentora de Jesus na história, que é o Reino de Deus.

No contexto do Concílio Vaticano II, a ação pastoral pressupõe, portanto, o envolvimento de todos os cristãos, pois ela é a ação de toda a comunidade de fé, no seio da qual se situam também os ministros ordenados. Pelo Batismo, todos são também "pastores", enxertados em Cristo Profeta, Sacerdote e Rei (*LG* 14b; *PO* 5a). A pastoral diz respeito à ação da Igreja como um todo, abarcando inclusive seus dois âmbitos de atuação – *ad intra* e *ad extra*. Na esfera *ad intra* estão os serviços em vista da vivência e do testemunho de fé da comunidade eclesial, conforme a vida das comunidades primitivas (At 2,42). Para a realização desses serviços, além dos ministérios tradicionais, hoje, novos ministérios podem ser criados, segundo as necessidades da comunidade, tal como aconteceu ao longo da história. Na esfera *ad extra* está a missão da Igreja no mundo (*GS* 43a), levada a cabo por serviços específicos e também por ministérios voltados para fora da Igreja. Os serviços podem ser específicos da comunidade eclesial ou desenvolvidos em parceria com outras instituições, tanto em âmbito local como nacional e internacional.

Assim, do exposto até aqui pode-se dizer que "pastoral" é a ação intencional, sistemática e organizada da comunidade eclesial como um todo, em torno ao *tria munera Ecclesiae*, o tríplice múnus recebido pelo Batismo, que faz do Povo de Deus um povo todo ele profético, sacerdotal e régio (*LG* 13; *PO* 5a). A pastoral profética, a pastoral litúrgica e a pastoral do serviço e da comunhão (*GS* 92c) compõem a globalidade do agir da Igreja, em vista da vivência, do testemunho e da edificação do Reino de Deus no mundo (*LG* 6c; *GS* 43a). Como se trata de uma ação que prolonga a obra redentora de Jesus na história e de uma salvação que abarca a pessoa inteira e todas as pessoas, a pastoral abarca toda a fé para torná-la presente em toda a vida, a vida toda (*GS* 45).

Acolhendo a integralidade da ação pastoral proposta pelo Concílio Vaticano II, desde a primeira hora de sua implementação, a Igreja no Brasil iria frisar as seis dimensões da ação pastoral: a dimensão comunitário-participativa, a dimensão missionária, a dimensão bíblico-catequética, a dimensão litúrgica, a dimensão ecumênica e do diálogo inter-religioso e a dimensão sociotransformadora. Isso quer dizer que toda e qualquer ação pastoral, para ser prolongamento da obra redentora de Jesus que salva a pessoa inteira e todas as pessoas em seu contexto vital, precisa tornar presente, direta ou indiretamente, essas seis dimensões da ação evangelizadora que torna a pastoral ou a evangelização integral.

1.2 O sujeito e o lugar da pastoral

Quanto ao sujeito da pastoral, como vimos, no contexto do Concílio Vaticano II, ele deixa de ser o clero para ser a Igreja como um todo – os batizados, também "pastores" pelo Batismo (*LG* 9; 14b; *PO* 5a). E quanto ao lugar, dado que a Igreja está no mundo e existe para a salvação do mundo, sua ação se dá no âmbito *ad intra* – os serviços em vista da vivência da fé em comunidade e do testemunho – e no âmbito *ad extra* – a ação dos cristãos no mundo, seja como Igreja, seja como cristãos inseridos profeticamente na sociedade. No âmbito interno, como não há Igreja nem anterior e nem exterior às Igrejas locais, o lugar da ação pastoral, tradicionalmente circunscrita à paróquia da Cristandade e, depois, a uma esfera universalista levada a cabo pelos movimentos eclesiais transnacionais no período de Neocristandade, com a renovação do Vaticano II passa a ser a Igreja local, a diocese, onde se faz presente a Igreja inteira, na comunhão com as demais Igrejas locais

(*AA* 10b), exigindo a reprojeção da paróquia em comunidades de pequenas comunidades a exemplo das CEBs. No âmbito externo, a ação da Igreja se dá no seio da sociedade pluralista, seja como instituição pela pastoral social, seja como cidadãos por seus corpos intermediários e por instituições, organismos e suas estruturas.

1.2.1 *O Povo de Deus como sujeito da pastoral*

No Vaticano II, o sujeito da Igreja e, portanto, o sujeito da ação pastoral, é todo o Povo de Deus (*LG* 9). Com isso, se supera o milenar clericalismo, respaldado na velha eclesiologia pré-conciliar, que concebia a Igreja como uma "comunidade desigual", composta de "duas categorias" de cristãos: o clero e os leigos. Há uma reviravolta na relação dos padres e bispos com leigos e leigas. Ao contrário do que prescrevia a eclesiologia pré-conciliar, resgata-se o modelo das comunidades eclesiais dos primeiros séculos do cristianismo. Com sua "volta às fontes" bíblicas e patrísticas, o Concílio recupera o modelo das comunidades cristãs primitivas. No seio delas, a exemplo do que Jesus queria, existia um único gênero de cristãos, os batizados. É de uma comunidade toda ela profética, sacerdotal e régia, de onde brotam todos os ministérios para o serviço da comunidade, inserida na sociedade, inclusive os ministérios ordenados. Tanto que, durante séculos na Igreja, como não havia separação ou distância entre os diferentes ministérios, não existiu o termo "leigo". A Igreja é concebida como a comunidade dos batizados e os ministros ordenados presidem uma assembleia toda ela profética, sacerdotal e régia. Mais do que isso, os ministérios ordenados, além de brotarem do seio da comunidade, eram ministérios colegiados, exercidos em equipe. O episcopado monárquico só se tornou regra depois de séculos e, ainda assim, jamais imposto, sempre exercido com o beneplácito da comunidade (cf. BRIGHENTI, 2016, p. 31-38).

Por diversas razões, sobretudo por influência da cultura greco-romana e da religião pagã, durante o império de Carlos Magno, os ministros ordenados se separariam da comunidade dos fiéis. Com o passar do tempo, foram absorvendo os demais ministérios, tanto os ministérios confiados aos leigos como o próprio diaconado, que desapareceu. Com isso, a comunidade dos fiéis, antes sujeito da Igreja e integrada por todos os batizados – clero e leigos –, agora será composta somente pelos leigos, dado que o clero se colocará fora e acima dela, não para presidi-la, mas para comandá-la. A Igreja passa a ser composta por duas categorias de cristãos: o clero – o polo ativo e sujeito da Igreja – e os leigos – o polo passivo, objeto da pastoral. Na prática, os leigos passam a não ter mais identidade nem lugar próprio na Igreja, ou seja, a rigor não são Igreja ou, quando muito, são cristãos de segunda categoria (BRIGHENTI, 2019, p. 43-58).

O Vaticano II resgatou a concepção de que "a Igreja somos nós", isto é, todos os batizados. Para a *Lumen Gentium*, não há duas categorias de cristãos, mas um único gênero – os batizados que conformam uma Igreja toda ela ministerial. Daí a passagem do binômio *clero-leigos* para o binômio *comunidade-ministérios*. Diz o Concílio que há uma radical igualdade, em dignidade, de todos os ministérios (*LG* 32c), pois todos eles se fundam no mesmo e único Batismo (*LG* 14b; *PO* 5a). É do *tria munera Ecclesiae* – o múnus profético, sacerdotal e régio – que brotam todos os ministérios, inclusive os ministérios ordenados (*LG* 12).

A relação de leigos e leigas com a Igreja, portanto, não se dá pela "participação" no ministério hierárquico ou pela "cooperação" com os ministros ordenados. Ela se funda na participação, por intermédio de Cristo, no tríplice múnus da Igreja, que caracteriza a vida cristã de todos os batizados (FLORISTÁN, 2002, p. 767). O Batismo nos faz profetas, sacerdotes e reis no seio do Povo de Deus, que é a Igreja, um povo todo ele profético

(*LG* 35), sacerdotal (*LG* 34) e régio (*LG* 36). Consequentemente, é o sacerdócio ministerial que está fundado no sacerdócio comum dos fiéis (*LG* 33), a base laical da Igreja, e não o contrário, que por sua vez se funda no sacerdócio único de Cristo (CNBB, 2017, n. 110). O ministro ordenado está a serviço do sacerdócio comum dos fiéis. Frisa o Concílio que foi para fortalecer o sacerdócio comum dos fiéis e presidir uma assembleia toda ela sacerdotal que o Senhor previu o sacerdócio ministerial, conferido a alguns batizados pelo Sacramento da Ordem (*LG* 10). Consequentemente, a relação entre os membros da Igreja não é de superioridade ou inferioridade, mas de complementariedade, no serviço comum à causa do Reino de Deus. A identidade cristã se funda no Batismo, sobre o qual se assenta também o Sacramento da Ordem (cf. SCHILLE-BEECKX, 1965). A Igreja é conformada por todos os batizados no exercício da diversidade de ministérios derivados do Batismo, incluído o ministério hierárquico (KUZMA, 2015, p. 527).

1.2.2 Lugares da pastoral

Como o sujeito da pastoral é o Povo de Deus como um todo, o raio de atuação dos cristãos é o âmbito interno (*ad intra*) e o âmbito da sociedade (*ad extra*), não de maneira individualizada ou avulsa, mas em comunidade, dado que não há cristão sem Igreja. A adesão do discípulo ao seguimento de Jesus implica necessariamente o ingresso na comunidade de seus seguidores, que é a Igreja que, por sua vez, existe para o mundo para "tornar presente o Reino de Deus no mundo" (*EG* 176). Tanto na Igreja como na sociedade, a atuação dos discípulos ocorre de forma organizada e conjunta, dado que é a comunidade eclesial o sujeito da pastoral e não cada cristão de forma isolada, assim como é sempre a Igreja que envia, em nome de Jesus de Nazaré, discípulos e missionários para atuar *ad intra* e *ad extra*.

O compromisso cristão começa em casa, no serviço aos irmãos, na comunidade eclesial de pertença. Em uma Igreja toda ministerial, nenhum carisma dado pelo Espírito pode estar desvinculado do exercício de um ministério, segundo as necessidades da comunidade. Na Igreja, há ministérios para dentro e para fora dela, para o mundo. O exercício do ministério da diaconia por parte do laicato não consiste em executar tarefas delegadas pelo clero. Os leigos somente serão sujeitos na medida em que houver na comunidade eclesial corresponsabilidade entre todos, fruto do discernimento e tomada de decisões entre todos e por parte de todos, sempre com o cuidado da inclusão das mulheres.

Além da Igreja, o mundo é o lugar por excelência da ação de todos os batizados. Trata-se da ação da Igreja para além de suas próprias fronteiras, no serviço a todos, crentes e não crentes. O mundo é campo de ação dos cristãos como Igreja, mas também enquanto cidadãos. Para o compromisso dos cristãos no social, há mais de um século a Igreja vem oferecendo diretrizes, por meio do Pensamento Social da Igreja.

1.2.2.1 Igreja local e lugar da pastoral

Com o Vaticano II, a pastoral não só muda de sujeito, como também de lugar. Ao resgatar e re-situar a catolicidade da Igreja em cada Igreja local, o Concílio faz da diocese o lugar da pastoral (*CD* 11) e insere as paróquias no seio de uma "pastoral orgânica e de conjunto" (*AA* 10b). Na América Latina, as paróquias são concebidas como "comunidade de pequenas comunidades", a exemplo das CEBs.

Na eclesiologia pré-conciliar, a diocese é concebida como "parcela" do Povo de Deus, de uma suposta Igreja universal, que precede e acontece nas Igrejas locais, da qual o papa seria o representante e garante. Com o advento do feudalismo medieval, dá-se a passagem de um cristianismo bem estruturado ao redor do bispo no seio da Igreja local a um cristianismo fragmentado em paróquias rurais distantes, organizado em torno ao presbítero. O bispo tem seu papel pastoral diminuído e sua função sociopolítica valorizada, enquanto o presbítero passa a ser bispo em sua paróquia.

Já na eclesiologia do Vaticano II não existe Igreja nem anterior e nem exterior às Igrejas locais: na Igreja local, encontra-se e opera verdadeiramente a Igreja de Cristo que é una, santa, católica e apostólica (*CD* 11). Com isso, afirma-se a catolicidade da Igreja em cada Igreja local, em comunhão com as demais Igrejas. Não há Igreja nem anterior e nem exterior às Igrejas locais. Em outras palavras, não existe Igreja fora da particularidade das Igrejas locais. Para o Vaticano II, a diocese é "porção" do Povo de Deus, não uma "parte" (a porção contém o todo). Nela está "toda a Igreja", pois cada Igreja local é depositária da totalidade do mistério de salvação, ainda que ela não seja a "Igreja toda", pois nenhuma delas esgota esse mistério. A Igreja "una" é "Igreja de Igrejas" (*LG* 13c). Daí derivam consequências desafiantes para o ser e o agir da Igreja. De um lado, se supera o paroquialismo pela inserção da paróquia na pastoral de conjunto da diocese e do presbítero em seu presbitério e, de outro, se supera o universalismo dos movimentos, igualmente pela sua inserção na Igreja local (cf. BRIGHENTI & CARRANZA, 2009).

1.2.2.2 Paróquia e lugar da pastoral

Para que a comunidade eclesial seja o sujeito da pastoral no seio da Igreja local, a superação do paroquialismo implica fazer da paróquia "comunidade de pequenas comunidades", tal como a Igreja nasceu. Em seus primórdios, os cristãos se reuniam em comunidades denominadas "Igrejas da casa" (*domus Ecclesiae*).

Não é propriamente um espaço sagrado, um templo, mas comunidades pequenas, de 30 a 40 pessoas. No início do século III, com o crescimento do número de membros da comunidade, em lugar de aumentar o espaço físico para abrigar a todos, multiplica-se o número das pequenas comunidades, denominadas "títulos" (*tituli*), por estampar o nome do dono da casa na soleira da porta. Destas, a partir do século IV, surgirão as paróquias, mas já assembleias cada vez mais massivas e anônimas. O antigo equilíbrio entre "Igreja da casa" e os "títulos" é praticamente dissolvido pelo surgimento das "paróquias territoriais". Os limites entre comunidade eclesial e sociedade civil começam a desaparecer e começa a surgir a identificação entre "paróquia" e "Igreja paroquial" (no sentido de templo) (cf. ALMEIDA, 2009). De uma Igreja comunidade, passa-se a uma Igreja massa, assim como cidadão passa a se confundir com cristão.

O Concílio Vaticano II, ainda que não tenha dado à paróquia linhas pastorais decisivas, deu-lhe um novo referencial eclesiológico, que mudou radicalmente sua configuração tradicional. A paróquia é concebida como "parte" ou "célula da diocese" (*AA* 10b), com a função, enquanto Igreja em lugar determinado, de ser sinal visível da Igreja universal, uma vez que congrega "num todo as diversas diferenças humanas que encontra, inserindo-as na universalidade da Igreja" (*AA* 10b). Estabelece-se, aqui, uma relação análoga entre Igreja local e paróquia. Por isso, o Concílio insta os leigos a cultivar "constantemente o senso da diocese de que a paróquia é como que a célula, sempre prontos a colaborar, a convite de seu pastor, nas iniciativas diocesanas" (*AA* 10b). De alguma maneira, ela "representa a Igreja visível estabelecida por todo o orbe" (*SC* 42a). Entretanto, apesar da renovação do Vaticano II, a paróquia, em grande medida, continuou sendo uma estrutura centralizada no padre e na sacramentalização massiva atrelada ao modelo tridentino.

1.2.2.3 As CEBs como lugar natural da pastoral

Um passo importante para tonar a comunidade eclesial sujeito e lugar da pastoral se deu na América Latina em torno a *Medellín*, quando se impôs a pergunta: como ser Igreja sem ser comunidade de tamanho humano? E como a paróquia não tem tamanho humano, para ser lugar da pastoral, precisa ser reconfigurada em uma rede de pequenas comunidades, a exemplo das CEBs, concebidas como a "célula inicial da estruturação eclesial" (*Med* 6,1).

Para a Conferência de Aparecida, as CEBs, em primeiro lugar, descentralizam e articulam as "grandes comunidades" impessoais ou massivas em ambientes simples e vitais, tornando-se espaço promotor de resgate da identidade, dignidade e autoestima (cf. BOFF, 1977). Em segundo lugar, abrem espaço aos excluídos – os pobres – sejam eles marginalizados por razões econômicas, étnicas, etárias, de gênero ou culturais. Em seu seio, os pobres deixam de ser objetos da caridade ou da assistência alheia para se tornarem sujeitos de outro mundo possível, inclusivo e solidário. Em terceiro lugar, as CEBs unem fé e vida, colando a religiosidade ao sentido, sim, mas também à materialidade da vida, consciente de que Deus quer a vida a partir do corpo. Nelas, a religião, longe de ser alienação, assume um caráter explícito de libertação, encarnando na história a parcialidade de Deus frente ao pobre e ao sofrimento injusto. E, em quarto lugar, as CEBs fazem dos leigos protagonistas da evangelização, tal como preconizou *Santo Domingo*. Nelas, os leigos chegam à sua maioridade, porquanto se inserem numa Igreja toda ela ministerial, que tem no Batismo a fonte de todos os ministérios. Eclesiologicamente, elas possibilitam a passagem do binômio clero-leigos, tributário de uma eclesiologia que se funda na distinção e separação de duas categorias desiguais de cristãos, para o binômio comunidade-ministérios. Nesse binômio, há uma corresponsabilidade de todos os batizados, dada a radical igualdade em dignidade de todos os ministérios.

1.3 A sociedade pluralista e excludente como contexto da pastoral

Igreja local, paróquia e CEBs são lugar da pastoral, mas não um lugar fechado sobre si mesmo, como se a Igreja se bastasse a si mesma. A dimensão *ad intra* está em função de uma presença e atuação *ad extra*, na sociedade. Afirma o Concílio que, embora a Igreja não seja deste mundo, ela está no mundo e existe para a salvação do mundo, para ser nele sinal e instrumento do Reino de Deus, que é sua meta. Não é o mundo que está na Igreja, é a Igreja que está no mundo. O mundo é constitutivo da Igreja. O eclesiocentrismo pré-conciliar, além de eclipsar o Reino de Deus, não respeitava a autonomia das realidades temporais, redundando numa Igreja absorvedora em lugar de servidora do mundo (cf. SOBRINO, 1990, p. 467-510). Evangelizar consistia em sair da Igreja, a fim de trazer os "convertidos" para dentro dela, pois *extra Ecclesiam nulla salus*.

1.3.1 O Reino de Deus enquanto horizonte da ação pastoral

Em sua "volta às fontes", o Concílio Vaticano II autocompreendeu a Igreja e sua missão, na indissociabilidade do trinômio Igreja-Reino-Mundo. Não há Igreja sem Reino e sua missão é ser sacramento desse Reino no mundo, descentrando-se de si mesma (HUNERMAN, 1973, col. 880-897): "[...] a Igreja, enriquecida com os dons de seu fundador, observando fielmente seus preceitos de caridade, de humildade e de abnegação, recebe a missão de anunciar o Reino de Cristo e de Deus, de estabelecê-lo em meio a todas as pessoas, e constitui na terra o gérmen e o princípio desse Reino" (*LG* 5,2).

O Reino de Deus não acontece somente na Igreja, enquanto comunidade dos redimidos, socialmente constituída. Como também não acontece somente na interioridade secreta da consciência, na meta-histórica subjetividade religiosa, mas se produz na concretude da realização do amor ao próximo, apesar da ambiguidade da história, em suas objetivações empiricamente perceptíveis. Consequentemente, a missão da Igreja, de fazer acontecer o Reino de Deus, se dá no mundo e para o mundo (SOBRINO, 2006, p. 267-288).

A Igreja não está fora e muito menos acima da sociedade civil; ao contrário, forma parte dela e é chamada a se inserir em seu seio, numa atitude de diálogo e serviço. Sua missão é ser fermento na massa, pela ação capilar dos cristãos, enquanto cidadãos, procurando colaborar com todas as pessoas de boa vontade, na realização histórica de uma sociedade perpassada pelos valores do Evangelho, que são autênticos valores humanos. É pela inserção ativa dos cristãos, como cidadãos, que se garante a presença construtiva da Igreja, em favor de uma sociedade justa e fraterna para todos. Trata-se, portanto, de uma presença plural, segundo as mediações históricas possíveis e compatíveis com o Evangelho, peregrinando com toda a humanidade, segundo os desígnios do plano amoroso de Deus.

1.3.2 A inserção dos cristãos no contexto de uma sociedade excludente

Enquanto sacramento da presença do Reino de Deus na ambiguidade da história, a inserção da Igreja no mundo é, por contraste, uma ação pastoral de encarnação, enquanto assumir para redimir é sempre sinal de contradição diante de toda e qualquer situação de injustiça e exclusão (MUÑOZ, 2006, p. 345-352). Por isso, para a Igreja na América Latina, juntamente com o Vaticano II que optou pelo ser humano como caminho da Igreja, dada a situação de exclusão de grandes contingentes da população do continente, situação escandalosa aos olhos da fé por causa da predileção de Deus pelos excluídos, é preciso optar antes pelos pobres (*Med* 14,9).

É preciso inserir-se no mundo, mas em que mundo? No mundo dos 20% de incluídos ou no dos 80% dos excluídos? Para *Medellín*, a missão evangelizadora num continente marcado pela exclusão, implica a denúncia de toda injustiça e da opressão, constituindo-se num sinal de contradição para os opressores (*Med* 14,10). A *diakonía* histórica da Igreja, enquanto serviço profético, diante de grandes interesses de grupos, pode redundar em perseguição e martírio, consequência da fidelidade à opção pelos pobres (COMBLIN, 2006, p. 301-304). Em consequência, ao fazer da sociedade lugar da pastoral, a evangelização, enquanto anúncio encarnado, precisa do suporte de uma Igreja sinal, compartilhando a vida dos pobres (*Med* 14,15) e sendo uma presença profética e transformadora (*Med* 7,13).

Resumindo...

O termo "pastoral" deriva do substantivo "pastor", que por sua vez remete a Jesus "o Bom Pastor". A ação da Igreja como "pastoreio" está presente desde os primeiros passos da Igreja primitiva e dela participam todos os membros da comunidade eclesial. Mais tarde, entretanto, nas eclesiologias do "Corpo místico de Cristo" e da Igreja como "sociedade perfeita", como os ministros ordenados são tidos o *alter Christus*, a ação de Jesus, o Bom Pastor, vai estar restrita à ação do clero. No contexto pré-conciliar, a ação pastoral é entendida como mera "prática", dado que se trata de uma ação pragmática, da aplicação na vida eclesial, primeiro da Teologia Moral, depois, do Direito Canônico e, finalmente, da Teologia Dogmática. Já no contexto da renovação do Vaticano II, a pastoral, enquanto ação pensada, está respaldada na teologia que, por sua vez, confere a essa uma dimensão pastoral. Entende-se por pastoral a ação da Igreja enquanto tal, que abarca seus dois âmbitos de atuação – *ad intra* e *ad extra*. Na esfera *ad intra* estão os serviços em vista da vivência e do testemunho de fé da comunidade eclesial, conforme a vida das comunidades primitivas (At 2,42). Na *esfera ad extra* está a missão da Igreja no mundo (*GS* 43a), levada a cabo por serviços específicos e também por ministérios voltados para fora da Igreja.

Com relação ao sujeito da pastoral, no Vaticano II é todo o Povo de Deus (*LG* 9), superando o milenar clericalismo, respaldado na velha eclesiologia pré-conciliar, que concebia a Igreja como uma "comunidade desigual", composta de "duas categorias" de cristãos: o clero e os leigos. Ao contrário do que prescrevia a eclesiologia pré-conciliar, resgata-se o modelo de Igreja das comunidades eclesiais dos primeiros séculos do cristianismo. No seio delas, a exemplo do que Jesus queria, existe um único gênero de cristãos: os batizados. É de uma comunidade toda ela profética, sacerdotal e régia, que brotam todos os ministérios para o serviço da comunidade, inserida na sociedade, inclusive os ministérios ordenados.

Com o Vaticano II, a pastoral não só muda de sujeito, como também de lugar. Ao resgatar a catolicidade da Igreja em cada Igreja local (*CD* 11), o Concílio supera o paroquialismo da Cristandade e afirma a diocesaneidade da pastoral, introduzindo as paróquias no seio de uma "pastoral orgânica e de conjunto" (*AA* 10b). De um lado, as paróquias e os movimentos de Igreja são inseridos no seio da Igreja local e, de outro, a diocese é situada no âmbito de uma Igreja de Igrejas locais, ou seja, de dioceses em comunhão entre si. O paroquialismo e o universalismo dos movimentos são superados pela inserção na pastoral de conjunto da diocese.

2
A pastoral como o ser da Igreja

A Igreja existe para evangelizar (*EN* 14), isto é, para "tornar presente o Reino de Deus no mundo" (*EG* 176). Enquanto continuidade do movimento de Jesus, sua razão de ser consiste em continuar sua obra. Trata-se de uma missão que, entretanto, não é extrínseca ao seu ser, ao contrário, como comunidade pneumática é extensão de sua essência missionária – "ai de mim se não evangelizar" (1Cor 9,16). A pastoral é, portanto, constitutiva do ser da Igreja, que se expressa em seu atuar. É em seu atuar que a Igreja plasma sua identidade e vai tecendo seu ser dinâmico, enquanto prolongamento da experiência pascal.

O ser da Igreja, que se expressa em seu fazer na concretude da história, radica no *tria munera Ecclesiae* – o múnus da Palavra (pastoral profética), o múnus da Caridade (pastoral do serviço) e o múnus litúrgico (pastoral litúrgica) – em uma relação dialética de complementariedade, a partir do polo da caridade, a mãe das virtudes. Os três múnus são conferidos pelo Batismo a todo cristão que, por sua vez, se remete ao *triplex munus Christi* – profeta, sacerdote e rei (*LG* 12).

A realização do tríplice múnus na vida pessoal e na comunidade cristã tem por finalidade tornar presente o Reino de Deus no mundo, a razão de ser da Igreja. Enquanto sacramento do Reino, seu sinal e instrumento – "gérmen e princípio" (*LG* 5,1), é pela pastoral profética, da pastoral do serviço e da pastoral litúrgica, que a Igreja conforma o seu ser a seu fazer.

2.1 A pastoral como realização do tríplice múnus

O Concílio Vaticano II remete o *tria munera Ecclesiae* a todo o Povo de Deus, "uma vez que Cristo, profeta, sacerdote e rei, é o Cabeça do novo e universal Povo de Deus" (*LG* 13), um povo todo ele profético, régio e sacerdotal. Conceber a ação pastoral como a ação de todos os cristãos e a partir do tríplice múnus é um dos passos mais importantes da renovação teológico-pastoral impulsionada pelo Vaticano II (cf. BOURGEOIS, 2000, p. 175-192). Compete ao *múnus profético* o serviço da Palavra em todos os níveis, incluindo a iniciação cristã, a catequese e a teologia; ao *múnus da caridade*, a promoção da vida no mundo, incluindo a pastoral social; e ao *múnus litúrgico*, a celebração dos mistérios cristãos, especialmente os sacramentos e a liturgia das horas. Ainda que haja diversidade de tarefas segundo a especificidade dos carismas dispensados pelo Espírito, a missão da Igreja como um todo é única: evangelizar, pelo exercício do ministério da profecia, do sacerdócio e do serviço ao mundo. O que no Antigo Testamento era atribuição de grupos distintos, Jesus reúne nos três múnus e confere como missão a cada batizado (*LG* 13).

2.1.1 A pastoral profética

A centralidade da Palavra na vida do cristão e da Igreja faz da profecia a porta de entrada no seio do *tria munera Ecclesiae*. A conexão com o múnus profético se dá pela acolhida e vivência pessoal e comunitária da Boa-nova, que chega pela Palavra de Deus (cf. BOURGEOIS, 2000, p. 193-197). Vivência é, antes de tudo, dar testemunho (*martyria*) de uma vida cristã, condição para ser "luz do mundo" e "sal da terra" (FLORISTÁN, 1991, p. 383-386).

Não combina com o cristianismo uma vida tíbia. Muito menos com a Igreja, uma comunidade eclesial que não irradia o Evangelho pela vida. Por isso, a ação primeira para um cristão testemunha da Palavra é engajar-se numa pequena comunidade eclesial, inserida profeticamente na sociedade. É a vivência e a convivência com os irmãos na fé que funda o testemunho cristão, a base de tudo. Segundo a *Evangelii Nuntiandi*, o testemunho é o primeiro meio de evangelização (*EN* 21). É falar de Deus sem falar, pois se trata antes de "mostrar" a fé pela vida do que "demonstrá-la" com meras palavras (BRIGHENTI, 2006, p. 89-90).

Integra também a pastoral profética o anúncio (*kerigma*) do Evangelho. A vivência da fé cristã, além de acolher e irradiar o Evangelho pelo testemunho, implica igualmente anunciá-lo explicitamente (FLORISTÁN, 1991, p. 374-382). O Evangelho chega pelos olhos que veem o testemunho dos que creem, mas também pelos ouvidos que escutam as pessoas que o anunciam. A mensagem do Evangelho consiste em anunciar o Reino de Deus que Jesus inaugurou com sua presença e com sua obra – um Reino de justiça, de paz e de amor, já anunciado pelos profetas. Trata-se de anunciar o Evangelho com todo seu potencial profético e transformador, fazendo dele uma boa notícia aos que têm fome e sede de justiça, aos que choram e sofrem, aos misericordiosos e pacíficos... (Mt 5,1-2; Lc 6,20-23). Anunciar, sobretudo aos excluídos, que não estamos jogados à nossa própria sorte, à mercê das estruturas de pecado, que engendram dominação e morte (BRIGHENTI, 2006, p. 91-92).

Na pastoral profética, o testemunho e o anúncio são seguidos pela catequese. Precedida pela vivência da fé no seio de uma comunidade eclesial (*martyria*) e pelo anúncio do Evangelho do Reino (*kerigma*), a catequese (*didaskalia*) é o momento da educação e da formação cristã, condição para ser profeta. Fiéis catequizados para serem também eles catequistas. Catequese é mais do que se preparar para receber os sacramentos. Trata-se de um processo de iniciação à vida cristã, que precisa ser permanente, prolongando-se na catequese com adultos (cf. FLORISTÁN, 1991, p. 421-476). Um espaço privilegiado de formação na fé tem sido as comunidades eclesiais de base. Sua centralidade na Bíblia assegura uma catequese vivencial, por meio da qual os conteúdos são vistos em estreita relação com a vivência pessoal e comunitária. Felizmente, a Igreja na América Latina tem multiplicado os espaços de formação na fé, particularmente de capacitação mais esmerada dos catequistas (BRIGHENTI, 2006, p. 93-99).

Finalmente, a pastoral profética desemboca na teologia (*krisis*), numa fé crítica, adulta, capaz de anunciar e denunciar. Na Igreja antiga, das escolas de catecumenato surgiram as escolas de teologia, pois se percebeu que o cristão precisava "dar razões à sua fé". A privação do acesso dos cristãos em geral à teologia é uma das razões da milenar "infantilização do laicato" na Igreja. É na teologia que a fé encontra seu polo crítico, antídoto para devocionismos, emocionalismos e fundamentalismos e, sobretudo, para clericalismos, tanto por parte do clero como de leigos clericalizados (BRIGHENTI, 2006, p. 100-103).

2.1.2 A pastoral do serviço e da comunhão

A Igreja é, antes de tudo, um corpo de serviço (*diakonía*) de Deus no mundo. A fé opera pela caridade. Sem obras, a fé é morta. O relato da Última Ceia de Jesus em São João não tem ceia, só o Lava-pés, que resume muito bem a doação da vida no serviço ao próximo, que é todo próximo, a começar pelo mais próximo. Trata-se de um serviço a ser realizado entre os cristãos na Igreja, como também um serviço no mundo, na edificação do Reino de Deus que, em sua dimensão imanente, se confunde com uma sociedade justa e fraterna, inclusiva, de todos. Por sua vez, o serviço é para a comunhão (*koinonía*), dentro e fora da Igreja; comunhão entre os cristãos e comunhão dos cristãos com toda a humanidade, com todos os filhos de Deus independentemente de cor, etnia, cultura ou religião (cf. FLORISTÁN, 1991, p. 563-580).

O compromisso cristão começa em casa, no serviço aos irmãos, na comunidade eclesial de pertença. Numa Igreja toda ela ministerial (cf. CONGAR, 1962), nenhum carisma dado pelo Espírito pode estar desvinculado do exercício de um ministério, segundo as necessidades da comunidade. Serviço não somente na liturgia. Na Igreja, há ministérios para dentro e para fora dela, para o mundo.

O exercício do ministério da diaconia por parte do laicato não é executar tarefas delegadas pelo clero (cf. COMBLIN, 2002, p. 52-57). Os leigos somente serão sujeitos na medida em que houver na comunidade eclesial corresponsabilidade entre todos, fruto do discernimento e tomada de decisões entre todos e por parte de todos, sempre com o cuidado da inclusão das mulheres (RAMOS, 2001, p. 291). As tarefas administrativas e burocráticas são campos de ação mais próprios para o laicato, o que pode contribuir para a liberação dos ministros ordenados ao pastoreio direto junto ao povo, em especial dedicando-se à formação dos agentes de pastoral.

Como a Igreja existe para o mundo, o lugar da ação evangelizadora é por excelência o mundo (CHENU, 1977, p. 73-79). Trata-se da ação da Igreja para além de suas próprias fronteiras, no serviço a todos, a crentes e não crentes (cf. BOURGEOIS, 2000, p. 674-684). O mundo é campo de ação dos cristãos como Igreja, mas também enquanto cidadãos. Para o compromisso dos cristãos no social, há mais de um século a Igreja vem oferecendo diretrizes, por meio de seu Pensamento Social. Concretamente, a atuação dos cristãos no mundo se dá pela *pastoral social*, que vai além da caridade assistencial e da promoção humana nos parâmetros de uma ação social. O assistencialismo humilha o pobre (Bento XVI), pois, além de fazer dele um objeto de caridade, perpetua as causas da exclusão. Por sua vez, uma ação social restrita a uma caridade organizada em favor de indivíduos ou grupos ignora suas causas e colabora com a vigência de estruturas, que geram "ricos cada vez mais ricos à custa de pobres cada vez mais pobres" (João Paulo II). A pastoral social combina assistência, promoção humana e transformação das estruturas, em vista de uma sociedade justa e inclusiva de todos, expressão da realização do Reino de Deus em sua dimensão imanente. Já a atuação dos cristãos no mundo enquanto cidadãos se dá pelas mediações da própria sociedade autônoma, nos denominados "corpos intermediários" como as associações de moradores e de classe; os conselhos tutelares de direitos de toda ordem; os partidos políticos e as parcerias com iniciativas de organizações não governamentais e outras da sociedade civil (BRIGHENTI, 2006, p. 129-135).

O serviço dos cristãos, exercido na Igreja e no mundo, é para a comunhão (*koinonía*), a ser vivida e promovida também dentro e fora da Igreja (cf. RAMOS, 2001, p. 279-283). A comunhão dentro da Igreja se dá na corresponsabilidade de todos os batizados por tudo e por todos. Toda e qualquer expressão de autoritarismo no seio da Igreja é antagônica ao espírito do Evangelho. O planejamento pastoral participativo é um bom instrumento para a promoção e o exercício da corresponsabilidade de todos em tudo na Igreja, assim como para incluir o clero no seio do Povo de Deus. Por sua vez, o serviço para a comunhão fora da Igreja começa pela atenção aos excluídos, aos pobres, aos discriminados de toda sorte, aos que sofrem injustamente. A Igreja precisa ser "casa dos pobres" (João Paulo II). Há que se buscar comunhão também com outras Igrejas e com as religiões bíblicas e não bíblicas, todas também mediações da salvação de Deus em Jesus Cristo, pela obra universal e misteriosa do Espírito. Essa comunhão também deve ser estabelecida por meio de parcerias com pessoas de boa vontade e com organismos da sociedade civil autônoma, sempre e quando se comunga em torno às grandes causas da humanidade, que são sempre também as causas do Evangelho (BRIGHENTI, 2006, p. 136-137).

2.1.3 A pastoral litúrgica

Pelo Batismo, todo o Povo de Deus é profético, sacerdotal e régio (cf. BOURGEOIS, 2000, p. 271-274). Entretanto, a Igreja, a partir do século IV, ao configurar-se no binômio *clero-leigos*, havia eclipsado o sacerdócio comum dos fiéis conferido pelo Batismo, monopolizado pelos ministros ordenados. Quase um milênio e meio depois, o Concílio Vaticano II resgatou o sacerdócio comum dos fiéis, colocando o sacerdócio ministerial a serviço dos fiéis não ordenados, no seio de uma Igreja toda ministerial, a partir da centralidade da Palavra (cf. FLORISTÁN, 1991, p. 477-488).

A descaracterização da liturgia da Igreja primitiva, plasmada numa diversidade de ritos no seio de uma assembleia toda ela sacerdotal, começou já no século IV, com a passagem: das pequenas comunidades com celebrações nas casas, para cerimoniais massivos, em basílicas; da assembleia celebrante ao padre como único ator da liturgia, rezando em voz baixa e de costas para o povo; da celebração eucarística como ceia ao redor de uma mesa à missa como sacrifício oferecido pelo "sacerdote" num altar de pedra; da simplicidade das celebrações domésticas aos rituais com os esplendores da corte imperial; das vestes do cotidiano a ministros do altar revestidos das honras e indumentárias típicas dos altos mandatários do império etc.

Com isso, a missa deixa de ser um ato comunitário para se converter numa devoção privada, tanto do "sacerdote" como de cada um dos fiéis em suas devoções particulares. O sentido pascal da celebração litúrgica é deslocado para devocionismos sentimentais, em especial a meditação da paixão e morte de Cristo. Enquanto o padre, num altar distante, reza a missa de costas para o povo, os fiéis se entretêm com suas devoções particulares, em torno aos santos. A própria comunhão é substituída pela "adoração da hóstia" e a Festa de *Corpus Christi* se converte na festa mais importante do ano litúrgico, superior inclusive à Festa da Páscoa.

A reforma litúrgica do Vaticano II regatou o sacerdócio comum dos fiéis e fez da pastoral litúrgica um campo de ação de todos os batizados (RAMOS, 2001, p. 431-434). Segundo o Concílio, dado que, pelo Batismo, o Povo de Deus como um todo constitui um povo profético, sacerdotal e régio, na liturgia, o padre preside uma assembleia toda ela celebrante. Consequentemente, o protagonista da celebração litúrgica não é o padre, mas a assembleia. Por isso, o povo passa a rodear o altar e o padre a presidir a assembleia celebrante de frente para ela, dialogando com ela, em sua língua. O padre deixa de ser chamado de "sacerdote", pois preside uma assembleia toda ela sacerdotal. O canto litúrgico é devolvido à assembleia e o coral ou o grupo de canto, que cantava sozinho, perde seu sentido. Para inserir o presidente da celebração no seio da assembleia, as vestes litúrgicas são simplificadas e se supera o caráter pomposo e suntuoso da liturgia, pois o rito, quanto mais simples, mais se parece com o modo discreto de Deus se comunicar.

Para o Concílio, a presença real de Cristo na liturgia está nas espécies consagradas do pão e do vinho, mas também na assembleia reunida, na Palavra proclamada e no presidente da celebração. A celebração eucarística passa a ser, antes de tudo, banquete, memorial do único sacrifício de Cristo que se prolonga na história por meio de uma ceia. Por isso, o rito eucarístico passa a ser celebrado na "mesa do altar", sobre a qual se apresentam as espécies consagradas, presença real de Jesus, mais como "alimento e bebida" do que "corpo e sangue". Toda a assembleia passa a ter acesso à comunhão sob as duas espécies. E para visibilizar a Igreja como Povo de Deus todo ele profético, sacerdotal e régio, os sacramentos passam a ser celebrados no seio de uma assembleia litúrgica (BRIGHENTI, 2006, p. 107-116).

2.2 A primazia da caridade no exercício do tríplice múnus

No coração do *tria munera Ecclesiae* está a diaconia pelo ministério da caridade. Comumente, a "caridade" está associada à esmola no cristianismo, à filantropia no espiritismo e ao assistencialismo das obras de beneficência, em resumo, a doações pontuais, movidas mais por "pena" dos pobres do que pelo dever de justiça por seus direitos. O assistencialismo humilha o pobre, fazendo dele um "objeto de caridade" e não sujeito de um mundo justo e solidário. Vai na lógica da "teologia da retribuição", pautada pelo interesse – "quem dá ao pobre, empresta a Deus" – ou da "teologia da prosperidade" – quem muito tem, é porque muito deu e, por isso, Deus retribuiu; e quem pouco tem, é porque nada ou quase nada deu e, então, Deus tirou até o pouco que tinha. Em outras palavras, quem tem muito é porque foi muito abençoado por Deus e, quem nada tem, é porque foi um amaldiçoado por Deus. Consequentemente, o rico é uma pessoa virtuosa e o pobre, um pecador.

2.2.1 Da necessidade à gratuidade

Entretanto, a "caridade" se remete ao "amor", que rompe com a lógica da "reciprocidade", da troca interessada. Só há verdadeiro amor e, portanto, verdadeira caridade, quando, ao descentrar-se de si mesmo, a "necessidade" é superada pela "gratuidade", fazendo do bem do outro o próprio bem, sem esperar nada em troca. A caridade, expressão de um amor autêntico, leva a sair de si e a transcender no "outro" (cf. LÉVINAS, 1995). Quando na caridade há gratuidade, ela eleva, transcende, leva a sentir e agir como o

Deus da revelação bíblica, que ama primeiro e ama gratuitamente, até porque não necessita de nosso amor e nem podemos lhe acrescentar nada.

Não é preciso ter fé ou religião para amar e para praticar a autêntica caridade. O cristianismo não tem o monopólio do amor e da caridade, pois não tem o monopólio de Deus e da graça, que age em todos, naqueles que creem e não creem, ajudando a todos a passar da "necessidade" (egoísmo) à "gratuidade" (alteridade). Evidente que fé cristã ajuda a entender e viver melhor e mais profundamente o amor e a caridade, sobretudo quando olhamos para o exemplo de Jesus e tomamos conhecimento de sua mensagem. Mas o cristianismo tampouco é proprietário de Jesus. Ele mesmo o expressa na Parábola do Juízo Final: "Vinde, benditos de meu Pai, pois eu estava com fome, com sede, eu era estrangeiro, estava doente, na prisão e me socorreste. Estes dirão: 'Quando, eu nunca te vi?' E ele responderá: 'Em verdade eu vos digo, todas as vezes que não fizestes isso a um desses pequeninos, foi a mim que não o fizestes!'" (Mt 25,31-43). É a dimensão horizontal da caridade, expressão do amor autêntico, que não separa o amor a Deus do amor ao próximo, na inter-relação da dimensão vertical e da dimensão horizontal da caridade. O plenamente humano é divino. Como afirma Fernando Bastos de Ávila: "o cristianismo não propõe nada mais à humanidade do que sermos plenamente humanos" (cf. BASTOS DE ÁVILA & BIGO, 1982).

2.2.2 A caridade, mãe de todas as virtudes

O termo "caridade" vem do latim "*caritas*", que na Bíblia é uma tradução de "*ágape*", sinônimo da palavra hebraica "*ahava*" que significa "amor". Só no Novo Testamento o termo aparece 320 vezes. Na fé cristã, todo autêntico amor é divino, pois é expressão do amor com que Deus nos amou, do jeito de Jesus de Nazaré. Por isso, Ele pôde dizer: "ninguém tem maior amor do que aquele que dá a vida pela pessoa que ama" (Jo 15,13); e, também, "amai-vos uns aos outros como eu vos amei" (Jo 15,12). O amor é o mandamento novo, a plenitude da Lei (Rm 13,10), o "vínculo da perfeição" (Cl 3,14); por isso, "ama e faça o que quiseres", dizia Santo Agostinho, na certeza de que quem ama só faz o bem. Para Tomás de Aquino, a caridade é o "fundamento", a "mãe" e a "forma" de todas as virtudes (FLORISTÁN, 2002, p. 94-96).

Viver a caridade com toda a humanidade, no amor de Deus, já a partir desta vida, é viver em fraternidade, em uma sociedade justa e solidária, sem exclusões. É muito perigoso quando a sociedade abandona parte de si mesma nas periferias de miséria e exclusões de toda sorte (*EG* 53). A inclusão começa pela partilha, na consciência de que Deus deu tudo para todos e para o bem de todos. Nos primórdios do cristianismo, os Padres da Igreja frisam que Deus é o senhor dos bens terrenos e nós somos seus administradores. São Basílio é incisivo em falar da obrigação para com os pobres: "o pão que guardas em tua despensa pertence ao faminto, assim como pertence ao despido o vestido que escondes em teu armário; o sapato que mofa em tuas gavetas pertence ao descalço e, ao miserável, o dinheiro que escondes" (*Homilia 6: Contra a Riqueza*, 7). Escreve São João Crisóstomo: "Deus não fez a uns ricos e a outros pobres. Deu a mesma terra a todos. As palavras 'meu' e 'teu' são motivo e causa de discórdia. Por isso, a comunhão de bens é uma forma de existência mais adequada à natureza do que a propriedade privada" (*Epistola I ad Tm XII*, 4).

2.2.3 Caridade e justiça social

A caridade, entretanto, vai além da entreajuda, da assistência ou da justiça distributiva, restrita ao âmbito interpessoal. Ela abarca também a justiça social, que implica uma organização social com regramento jurídico e estruturas que impeçam a exclusão, o acúmulo dos bens nas mãos de poucos ou a exploração. A justiça social remete a caridade às causas estruturais da pobreza e da exclusão, à injustiça institucionalizada.

O alcance da compreensão e de uma ação caritativa, consequente com a justiça social, depende do grau de consciência possível e dos meios disponíveis de cada época. Sem o alcance de uma análise estrutural da sociedade, só surgida na época moderna e que permitiu ver o social socialmente. Na Antiguidade, a pobreza é situada, compreendida e respondida no "mundo da moradia". Caridade é "dar o pão", atender os que batem à porta ou socorrer os necessitados da própria comunidade ou vizinhança. E, na medida em que a Igreja vai dispondo de seus próprios edifícios, haverá casas destinadas à caridade para com os enfermos e os peregrinos. No século XIII, sob o impulso do movimento de renovação das ordens mendicantes, os pobres voltam a ser o centro da espiritualidade e do serviço cristão. Dentro dos limites culturais da época, multiplicam-se as instituições assistenciais como albergues, hospitais e irmandades, ainda no âmbito do "mundo da moradia", ainda que voltadas para uma caridade já mais organizada.

No século XVIII, para dar amparo à classe operária explorada pelo capitalismo selvagem na Revolução Industrial nascente, dar-se-á a passagem da "caridade individual" para a "ação social", do "mundo da moradia" ao "mundo do trabalho". Toma-se consciência de que fazer caridade, além de "dar o peixe", implica também "ensinar a pescar", fazendo dos operários sujeitos da justiça nas relações de trabalho, que passa pela organização sindical, por leis que regulem os salários, pela assistência à saúde, pela previdência social e pela intervenção do Estado na economia para assegurar o bem comum da sociedade.

No século XX, a "irrupção dos pobres" e do "terceiro mundo", com a consciência de que "o subdesenvolvimento dos países sub desenvolvidos é um subproduto do desenvolvimento dos países desenvolvidos" (*PP* 8), a caridade fez a passagem do "mundo do trabalho" ao "mundo da política". Toma-se consciência de que não basta "dar o pão" e "ensinar a pescar", é preciso mudar um "sistema que é injusto em sua raiz, pois promove uma economia que mata" (*EG* 53). Como a pobreza é um fenômeno estrutural, é preciso justiça social, que depende de uma mudança das estruturas de uma sociedade excludente. A solução passa pela luta dos sujeitos sociais, pela sua militância nos corpos intermediários e na inserção na esfera da política, em vista do estabelecimento de um novo regramento jurídico inclusivo de todos e da efetivação de políticas de inclusão social (BRIGHENTI, 2009, p. 131-132). Na América Latina, a caridade mediada pela justiça social terá um caráter libertador de todo e qualquer resquício de mentalidades e práticas colonizadoras, na qual a Igreja, por meio da "opção preferencial pelos pobres", superando sua conivência histórica com a colonização no continente, convoca a todos a se colocarem do lado dos excluídos, para incluí-los em um mundo onde caibam todos.

2.3 O trinômio Reino-Igreja-Mundo como tripé da pastoral

O múnus da profecia, do serviço e da liturgia não só não são para a vivência pessoal, como não se esgota na esfera interna da Igreja. Ela existe para ser sinal e instrumento do Reino de Deus no mundo. É em vista da antecipação do Reino no mundo que se ordena o exercício dos três múnus no seio da comunidade eclesial por parte de cada um de seus membros.

2.3.1 A Igreja como "gérmen e princípio" do Reino

Depois do Concílio Vaticano II já não se pode conceber o "ser" e a "missão" da Igreja fora do trinômio Reino-Igreja-Mundo (RAMOS, 2001, p. 85-97). A Igreja, em seu modelo neotestamentário, está intrinsecamente unida ao Reino de Deus e ao mundo. Por um lado, a Igreja é sacramento do Reino e, por outro, está inserida no mundo, onde precisa torná-lo presente. Não é o Reino e o mundo que estão na Igreja, mas é a Igreja que está no Reino de Deus e no mundo. Com relação à Igreja enquanto parte do Reino, o Vaticano II afirma que ela, "[...] enriquecida com os dons de seu fundador, observando fielmente seus preceitos de caridade, de humildade e de abnegação, recebe a missão de anunciar o Reino de Cristo e de Deus, de estabelecê-lo em meio a todas as pessoas, e constitui na terra o *gérmen* e o *princípio* desse Reino" (*LG* 5,2). E, enquanto parte do mundo, afirma o Concílio: "[...] a Igreja existe neste mundo e com ele vive e age [...] composta de pessoas membros da cidade terrestre, chamadas a formarem já na história do gênero humano a família dos filhos de Deus" (*GS* 40, 1-2).

Assim, dado que o Reino é símbolo dos desígnios do Criador para toda a criação, a Igreja também se remete ao mundo, para nele contribuir com a edificação de um Reino que a transcende. Da mesma forma que não há Igreja sem Reino de Deus, também não há Igreja fora do mundo. Pretender colocar-se fora do mundo é continuar dentro dele de forma alienada. E, mais do que isso, além de não poder sair do mundo, a Igreja existe para a "salvação do mundo". Segundo o Papa Francisco, a Igreja existe para evangelizar, que consiste em "tornar presente o Reino de Deus no mundo" (*EG* 72).

2.3.1.1 O eclipse do Reino de Deus e a fuga do mundo

Foi no tripé Reino-Igreja-Mundo que nasceu a Igreja de Jesus, sob o dinamismo do Espírito de Pentecostes e, desse modo, se fez presente em seu caminhar histórico, até o final do século IV. Entretanto, por razões que veremos mais adiante, a partir do século V, gradativamente, deu-se na Igreja o eclipse do Reino de Deus e a fuga do mundo (*fuga mundi*) que se prolongaram até a realização do Vaticano II.

Com a *volta às fontes* bíblicas e patrísticas, o Concílio resgatou o modo de ser Igreja segundo o modelo normativo neotestamentário. De *servidora* do Reino no mundo, a Igreja tinha se tornado *absorvedora* do Reino e também do mundo. Tornou-se uma Igreja autorreferencial, quando na realidade ela é o sacramento histórico-salvífico de um Reino que não acontece somente na Igreja como comunidade socialmente constituída pelos batizados. Menos ainda na interioridade secreta da consciência, mas se produz na concretude da realização do amor ao próximo, já a partir deste mundo, apesar da ambiguidade da história, em suas objetivações empiricamente perceptíveis.

2.3.1.2 Reino e mundo são constitutivos da Igreja

O Concílio Vaticano II pôs em evidência que o Reino de Deus é mais amplo do que a Igreja e está presente para além de suas fronteiras. A Igreja é uma de suas mediações, ainda que privilegiada, pois dispõe dos sacramentos e da Palavra revelada, mas não a única. Consequentemente, enquanto servidora de um Reino que ultrapassa suas fronteiras, seu raio de atuação vai além do espaço intraeclesial, abarca o mundo. A Igreja existe para testemunhar e edificar o Reino de Deus no mundo, juntamente com outras Igrejas, religiões e pessoas de boa vontade.

Assim, como *gérmen e princípio* do Reino de Deus na concretude da história, a missão da Igreja não é deste mundo, mas se dá "no" mundo e "para" o mundo (RAMOS, 2001, p. 93-97). O cristão não é tirado do mundo, ao contrário, é chamado e enviado para a salvação do mundo. Dado que Deus enviou seu Filho para salvar o mundo, a Igreja só é mediação da salvação de Jesus Cristo no mundo, na medida em que, com sua ação evangelizadora, o assume e contribui com sua redenção. Consequentemente, o mundo não é indiferente ao cristão, nem exterior ou separado de uma suposta "vocação celestial", pois é no mundo que acontece a salvação. Só quando a Igreja se encarna no mundo, torna-se sacramento da salvação do mundo, que é o Reino de Deus, que começa neste mundo e encontra sua plenitude no outro mundo.

2.3.2 A relação Igreja-Reino de Deus

Uma vez abordadas cada uma das categorias do tripé da eclesiologia do Vaticano II – Reino-Igreja-Mundo –, resta inter-relacionar Igreja-Reino e Igreja-Mundo. O eclipse do Reino Deus na concepção de Igreja, bem como a postura de *fuga mundi*, foram superados pela renovação conciliar em sua volta às fontes bíblicas e patrísticas. O Concílio é claro: "[...] a Igreja, enriquecida com os dons de seu fundador, observando fielmente seus preceitos de caridade, de humildade e de abnegação, recebe a missão de anunciar o Reino de Cristo e de Deus, de estabelecê-lo em meio a todas as pessoas, e constitui na terra o gérmen e o princípio desse Reino" (*LG* 5,2). Frisa o Vaticano II que a Igreja não se identifica com o Reino de Deus, pois é dele apenas "gérmen e princípio". E sua missão consiste em anunciá-lo e, enquanto seu sacramento, também em torná-lo presente no Mundo. Comecemos pela relação Igreja-Reino.

2.3.2.1 De uma Igreja absorvedora a uma Igreja servidora do Reino

Já vimos que, historicamente e por longo tempo, a Igreja se autoidentificou com o Reino de Deus. De servidora, tornou-se absorvedora do Reino. Mas o Vaticano II corrigiu essa anomalia. Afirmou que não é o Reino que está na Igreja, mas é a Igreja que faz parte do Reino, dado que ela é apenas seu "gérmen e princípio"

(RAMOS, 2001, p. 90-93). Pelo Espírito Santo, o Reino de Deus também se faz presente fora da Igreja. A justiça, a paz e o amor não são monopólios dos cristãos. Onde quer que eles reinem e se faça a vontade de Deus, o Reino de Deus está presente.

Além do Reino de Deus não se restringir à comunidade dos discípulos de Jesus, que é a Igreja, também não acontece somente na esfera estritamente religiosa ou na interioridade secreta da consciência. Ele se produz na concretude da realização do amor ao próximo, em suas objetivações empiricamente perceptíveis, apesar da ambiguidade da história. Consequentemente, história da Igreja e história da salvação não coincidem. Há salvação fora da Igreja porque há presença do Reino para além de suas fronteiras. Assim, como sacramento do Reino, seu "gérmen e princípio", cabe à Igreja mostrá-lo e testemunhá-lo, sem se orgulhar disso, pois é apenas depositária de um dom a ser partilhado com toda a humanidade.

2.3.2.2 A relação Igreja-Reino está marcada por uma tensão

A relação Igreja-Reino, em virtude de a Igreja estar marcada pelos limites do humano e peregrinar na história, está caracterizada por uma tensão. Por um lado, há um abismo entre Igreja e Reino, por outro, estreita relação. Ela se move entre infinita distância e proximidade. Estreita relação e proximidade no sentido de que os dons do Reino, que são frutos do Espírito, já se fazem presentes na Igreja, ainda que de maneira imperfeita, misteriosa, mas real (Cl 13,2). E abismo e distância porque, por mais que a Igreja antecipe o Reino como plenitude e consumação da história no mundo, suas realizações estarão sempre aquém do Reino definitivo, cuja plenitude se remete à meta-história.

Essa tensão entre o que "já" chegou do Reino de Deus e o que "ainda" se espera que chegue um dia, caracteriza o ser da Igreja. Por isso, a Igreja é peregrina (2Cor 8,6). Vive ao mesmo tempo o "já" da presença do Reino, enquanto depositária dos meios de salvação, e o "ainda não" de sua plenitude, que a projeta para o futuro, a ser antecipado o máximo possível no presente. Sempre que a Igreja elimina essa tensão, pretendendo se identificar com o Reino, deixa de ser a Igreja de Jesus e eclipsa o Reino.

2.3.2.3 Acolher e contribuir com a presença do Reino fora da Igreja

Finalmente, a relação Reino-Igreja conclama os cristãos a acolher e a colaborar com a edificação do Reino de Deus, presente para além das fronteiras da Igreja (RAMOS, 2001, p. 91-92). Sua missão consiste, antes de tudo, em acolher a obra que Deus fez, pelo seu Espírito, também fora dela. Antes do missionário sempre chega o Espírito Santo. Tudo o que é vida, bondade, justiça, amor, paz, é obra do Espírito e presença do Reino de Deus, mesmo que se dê de modo implícito e fora da Igreja. Na verdade, o Espírito Santo está presente, como dinamizador da vida, tanto na obra da criação como na obra da redenção. Como dizia Santo Irineu, Jesus e o Espírito Santo são os dois braços pelos quais o Pai age e faz acontecer seu Reino no mundo.

Além de acolher a obra do Espírito que atua para além de suas fronteiras, a Igreja é chamada também a colaborar com aqueles que agem no Espírito e edificam o Reino, mas não são Igreja (*GS* 40). Colaborar com iniciativas de adeptos de outras religiões e de pessoas de boa vontade é colaborar com a obra de Deus, realizada na graça de seu Espírito. O cristão, como cidadão do Reino, é companheiro de caminho de todas as pessoas de boa vontade, sejam elas pessoas de fé ou simplesmente professantes de um "humanismo aberto ao Absoluto" (*PP* 42). Como dizia Dom Hélder Câmara, "às vezes, não apoiamos certas bandeiras, que são evangélicas, só porque estão em mãos que julgamos erradas". O mesmo aconteceu com os apóstolos de Jesus: "Mestre, vimos um homem expulsando demônios em teu nome e procuramos impedi-lo, porque ele não era um dos nossos" (Mc 9,38).

2.3.3 A relação Igreja-Mundo

Graças ao Concílio Vaticano II, a relação Igreja-Mundo mudou muito. As Escrituras já se perguntavam sobre a importância da autoridade civil e o modo como os cristãos deveriam se relacionar com ela. Na época patrística e medieval se aborda a relação em termos de *sacerdotium et imperium* entre Igreja e Estado. Na Idade Moderna, com a emancipação da razão e a autonomia do temporal frente à Igreja, a questão é colocada em termos de relações entre revelação (fé) e ciências (razão). Hoje, o mundo considerado e experimentado como história única e total da humanidade, fundado em si mesmo, com muitas religiões não cristãs, povoado por uma sociedade pluralista, levanta novos desafios na relação Igreja-Mundo (RAMOS, 2001, p. 93-97).

2.3.3.1 Os limites de uma relação de distância e dominação

O mal-estar na relação Igreja-Mundo, que se prolongou até o Vaticano II, na realidade, havia começado ainda no século V, quando o cristianismo se encontrou com o mundo greco-romano. Nesse período, a relação Igreja-Mundo passou por duas fases distintas. A primeira, no período da Cristandade, que vai do século V até o advento da Modernidade no século XVI. Nesse período, o modo de relação pode ser definido como *Igreja "e" Mundo*, ou seja, duas realidades separadas, frente às quais o cristão deve refugiar-se no espiritual, fugindo "do" mundo. Entende-se que há duas histórias, a profana (do mundo) e a história da salvação (da Igreja). O que contaria para a salvação é o que se faz na esfera do religioso. Para ser salvo, o profano precisa ser trazido para dentro do sagrado, ou seja, a sociedade civil precisa ser cristã, da mesma forma que o poder temporal deve ser investido pela Igreja e estar a serviço dela. Expressão da *fuga mundi* é a supremacia da contemplação em relação à ação, assim como a repressão do corpo e da sexualidade pela exaltação à virgindade. Com isso, o modelo de santidade, que até então era o mártir, passa a ser o monge, recolhido num mosteiro "fora" do mundo, dedicado à vida contemplativa e celibatário.

Uma segunda fase da relação Igreja-Mundo, nos moldes da cultura helênica, deu-se no período de Neocristandade, caracterizada pela lógica *Igreja* versus *Mundo*. Com o advento da Modernidade e a emancipação da sociedade civil frente à tutela da Igreja, com o clero não mais aceito pela sociedade emancipada, a Igreja envia os leigos como extensão do braço do clero, com a missão de reconquistar a sociedade. Assume-se uma postura apologética, pois se pensa que o mundo se opõe e conspira contra a Igreja. Como soldados de Cristo, os cristãos precisam combater o mundo moderno e recolocar a Igreja no topo da pirâmide social. Para ser salvo, o mundo precisa ser integrado à Igreja; a sociedade, recristianizada; a cultura deve voltar a ser cristã; enfim, o Estado terá que voltar a estar a serviço dos ideais da Igreja. Em lugar de uma Igreja servidora do mundo, na Neocristandade, temos uma Igreja absorvedora do mundo, empenhada em integrá-lo a si, condição para que o mesmo seja salvo.

2.3.3.2 Com o Vaticano II, uma relação de diálogo e serviço

O Vaticano II levará a Igreja, enfim, a fazer a passagem da fuga "do" mundo à inserção "no" mundo. Fez compreender que a Igreja está no mundo e existe para a salvação do mundo. Não é o mundo que está na Igreja, mas é a Igreja que está no mundo. Como o mundo é constitutivo da Igreja, para salvá-lo, é preciso assumi-lo e se inserir nele, como "luz do mundo" e "fermento na massa" (cf. RAMOS, 2001, p. 189-204). A razão de ser da Igreja é tornar presente o Reino de Deus no mundo. Para o Vaticano II, cabe à Igreja inserir-se no mundo, não para trazê-lo para dentro da Igreja (missão centrípeta), mas para tornar presente nele o Reino de Deus, no "diálogo e no serviço ao mundo" (missão centrífuga).

Concretamente, a atuação dos cristãos no mundo se dá de duas formas. Uma delas é pela *pastoral social*, que vai além da caridade assistencial e da promoção humana nos parâmetros de uma ação social. A pastoral social combina assistência, promoção humana e transformação das estruturas, em vista de uma sociedade justa e inclusiva de todos, expressão da realização do Reino de Deus em sua dimensão imanente.

A segunda forma de atuação dos cristãos no mundo se dá pelo engajamento dos cristãos, enquanto cidadãos, no seio da sociedade, pelas mediações da própria sociedade autônoma. Trata-se de se inserir nos denominados "corpos intermediários" da sociedade como as associações de moradores e de classe, os conselhos tutelares de direitos de toda ordem, os partidos políticos e as organizações não governamentais. Faz parte da missão da Igreja formar a consciência cidadã, contribuir para a organização da sociedade civil autônoma, capacitar os cristãos para um serviço efetivo no espaço público, assim como acompanhar de perto os cristãos engajados, propiciando-lhes o apoio da instituição no exercício da cidadania segundo os princípios cristãos.

2.3.4 Reino-Igreja-Mundo na Igreja da América Latina

O tripé da eclesiologia do Vaticano II foi recebido pela Igreja na América Latina, em continuidade com o Concílio, mas de modo criativo. Em um contexto marcado pela "injustiça institucionalizada" e pela exclusão, a relação Igreja-Reino se dá em torno à opção pelos pobres e uma evangelização libertadora, que tem nas CEBs um "novo modo de ser Igreja". Por sua vez, a relação Igreja-Mundo se dá a partir do "reverso da história", desde a periferia e os excluídos, a partir de onde, profeticamente, se busca promover uma sociedade onde caibam todos, expressão do Reino da justiça e da paz.

2.3.4.1 Inserir-se no mundo, mas em que mundo?

O Vaticano II conclamou a Igreja a não fugir do mundo, a inserir-se nele como "fermento na massa" (*LG* 48). Mas a Igreja na América Latina se perguntará: inserir-se no mundo, mas em que mundo? No mundo dos 20% de incluídos ou no mundo dos 80% de excluídos? A opção pelo sujeito social – o pobre – implicava igualmente a opção pelo seu lugar social, a compartilhar a vida dos pobres (*Med* 14,15), sendo no meio deles uma presença profética e transformadora (*Med* 7,13). Para *Puebla*, a Igreja, conhecedora da situação de pobreza, marginalidade e injustiça da grande maioria da população e de violação dos direitos humanos, deve ser cada vez mais a voz dos pobres (*DP* 1094). *Santo Domingo* insiste na necessidade de privilegiar o serviço fraterno aos mais pobres entre os pobres, assim como em ajudar as instituições que cuidam deles, testemunhando a cercania misericordiosa do "bom samaritano" (*SD* 180). Para *Aparecida*, a opção pelo sujeito social – o pobre – e seu lugar social faz dos cristãos também agentes da criação de estruturas que consolidem uma ordem social, econômica e política, inclusiva de todos (*DAp* 406). A Igreja tem responsabilidade em formar cristãos e sensibilizá-los a respeito das grandes questões da justiça internacional (*DAp* 384).

2.3.4.2 Exercer no mundo um serviço profético

Para o Vaticano II, a Igreja precisa exercer uma *diakonía* histórica, ou seja, um serviço no mundo (*GS* 42), que contribua para o progresso e o desenvolvimento humano e social (*GS* 43). Nessa perspectiva, para *Medellín*, a opção pelos pobres e seu lugar social exige da Igreja um serviço profético, que passa pela denúncia da injustiça e da opressão, constituindo-se num sinal de contradição para os opressores, que pode levar ao martírio, expressão da fidelidade à opção pelos pobres (*Med* 14,10). *Puebla* constata que a consciência da Igreja de seu compromisso com o social tem redundado em perseguição e, às vezes, em morte, como testemunho de sua missão profética (*DP* 92). *Santo Domingo* destaca que as CEBs têm se mostrado um bom meio para viver a fé em estreita comunhão com a vida (*SD* 48). *Aparecida* reconhece que o empenho da Igreja em favor dos pobres redundou em perseguição e morte de muitos, que devem ser considerados nossos santos e santas, ainda não canonizados (*DAp* 98).

2.3.4.3 A salvação como libertação integral

Para a Igreja na América Latina, a evangelização como defesa e promoção da vida, em especial dos mais pobres, precisa unir salvação e libertação. Para *Medellín*, a obra da salvação é uma ação de libertação integral e de promoção humana (*Med* 2,14; 7,9). Por isso, na evangelização, é preciso estabelecer laços entre evangelização e promoção humana (*Med* 7,9). Toda libertação é já uma antecipação da plena redenção em Cristo (*Med* 4,9). Por isso, "não teremos continente novo, sem novas e renovadas estruturas" (*Med* 1,3), sem "o desenvolvimento integral de nossos povos" (*Med* 1,5). *Puebla* afirma que a promoção humana é parte integrante da evangelização (*DP* 355), assim como a promoção da justiça (*DP* 1254). Trata-se da promoção da libertação integral da pessoa humana, em sua dimensão terrena e transcendente, contribuindo assim para a construção do Reino último e definitivo (*DP* 475). Para *Santo Domingo*, retomando *Medellín*, a salvação significa passar de condições menos humanas a condições cada vez mais humanas (*SD* 162). Para *Aparecida*, a promoção da vida plena em Cristo, na perspectiva do Reino, leva a Igreja a assumir as tarefas prioritárias que contribuem com a dignificação não só dos cristãos, mas de todos os seres humanos. Necessidades urgentes nos levam a colaborar, consequentemente, com outras pessoas, organismos ou instituições, para organizar estruturas mais justas, no âmbito nacional e internacional (*DAp* 384).

2.3.4.4 As CEBs como sacramento do Reino

Finalmente, para a Igreja na América Latina, uma Igreja inserida no meio dos pobres, em perspectiva profética e transformadora, tem nas CEBs uma forma privilegiada para viver e testemunhar a fé. Para *Medellín*, as comunidades eclesiais de base (*Med* 7,4) são a célula inicial da estruturação eclesial, foco de evangelização (*Med* 15,10). Para *Puebla*, as CEBs tornam possível uma intensa vivência de Igreja como família de Deus (*DP* 239). Para *Santo Domingo*, as CEBs são um sinal de vitalidade da Igreja, instrumento de formação e de evangelização (*SD* 61). Por sua vez, *Aparecida* reconhece que elas demonstram seu compromisso evangelizador entre os mais simples e afastados, expressão visível da opção preferencial pelos pobres (*DAp* 179). As CEBs têm sido verdadeiras escolas de formação de cristãos comprometidos com sua fé, testemunhas de entrega generosa, até mesmo com o derramar do sangue de muitos de seus membros (*DAp* 178).

Resumindo...

A evangelização constitui o ser da Igreja, dado que ela existe para evangelizar. É tarefa de todo batizado. A ação pastoral, expressão de uma evangelização integral, é a ação de todos os cristãos a partir do tríplice múnus: o múnus da Palavra (pastoral profética), o múnus da caridade (pastoral do serviço) e o múnus litúrgico (pastoral litúrgica), em uma relação dialética de complementariedade, a partir do polo do serviço da caridade, a mãe das virtudes. Os três múnus, conferidos pelo Batismo a todo cristão, que se remete ao *triplex munus Christi* – profeta, sacerdote e rei (*LG* 12). Compete ao *múnus profético* o serviço da Palavra em todos os níveis, incluindo a iniciação cristã, a catequese e a teologia; ao *múnus litúrgico*, a celebração dos mistérios cristãos, especialmente os sacramentos e a liturgia das horas; e ao *múnus da caridade*, o serviço da promoção da vida no mundo, incluída a pastoral social. Entre os três, entretanto, a primazia é do serviço ou da caridade, dado que "a fé opera pelas obras".

Entretanto, os múnus da profecia, do serviço e da liturgia não se esgotam na vivência pessoal ou na esfera interna da Igreja. Esta existe para ser sinal e instrumento do Reino de Deus no mundo. Por isso, é em vista da antecipação do Reino no mundo que se ordena o exercício dos três múnus no seio da comunidade eclesial por parte de cada um de seus membros. Depois do Concílio Vaticano II já não se pode conceber o "ser" e a "missão" da Igreja fora do trinômio Reino-Igreja-Mundo. A Igreja, em seu modelo neotestamentário, está intrinsecamente unida ao Reino de Deus e ao mundo. Por um lado, a Igreja é sacramento do Reino e, por outro, está inserida no mundo, onde precisa torná-lo presente.

Assim, dado que o Reino é símbolo dos desígnios do Criador para toda a criação, a Igreja também se remete ao mundo, para nele contribuir com a edificação de um Reino que a transcende. Da mesma forma que não há Igreja sem Reino de Deus, também não há Igreja fora do mundo. Na Igreja da América Latina, dado o contexto marcado pela "injustiça institucionalizada" e pela exclusão, a relação Igreja-Reino é entendida em torno à opção pelos pobres e uma evangelização libertadora, que tem nas CEBs um "novo modo de ser Igreja". Por sua vez, a relação Igreja-Mundo precisa dar-se a partir do "reverso da história", desde a periferia e os excluídos, a partir de onde, profeticamente, se busca promover uma sociedade onde caibam todos, expressão do Reino da justiça e da paz.

3
Itinerário da pastoral e da Teologia Pastoral

Na Igreja primitiva e antiga, pastoral e teologia andavam muito juntas e, consequentemente, a ação da Igreja era uma ação pensada, ainda que sem o rigor da ciência, essencialmente e como evangelizadora, alicerçada no primado da Palavra na vida cristã. Depois, também por influência da cultura da época sob o domínio do helenismo que se caracterizava por uma separação entre teoria e prática, a pastoral pouco a pouco foi se reduzindo a uma ação pragmática, campo de aterrissagem de uma ortodoxia previamente estabelecida (cf. BOFF, 1988). Além do dualismo entre teoria e prática, também o dualismo grego corpo-alma teve consequências na ação pastoral, sobretudo na Idade Média. Além de a ação da Igreja se caracterizar por uma ação pragmática, tenderia também a se restringir ao âmbito estritamente religioso e espiritual, nos parâmetros da prática cristã como "salva tua alma". Com isso, o Evangelho não é propriamente encarnado na vida pessoal e comunitária em sua integralidade, dado que o conceito de salvação está longe de abarcar "o homem todo e todos os homens" (Paulo VI), no seio da obra da criação. Perde-se de vista a missão da Igreja como edificação do Reino de Deus no mundo. Assim, a vida cristã na Igreja nascente, fundada nos *tria munera Ecclesiae* – os múnus profético, régio e sacerdotal –, ficará praticamente reduzida ao múnus sacerdotal. O presbítero passa a ser o ministro do culto, e aos leigos e leigas resta a obrigação de "assistir" à missa e receber os sacramentos.

Na Idade Moderna, quando gradativamente ocorre na Igreja um reencontro da teoria com a prática, a pastoral também se reencontra com a teologia e percebe que a missão da Igreja, por um lado, não consiste em implantar a Igreja e, por outro, abarca mais do que as realidades espirituais. Percebeu-se que a pastoral estava reduzida praticamente ao culto e à administração dos sacramentos, o que é muito pouco para salvar a pessoa inteira e todas as pessoas, no seio da criação. Nessa época, a pastoral, ainda que continuasse a ser campo de aterrissagem de uma ortodoxia previamente estabelecida, ampliaria sua abrangência, passando a aplicar, primeiro, a Teologia Moral, depois, o Direito Canônico e, finalmente, a Teologia Dogmática. Só quando se superou o dualismo entre teoria e prática, entre espiritual e material, é que iria surgir a Teologia Pastoral que, enquanto inteligência reflexa da vida eclesial, advogaria por uma ação pastoral evangelizadora na perspectiva de uma salvação integral e, portanto, por uma pastoral integral, que contribuísse com a edificação do Reino de Deus no mundo.

3.1 O percurso histórico da ação pastoral

Para compreender o que se entende por pastoral na perspectiva de uma ação evangelizadora, além de uma aproximação etimológica e semântica como se fez no primeiro capítulo, é importante também um olhar sobre seu percurso no caminhar da Igreja. Como a tradição é viva e a Igreja continua "originando-se", o modo como historicamente foi compreendida e levada a cabo a ação evangelizadora também passou por uma evolução. Era diferente evangelizar na Idade Antiga em relação à Idade Média, assim como na Idade Moderna em relação aos tempos atuais (FLORISTÁN, 1991, 259-275).

3.1.1 A atuação da Igreja na Idade Antiga

Na Igreja Primitiva e Antiga, em grande medida, evangelizar significa propor a mensagem evangélica, de modo que aqueles que a acolhem vivam e deem testemunho da fé, como membros de uma comunidade fraterna, no seio da sociedade. Os cristãos não reivindicam ser a única religião, apenas ter liberdade religiosa para poderem praticar livremente sua fé (BOURGEOIS, 2000, p. 78-82). Os que acolhem a Boa-nova do Reino se organizam em pequenas comunidades, inseridas proficamente na sociedade, que com seu testemunho e ação procuram tornar presente o Reino de Deus no mundo. O batizado, que passa a integrar a "comunidade dos santos", tem na Eucaristia a expressão mais viva da nova vida, que consiste em testemunhar e trabalhar em prol da antecipação do Reino de Deus na história. A Palavra de Deus ocupa um lugar central na vida cristã, tanto na oração como na ação. O serviço e a assistência aos pobres são decorrência ou consequência da Palavra acolhida na fé e da Eucaristia, celebrada entre irmãos (FLORISTÁN, 1991, p. 81-86).

Nesse período, sobretudo antes da era constantiniana, há uma forte resistência à integração dos cristãos nas estruturas pagãs e opressoras do Império Romano, tais como o serviço militar, o exercício de cargos públicos, a produção e o comércio de objetos para o culto pagão e a presença em espetáculos circenses. Quanto à procedência dos cristãos, os convertidos que integram as comunidades, em geral, são provenientes dos *humiliores*, pessoas da plebe, das periferias. Sem triunfalismos, a Igreja se autoconcebe como a "pequena grei", que diante de um mundo pagão e hostil é chamada a ser diferente, distinção essa a ser vivida no risco, na perseguição e no martírio (MERLOS, 2012, p. 57-58).

3.1.2 A atuação da Igreja na Idade Média

Nesse período, tanto a compreensão quanto a prática da missão da Igreja mudarão radicalmente (FLORISTÁN, 1991, p. 90-96).

Com o cristianismo feito religião oficial do Império Romano, a atuação da Igreja passa a ter duas conotações: de um lado, conservar a fé (pastoral de conservação) dos supostamente evangelizados e integrados na Cristandade medieval; e, de outro, conquistar para a Igreja ou para a Cristandade outros povos, como aqueles das novas terras conquistadas pelos grandes descobrimentos europeus do século XVI. Para dentro da Igreja, práticas devocionais e celebrações dos sacramentos; para fora, a missão confiada, sobretudo, às congregações religiosas de integrar novos povos à Cristandade. Nesse período, em sua configuração pré-tridentina, a prática da fé é de cunho devocional, centrada no culto aos santos e composta de procissões, romarias, novenas, milagres e promessas, práticas típicas do catolicismo popular medieval (um catolicismo "de muita reza e pouca missa, muito santo e pouco padre" como dizia Riolando Azzi); em sua configuração tridentina, a vivência cristã gira em torno da paróquia e do padre, baseada na recepção dos sacramentos e na observância dos mandamentos da Igreja (MERLOS, 2012, p. 78-84).

Resquício de uma sociedade teocrática, assentada sobre o denominado "substrato católico" de uma cultura rural estática, a *pastoral de conservação* pressupõe cristãos evangelizados, quando na realidade são "católicos" não convertidos, sem iniciação à vida cristã. Nesse modelo, a recepção dos sacramentos salva por si só, uma vez concebidos e acolhidos como "remédio" ou "vacina espiritual". A paróquia é territorial e, nela, em lugar de fiéis, na prática, há clientes que acorrem esporadicamente ao templo, para receber certos benefícios espirituais oferecidos pelo clero (BOURGEOIS, 2000, p. 83-90).

3.1.3 A atuação da Igreja na Idade Moderna

Na Idade Moderna, período em que a Igreja busca contrapor à Modernidade uma Neocristandade, a atuação da Igreja passará por nova mudança. Com a emancipação da sociedade civil frente ao poder religioso e a consequente separação Igreja-Estado (trono--altar), a ação dos cristãos constitui-se, basicamente, em sair para fora da Igreja para trazer de volta para dentro dela. Reconhece-se a legitimidade da sociedade civil emancipada, mas a Igreja é a "sociedade perfeita", a única mediação de salvação. Essa postura apologista alcançou seu auge no século XIX e início do século XX, quando a Igreja pré-moderna jogou suas últimas cartas no confronto com o mundo moderno (FLORISTÁN, 1991, p. 97-102).

A ação da Igreja assume a defesa da instituição católica diante de uma sociedade supostamente anticlerical, bem como a guarda das verdades da fé frente a uma razão dita "secularizante", que não reconheceria senão o que pode ser comprovado pelas ciências. Ao desconstrucionismo dos metarrelatos e o relativismo reinante que geram vazio, incertezas e medo contrapõe-se o "porto de certeza" da tradição católica e de um elenco de verdades apoiadas numa racionalidade metafísica (MERLOS, 2012, p. 98-104).

A ação da Igreja se apoia numa "missão centrípeta", a ser levada a cabo pela milícia dos cristãos, soldados de Cristo, a "legião" de leigos e leigas "comandada" pelo clero. A missão consiste, numa atitude apologética e proselitista, em trazer de volta as "ovelhas desgarradas" para dentro dela. E, numa atitude hostil em relação ao mundo, a Igreja cria o próprio mundo, uma espécie de "subcultura eclesiástica", a típica mentalidade de seita ou gueto. A redogmatização da religião e o entrincheiramento identitário acabam sendo sua marca. Com naturalidade, fala-se em "refazer o tecido cristão da sociedade", em manter o "substrato católico" ou em "adotar o método apologético" na evangelização, para implantar uma "cultura cristã", contrapondo-se a irrupção de um mundo autônomo da Igreja, pluralista, tanto no campo cultural como no religioso (BRIGHENTI, 2012, p. 117-138).

3.1.4 A ação da Igreja na renovação do Vaticano II

O Concílio Vaticano II, em sua "volta às fontes" bíblicas e patrísticas (*ad rimini fontes*), inaugurou um novo momento na trajetória da Igreja e, particularmente, na pastoral ou na ação evangelizadora. A nova postura assumida pela Igreja deixa para trás posicionamentos e formas de pensar e agir típicas da Cristandade e da Neocristandade. De uma ação da Igreja pautada pelo enquadramento institucional e o distanciamento do mundo, com o novo lugar que a Igreja passa a ocupar no mundo, a ação dos cristãos passa a acontecer no seio da sociedade pluralista, numa postura de diálogo e serviço (MERLOS, 2012, p. 127-130).

Para responder às necessidades da evangelização, inspirados no modelo de vida das comunidades eclesiais na Igreja primitiva e antiga, são criados ministérios leigos não só para dentro da Igreja; mas, sobretudo, para fora dela. O culto deixa de esgotar a ação dos membros da Igreja na edificação do Reino de Deus, que começa já neste mundo (*LG* 6). Surge a catequese renovada, a liturgia ligada à vida e a pastoral social, fruto da consciência do significado e da vivência do tríplice múnus do Batismo – o *tria munera Ecclesiae* –, profético, da caridade e litúrgico (*LG* 13; *PO* 5a). O sujeito da ação pastoral deixa de ser o clero, para ter o protagonismo da comunidade eclesial como um todo (ESTRADA, 1985, p. 17-134). A acolhida do direito à liberdade religiosa dá origem ao ecumenismo (*UR* 12) e ao diálogo inter-religioso (*NA* 2c). O reconhecimento da autonomia das realidades temporais impulsionará ações de cooperação e serviço em parceria com iniciativas, grupos e organizações da sociedade civil, em prol de um mundo justo e solidário.

Para propiciar o exercício da sinodalidade em todos os âmbitos da Igreja, promove-se a participação de todo o Povo de Deus (*LG* 9) no discernimento e nas decisões relativas à ação pastoral, são criados os conselhos e as assembleias de pastoral (*CD* 27e), assim como novos mecanismos de coordenação, com funções definidas comunitariamente. Desenvolve-se uma pastoral orgânica e de conjunto no contexto da Igreja local, referência e unidade de planejamento da ação, seja para as paróquias (*AA* 10b), seja para os movimentos eclesiais.

3.1.5 A atuação da Igreja na tradição libertadora latino-americana

Consequente com a renovação do Concílio Vaticano II, a Igreja na América Latina, à luz da opção preferencial pelos pobres, enraizada na fé cristológica (Bento XVI, Discurso Inaugural de Aparecida, n. 4), fará de sua presença e ação no mundo uma ação libertadora (cf. SOBRINO, 1985, p. 105-134). Frente aos desafios do continente, particularmente marcado pela injustiça institucionalizada e a exclusão, a ação da Igreja adquire uma dimensão sociotransformadora, sob o protagonismo de pequenas comunidades eclesiais, inseridas profeticamente na sociedade. Os leigos e as leigas são incorporados aos processos eclesiais como sujeitos, com ministérios próprios, oportunidade de formação bíblica e teológico-pastoral, com lugar de decisão em conselhos (*CD* 27e) e assembleias, bem como nas tarefas de coordenação dos diferentes serviços pastorais. À luz da opção pelos pobres, os excluídos deixam de ser objeto de caridade, para se tornarem sujeitos de um mundo solidário e fraterno (COMBLIN, 2006, p. 301-304). A Igreja, além de assumir sua causa, assume igualmente seu lugar social, com ênfase na pastoral social. Nascem serviços de pastoral, com espiritualidade e fundamentação própria, como a pastoral operária, pastoral da terra e rural, pastoral da saúde e dos enfermos, dos direitos humanos, pastoral da criança, da ecologia, da consciência negra e indígena, da mulher, do menor, da educação etc. A comunidade eclesial é organizada em pequenas comunidades de vida na base, alicerçada na leitura popular da Bíblia. Busca-se criar uma Igreja com rosto próprio, encarnando nas diferentes culturas os ritos e os símbolos da fé cristã (*LG* 13c). A liturgia é animada com cantos próprios. Sobretudo no âmbito popular, assembleias, reuniões, dias de estudo, cursos etc. vão desenvolvendo uma reflexão teológica contextualizada, sobretudo uma espiritualidade de militância, colada à vida.

Na tradição libertadora da Igreja na América Latina, abre-se espaço para a reflexão e a ação das mulheres, dos afrodescendentes e indígenas, que forjam a partir de suas práticas uma releitura bíblica e das verdades de fé, que faz da revelação "Palavra de salvação para nós hoje", como diz o Concílio Vaticano II (*GS* 62). A catequese privilegia a experiência e a inserção comunitária, num processo de educação permanente na fé. A liturgia faz interação do Mistério Pascal com a "paixão" dos pobres que, em seu rosto desfigurado, prolongam a paixão de Cristo no mundo. Na pregação e na meditação da Palavra em cultos dominicais sem Eucaristia procura-se alimentar a esperança do povo, atualizando a revelação no contexto das vítimas de um sistema injusto e excludente. À luz da fé, procura-se formar a consciência cidadã, para que os próprios excluídos, organizados como cidadãos, sejam protagonistas, no seio da sociedade civil, de um mundo solidário e inclusivo de todos.

3.2 O percurso histórico da Teologia Pastoral

A pastoral nasceu como ação pensada, respaldada nos conteúdos da fé, atualizados pela reflexão teológica (cf. ROUTHIER, 2004). A época patrística conta com farta literatura de cunho pastoral, como catecismos, tratados de moral, espiritualidade, desqualificação de heresias, roteiros homiléticos e livros litúrgicos. Digna de destaque é a obra *Adversus Haereses* de Irineu de Lion, que oferece luzes para entender teologicamente e responder pastoralmente ao desafio do gnosticismo. Entretanto, particularmente no segundo milênio, da *lectio* do período patrístico se passou à *quaestio* da escolástica, desta à *disputatio*, para, a partir do século XVIII, se passar das *sumas* aos *manuais*. Seria preciso esperar pelos movimentos em torno à renovação do Concílio Vaticano II, para que a ação da Igreja se reencontrasse com a teologia e esta, por sua vez, voltasse a se reconciliar com a ação, condição para uma ação pastoral pensada (cf. RAYMOND & SORDET, 1993).

Esse passo se deu graças ao lento, mas gradativo processo de reconciliação da Igreja com a Modernidade, rompendo-se com a racionalidade essencialista e a-histórica medieval. Para a renovação da teologia, foram de muita valia a filosofia da história de Hegel, a emancipação da razão prática levada a cabo pelos filósofos da práxis, a filosofia vitalista de H. Bergson (1859-1941), a filosofia da ação de M. Blondel (1861-1949) e a hermenêutica como interpretação da história de W. Dilthey (1833-1911). O surgimento de uma nova teologia, como teologia da ação, deveu-se muito à Escola Querigmática de Dunsbruck (J.B. Lotz, F. Lakner, H. Rahner e F. Dander), à Escola de Saulchoir com a *Nouvelle Théologie* (J.M.D. Chenu, L. Charlier, Y. Congar, J. Daniélou), bem como à contribuição de teólogos da envergadura de H. de Lubac, K. Rahner, E. Schilebeeckx, H. Küng e outros. Finalmente, essa nova perspectiva teológica será assumida pelo magistério no Concílio Vaticano II. A constituição pastoral *Gaudium et Spes*, ao fazer da leitura dos "sinais dos tempos" o ponto de partida da reflexão teológico-pastoral, reconcilia a teologia com o método indutivo, incorporando à reflexão teológica, como no caso da Igreja na América Latina, as práticas das comunidades eclesiais inseridas no mundo. Enfim, a experiência de fé das comunidades eclesiais passa a fazer parte integrante da inteligência da fé.

3.2.1 A pastoral como pragmática

Durante todo o período medieval, caracterizado por uma "pastoral de Cristandade" e, mais tarde, no seio da Modernidade, por uma "pastoral de Neocristandade", até o final do século XVIII, a ação da Igreja era concebida como um apêndice, primeiro da Teologia Moral, depois, do Direito Canônico e, finalmente, da Teologia Dogmática (cf. MIDALI, 1991). Nos três casos, a pastoral não passa da aplicação de uma ortodoxia previamente estabelecida. Ela não é uma ação pensada, sustentada por uma teologia, pois a ação não é concebida como lugar de reflexão ou de hermenêutica da fé. É mera operacionalização de um projeto especulativo prévio, mais precisamente, um conjunto de métodos didáticos, pedagógicos e performativos.

Segundo Cassiano Floristán em sua obra *Teología Práctica*, já em 1215 entrava em cena a preocupação por uma ação pastoral pensada. O IV Sínodo Lateranense havia decretado que junto ao *magister*, especializado no ensino da *teologia especulativa*, houvesse outro experto dedicado à educação do clero para o trabalho pastoral e a prática da confissão, que se denominava *teologia prática*. Nessa perspectiva, obras como as de J. Malarus (*Theologiae practicae compendium*, 1585) e de P. Binsfeld (*Enchiridion theologiae pastoralis*, 1591) contribuíram com a reforma do clero, um projeto ainda do Concílio de Trento (1545-1563). Tratava-se de manuais que, a partir do direito canônico, procuravam ajudar o clero na *cura animarum*, basicamente, a administração dos sacramentos. Entretanto, com esses manuais e outros como o de L. Engel, *Manuale parochorum*, publicado em 1661 e que teve 15 edições durante os cem anos de aplicação desse projeto, a Teologia Pastoral não passava de uma *Theologia Casuum*, ou seja, uma casuística ou um receituário prático.

Passo importante na Teologia Pastoral será dado na Áustria, graças à contribuição do canonista beneditino Stephan Rautenstrauch (1734-1785), entre os anos 1774 a 1777. Ele monta um projeto de reforma das escolas de teologia, as quais deviam contemplar na *ratio studiorum* "a formação dos pastores em sua profissão". Para isso, adota-se o manual *Pastor bonus*, do professor de Lovaina J. Opstraet, editado em 1698. A formação está motivada por uma postura apologética diante da Modernidade, concretamente contra o Iluminismo e sua confiança irrestrita no poder da razão. O curso de teologia para a formação do clero, que tinha a duração de dois anos para o não titulado e de quatro para o doutorado, terá um quinto ano dedicado às "disciplinas práticas". Compreende três secções: normas para a tarefa de *ensinar* (catequese, pregação), de *santificar* (administração dos sacramentos) e de *governar* a grei (administração paroquial). Na verdade, trata-se de um compêndio de recomendações práticas para formar os presbíteros, tidos como "pastores", juntamente com o bispo. Mas este se dedica mais a governar, adquirindo um perfil administrador (BRIGHENTI, 2006, p. 50-51).

3.2.2 *A pastoral como processo histórico-salvífico*

No início do século XIX entra em cena a Faculdade de Teologia de Tübingen, que desempenhará um papel preponderante na configuração de uma ação pastoral pensada. Johann Michael Sailer (1751-1822), com sua obra *Vorlesungen ans der Pastoraltheologie*, publicada em 1788, faz um deslocamento da preocupação e temática pedagógica ao conteúdo querigmático. A formação pastoral começa a ter um conteúdo, um referencial teórico próprio, deixando de ser apenas um conjunto de métodos didáticos, pedagógicos e formativos. Continua sendo ainda uma disciplina direcionada à formação do clero e à *cura animarum*, pois essa é a eclesiologia da época, mas passa a haver um esboço de elaboração sistemática da Teologia Pastoral apoiado nas Escrituras. Nesse modelo, a pastoral é um serviço de mediação do ato salvífico de Jesus Cristo e, o pastor, como um colaborador ativo de Deus na obra da salvação (BRIGHENTI, 2006, p. 51-52). Por sua vez, o deslocamento do pedagógico ao querigmático propiciará a passagem da sacramentalização à priorização da pregação da Palavra. Estabelece-se o primado da pregação e da catequese em relação às demais tarefas pastorais. O "pastor" é dissociado do pragmático ou do utilitarismo, para ser inserido no âmago da missão da Igreja que, antes de tudo, consiste em levar a salvação a todo o gênero humano, pelo anúncio da revelação (*kerigma*). A identidade do pastor é buscada no Cristo, o Bom Pastor, e em sua obra continuada pela Igreja.

Com isso, Sailer dá uma especificidade própria à realidade pastoral, vinculando-a à economia da salvação no cotidiano da humanidade. Com isso, a pastoral passa a ter duas fontes: a Escritura e a história. A primeira leva a pastoral a autocompreender-se como mediação de propagação da fé, dando maior importância à liturgia, à pregação e à catequese do que ao ensino religioso nas escolas; a segunda, a história, situa a pastoral no seio do processo histórico-salvífico, do qual a Igreja é mediação. Com isso, a Teologia Pastoral deixa de ser apêndice de outras disciplinas, para situar-se como um saber no interior da Teologia Dogmática.

3.2.3 A pastoral como a ação da Igreja

Outro passo na perspectiva da pastoral como uma ação pensada será dado pelos fundadores da Escola de Tübingen: J.S. Drey (1777-1853), J.A. Möhler e, sobretudo, A. Graf (1811-1867). A. Graf, discípulo de Möhler, deslocará a Teologia Pastoral para a Dogmática em geral, em particular para a Eclesiologia (BRIGHENTI, 2006, p. 53-54). Para isso, apoia-se em J.S. Drey, que concebia a pastoral não simplesmente na perspectiva da mediação de continuidade da história da salvação ou da obra de Cristo, mas vinculando-a ao próprio ser da Igreja, o lugar ou o espaço histórico de uma "revelação contínua". A. Graf frisa que a revelação não é algo estático e, a Igreja, seu mero depósito. Revelação e tradição são duas realidades vivas, permanentes e dinâmicas na história. Assim, não é simplesmente a pastoral, mas a Igreja como um todo, com suas diferentes ações, quem atualiza ininterruptamente os atos salvíficos do "acontecimento primitivo" (BOURGEOIS, 2000, p. 97-105).

Seu mestre J.A. Möhler já falava destas duas realidades, revelação-Igreja, invocando o princípio da encarnação. Para ele, do mesmo modo que o divino e o humano, apesar de distintos, conformam uma unidade em Cristo, assim também a Igreja é divina e humana, ou seja, tem um lado visível e outro invisível, sem que se possa separá-los. Advoga-se por uma unidade entre a ação pastoral (lado visível) e o mistério do ser da Igreja (lado invisível). Apoiado em Möhler, A. Graf explicita a concepção de Teologia Pastoral enquanto "consciência científica" que a Igreja tem de si mesma, segundo ele, caracterizada em três aspectos essenciais: uma *narrativa* dada no passado, objeto da exegese bíblica, por meio da crítica histórica e textual; uma *essência* presente, imutável, que constitui o objeto da Teologia Dogmática e Moral; e um *futuro*, sua autocompreensão contínua, objeto da Teologia Pastoral. Com isso, a pastoral é definitivamente dissociada de um mero pragmatismo eclesial, afirmando-se seu caráter teológico. Além disso, o sujeito da ação pastoral deixa de ser somente o ministro ordenado, para ser toda a Igreja, ou seja, todos os batizados. Consequentemente, o objeto da Teologia Pastoral não é simplesmente a formação do presbítero, mas a reflexão sobre o acontecer histórico da Igreja em relação ao futuro, destinada a todos os batizados.

3.2.4 A pastoral respaldada por uma teologia da ação

O surgimento de uma nova teologia, articulada a partir da antropologia no seio da racionalidade moderna, ajudou a reflexão teológica a reconciliar-se com a ação e, com isso, dando à pastoral um estatuto científico (BRIGHENTI, 2006, p. 54-57). Contribuíram para isso, entre outros, a Ação Católica especializada fundada por J. Cardjin, os movimentos em torno à preparação e realização do Concílio Vaticano II e teólogos como F.X. Arnold (1898-1969), P.A. Liégé (1921-1979) e K. Rahner (1904-1984).

A contribuição de F.X. Arnold consistiu em explicitar a natureza da Teologia Pastoral que, segundo ele, pressupõe: a) uma teologia bíblica que reflita sobre o conteúdo e a forma da revelação; b) uma teologia da história que estude o caminhar da tradição eclesial através dos tempos; c) e uma teologia sistemática que aprofunde o dogma e a moral, ou seja, o espírito e a essência do cristianismo. Para ele, a Teologia Pastoral tem a ver com revelação, a tradição, as verdades da fé e sua vivência. Seu objeto é a ação da Igreja enquanto tal, ou seja, o testemunho e o anúncio da palavra, a recepção e vivência dos sacramentos e o exercício da caridade em sentido amplo, por parte de todo o Povo de Deus. Assim, a Teologia Pastoral passa a ser concebida como uma disciplina que teologiza as práticas das comunidades eclesiais. A pastoral diz respeito à ação de todos os batizados e não apenas à ação do clero e, portanto, é uma tarefa de todos e para todos, cujo sujeito é todo batizado.

Por sua vez, P.A. Liégé também busca articular Teologia Pastoral e Eclesiologia. Juntamente com Arnold, define a Teologia Pastoral como a ciência teológica da ação eclesial, fundada no mandato de Cristo aos apóstolos (Mt 28,18-20), em três ministérios básicos: o profético, o caritativo e o litúrgico. Em decorrência, a Teologia Pastoral consiste na reflexão sistemática sobre as diversas mediações da graça, da qual a Igreja é depositária para levar a cabo a edificação do Corpo de Cristo, já a partir da história. Em um de seus últimos trabalhos, *Positions de la théologie pastorale*, descreverá a teologia como "a teoria da práxis da Igreja".

Já no contexto do Concílio Vaticano II, K. Rahner dará um novo impulso à Teologia Pastoral, sobretudo em torno à importante obra organizada por ele e elaborada pelos melhores pastoralistas da tradição alemã, *Handbuch der Pastoraltheologie* [*Manual de Teologia Pastoral*]. A obra começa assumindo a tradição anterior, ou seja, que a Teologia Pastoral diz respeito à ação de toda a Igreja, não somente do clero. Depois, apresenta a Teologia Pastoral como uma reflexão distinta da teologia especulativa, concebendo-a como uma disciplina sistemática e autônoma no seio da teologia como um todo. Na sequência, a obra faz uma exposição dos fundamentos teológicos da ação pastoral, bem como um elenco das diferentes ações da Igreja. A Teologia Pastoral é entendida como a ciência da autorrealização da Igreja (objeto material), à luz de uma reflexão teológica sobre a situação atual da Igreja e do mundo (objeto formal). Para K. Rahner, tal como para P.A. Liégé, o sujeito da ação pastoral é toda a Igreja, os batizados em seu conjunto, sendo a Teologia Pastoral a teoria da práxis eclesial.

3.3 Pastoral e ciência

Em tempos de crise da racionalidade moderna e, portanto, das ciências em geral, com o escapismo a pragmatismos presentistas e providencialismos alienantes na ação evangelizadora, é importante reafirmar o imperativo de uma ação pastoral respaldada por um referencial analítico sintonizado com as exigências de seu contexto e de nosso tempo. A ação pastoral, mesmo perpassada pela graça, não deixa de ser uma ação humana, sujeita às mesmas contingências de qualquer outra ação. O imperativo da eficácia da fé, dado que a salvação se dá na história da humanidade como um todo, bem como a complexidade e as exigências de um contexto cada vez mais pluralista e diversificado, desafiam a Teologia Pastoral a aprimorar sua relação com as ciências, como também a repensar sua epistemologia e seu estatuto enquanto disciplina no seio da teologia. Não só as ciências, incluída a teologia, precisam refundar-se no atual contexto, como também se impõe alargar o conceito de razão, em grande medida prisioneiro da limitada racionalidade técnica-instrumental moderna. A própria ação, incluída a ação pastoral, precisa igualmente abrir-se a novos horizontes como a crítica do pensamento decolonial, que introduz as epistemologias do Sul-global no cenário mundial.

3.3.1 *O desencontro da ação com a reflexão*

Hoje, se por um lado a crise da racionalidade moderna expôs a olho nu os limites das ciências obrigando-as a avançar, por outro, não são poucos os segmentos na sociedade e nos meios religiosos em franco retrocesso frente ao imperativo moral de não escamotear o real da realidade, desdenhando os fatos em troca de falsas certezas em tempos de pós-verdade. Tais posturas têm sido terreno fértil seja para a irrupção de fundamentalismos e tradicionalismos trazendo de volta uma pastoral voluntarista ou normativa pautada pela autoridade, seja para a aposta, particularmente no campo da experiência religiosa, em emocionalismos e providencialismos. Não deixa de ser um fenômeno desconcertante para uma ação pastoral pensada a emergência de uma religiosidade eclética e difusa, uma mescla das práticas devocionais pré-tridentinas com uma espiritualidade emocionalista, mercadológica e mediática. Também a religião passou a ser consumista, centrada no indivíduo e na degustação do sagrado, entre a magia e o esoterismo. Trata-se de uma prática também muito presente no seio do catolicismo, procurando responder às necessidades imediatas dos indivíduos, em sua grande maioria, órfãos de sociedade e de Igreja. São pessoas desencantadas com as promessas da Modernidade, em crise de identidade, machucadas, desesperançadas e frustradas, em busca de autoajuda e habitadas por um sentimento de impotência diante dos inúmeros obstáculos a vencer, tanto no campo material como no físico e afetivo. Busca-se ser feliz hoje, aqui e agora, apostando em saídas providencialistas e imediatas, levando a um encolhimento da utopia no momentâneo. Dado que o passado perdeu relevância e o futuro é incerto, o corpo tende a ser a única referência da realidade presente, deixando-se levar pelas sensações, professando uma espécie de "religião do corpo".

Essa religiosidade colada à materialidade da vida, dado que Deus quer a salvação a partir do corpo, pode ser porta de entrada na religião, mas pode também ser a porta de saída. Em determinados meios neopentecostais há uma espécie de neopaganismo imanentista, que confunde salvação com prosperidade material, saúde física e realização afetiva. É a religião *à la carte*: Deus como objeto de desejos pessoais, solo fértil para os mercadores da boa-fé, no seio do atual próspero e rentável mercado do religioso. Com isso, há um deslocamento da militância para a mística na esfera da subjetividade individual, do profético para o terapêutico e do ético para o estético, contribuindo para o surgimento da "religião sem religião" (M. Corbí), de "comunidades invisíveis", de "cristãos sem Igreja", sem vínculos comunitários. Há uma internalização das decisões na esfera da subjetividade individual, esvaziando as instituições, incluída a eclesial, que passa a ser constituída também por membros sem espírito de pertença.

Nesses meios, a reflexão, as ciências, incluída a teologia, são mais ignoradas do que contestadas. Privilegia-se as atividades pontuais e isoladas aos processos; o voluntarismo personalista às decisões fruto do discernimento comunitário; as sensações presentistas a resultados que causem um impacto sobre a realidade e são capazes de transformá-la. Frente a isso, parece impossível, mas é preciso voltar a propor laços de interação entre ação e reflexão, teoria e prática, teologia e ciências, pastoral e mediações analíticas.

3.3.2 O reencontro da pastoral com a ação

Historicamente, o encontro da Teologia Pastoral com as ciências foi precedido pelo encontro da pastoral com a ação propriamente dita. Como acabamos de ver, quando do nascimento da Teologia Pastoral no contexto da escolástica decadente do século XVIII, ainda sob o regime de Cristandade, a ação pastoral era mais uma "pragmática", fruto de um receituário eclesiástico de conselhos práticos, sem base teórica, deduzidas do direito canônico, da dogmática e da experiência repetitiva do "cura de almas", o sacerdote. Entretanto, ajudada pela nova racionalidade nascente, seus teóricos logo tomaram consciência de que a pastoral é, antes de tudo, "ação" (do latim *actio*, do verbo "fazer" ou "realizar"). Ao compreendê-la como "ação", se passou a marcar distância do termo "prática" (do grego *prakticós*), oposto à teoria, referido normalmente à repetição de um trabalho mediante certo treinamento, com a finalidade de obter resultado imediato (MERLOS, 2012, p. 423-429).

Em outras palavras, com o termo "ação" se quis frisar que a pastoral, para ser processual e resposta eficaz às necessidades de evangelização de seu contexto, não pode ser mera prática, como aplicação de uma ortodoxia previamente determinada. Diferente da "prática" pastoral, a "ação" pastoral está intimamente ligada à teoria, porquanto precisa ser sempre uma ação pensada, "antes" (projeção), "durante" (realização) e "depois" dela (avaliação). E para frisar ainda melhor a tensão presente e permanente na pastoral entre prática e teoria, passou-se a utilizar também o termo "*práxis*" (do verbo grego "*prasso*"), tornado de uso corrente na época moderna por K. Marx, para designar uma ação transformadora, que exige compromisso e consciência crítica. Tal consciência colocava a base para o encontro da pastoral, primeiramente com a própria teologia e, depois, com as ciências (BRIGHENTI, 2006, p. 66).

3.3.3 O reencontro da pastoral com a teologia

Assim, o encontro da pastoral com a "ação", entendida como práxis (ação pensada), na sequência levou-a a encontrar-se com a reflexão constitutiva de sua própria pertinência, que é a teologia. Não foi um caminho simples; foram quase duzentos anos de um processo tortuoso, de tessitura de uma gradativa reconciliação entre reflexão e prática ou mais propriamente entre teoria e práxis, o que contribuiu para sanar a primeira e dar eficácia à segunda. A dificuldade não era pequena, pois, para isso, metodologicamente, foi preciso passar do dedutivo ao indutivo e de uma verdade ôntica definida *a priori* a uma verdade existencial, que passa pela veracidade de sua comprovação histórica *a posteriori*. E, culturalmente, impôs-se passar da Cristandade à Modernidade, de uma metafísica essencialista à concretude da história, enfim, da ontologia à antropologia.

O processo foi longo e tortuoso para a Teologia Pastoral, pois a própria teologia enquanto tal teve dificuldade e demorou a mudar de paradigma. Ainda no final do século XIX, em torno ao Vaticano I, se colocava de pé uma "terceira escolástica", no contexto apologético da nova Cristandade. Seria preciso esperar, sobretudo, o surgimento da *nouvelle théologie* na primeira metade do século XX, para que a teologia, ao assumir a história como um *locus theologicus*, passasse a constituir-se, conscientemente, num saber contextualizado. Para isso, valeu-se da contribuição da incipiente

Teologia Pastoral nascente, contribuindo, por sua vez, para consolidação desta como uma nova disciplina no interior da teologia, com a função de retroalimentar a ação eclesial, em ordem a uma maior eficácia da fé no coração da história. Não seria exagerado afirmar que a ação pastoral pensada ajudou a pastoralizar a teologia e esta a teologizar a ação pastoral. Em outras palavras, a pastoral, ao encontrar-se com a teologia gerou a Teologia Pastoral e, simultaneamente, levou a teologia a descobrir e a interagir com a pastoral, fazendo-se teologia com dimensão pastoral. Foi um encontro vital para ambas, seja para dar eficácia à fé, seja para dar relevância histórica à reflexão teológica (BOURGEOIS, 2000, p. 49-57).

Caso típico da pastoralização da teologia e da teologização da pastoral é a teologia latino-americana, tendo como particularidade e especificidade a perspectiva libertadora. Ela nasceu da necessidade vital de pensar teologicamente a experiência viva e concreta da comunidade eclesial, inserida profeticamente em uma sociedade excludente. Tratava-se de articular experiência de Deus e responsabilidade pela realidade excludente, o que fez da teologia um "momento segundo", indispensável como esforço reflexivo para iluminar o "momento primeiro", constituído por essa complexa experiência. Com isso, a vida da comunidade eclesial passa a se constituir no lugar natural da teologia, no sentido de que não só a teologia é inseparável da consciência viva das comunidades eclesiais inseridas profeticamente na sociedade, como a vida e a experiência destas comunidades precedem a teologia. Esta nada mais é do que o esforço de transpor para o conceito a experiência vivida a partir da fé, ou seja, o momento teórico da vivência e do agir eclesiais. Na base da teologia está uma experiência eclesial que a sustenta. É a teologia como inteligência da fé, de maneira deliberada, intencional e reflexa "em", "desde" e "para" o contexto dessa mesma experiência de fé.

3.3.4 O encontro da pastoral com as ciências

O encontro da pastoral com a teologia, na sequência, levou-a a encontrar-se com as ciências. Como para a comunidade eclesial a tomada de consciência da realidade histórica é, ao mesmo tempo, o lugar de uma experiência espiritual ou de um encontro com Deus que exige conversão e responsabilidade, tanto do lado da experiência viva das comunidades como da teologia, vê-se a necessidade do recurso às ciências para poder apreender analiticamente a realidade complexa circundante. Constata-se e se reconhece que a Teologia Pastoral, enquanto inteligência reflexa da práxis da fé, não dispõe de instrumentos próprios, seja para apreender o contexto sociocultural no seio do qual se dá a experiência da fé, seja para dotar seu próprio discurso das prerrogativas de uma reflexão analítica ou científica ou para oferecer linhas de ação capazes de encarnar a proposta evangélica na concretude da história.

Para isso, era preciso estabelecer uma mediação com outros saberes, em uma relação interdisciplinar, uma vez que cada ciência abarca uma porção de um todo que a ultrapassa, com o cuidado para não cair na multidisciplinariedade, no sentido de uma mera justaposição de saberes, sem a devida assimilação metabólica por parte de cada uma das ciências em interação (BRIGHENTI, 2006, p. 68). Trata-se de um desafio que, na atualidade, não deixa de ser relevante e uma tarefa ainda bastante incipiente. Cada ciência tem seu objeto formal e seu método, que conformam sua pertinência e que lhe dão a própria identidade. Entretanto, uma identidade autoidentificada consigo mesma perde a visão do todo e, como sua especificidade é "porção" e não "parte" do todo (a porção contém o todo), acaba não mais entendendo nem da parte e nem do todo. Sem cair em multidisciplinarismos (justaposição de saberes) ou em transdisciplinarismos (amálgama de saberes que dilui a identidade de cada ciência), no horizonte da razão comunicativa postulada pela Escola de Frankfurt, cada ciência está desafiada a se refundar na inter-relação com as demais ciências, aprofundando ao máximo sua particularidade e, ao mesmo tempo, abrindo-se para enriquecer-se da contribuição das demais.

Historicamente, o diálogo da pastoral com as ciências começou com a sociologia da religião, sobretudo nos meios da Ação Católica especializada, recurso já utilizado pelo Catolicismo Social, em especial na Bélgica com Ducpécieux. Depois, para não perder de vista o "real da realidade" em toda sua complexidade, só cognoscível de maneira satisfatória recorrendo aos saberes que dele se ocupam, viu-se a necessidade de uma relação interdisciplinar, seja com a sociologia como tal, seja com outras ciências, segundo as realidades sobre as quais a Teologia Pastoral se debruça. Foi desse modo que, com o recurso à psicologia, a Teologia Pastoral pôde compreender melhor as relações entre os diferentes atores ou muniu campos da ação evangelizadora como a catequese dos recursos pedagógicos necessários na educação da fé. Por sua vez, a ação da Igreja *ad extra*, no seio da sociedade, levou a Teologia Pastoral a mediar-se da economia, da política, da história, da antropologia cultural, da geografia, da estatística, das artes em geral, bem como das ciências físicas e biológicas para situar-se em relação à ecologia. A larga história dessa relação interdisciplinar atesta não só a importância e a contribuição de outros saberes à ação pastoral, como a presença das ciências na própria semântica e sintaxe da Teologia Pastoral. O caminho percorrido, longe de sugerir um passo atrás, é um estímulo a intensificar e a aprimorar ainda mais essa inter-relação.

Em resumo, como se pode perceber, sem a mediação das ciências, a pastoral deixa de ser uma ação pensada criticamente, papel da Teologia Pastoral e, com isso, estaria ignorando a especificidade e a autonomia das realidades temporais, bem como negligenciando as exigências de uma ação eficaz. Cabe também frisar que, na inter-relação entre Teologia Pastoral e ciências, o aprimoramento da interdisciplinaridade na Teologia Pastoral passa, hoje, entre outros, pela contribuição do pensamento decolonial. A decolonização do ser (nível ontológico), do poder (nível sócio-político-econômico) e do saber (nível epistemológico) desafia a superação de ocidentalismos, eurocentrismos e todo resquício de posturas colonizadoras, bem como a reconhecer e a acolher alteridades ocultadas ou negadas, de modo especial aquelas que irrompem do Sul global. Sobretudo as epistemologias do Sul desafiam e interpelam a atual epistemologia da Teologia Pastoral, em grande medida ainda prisioneira de um paradigma defasado diante das novas realidades emergentes, a repensar sua *episteme* e, assim, poder dar respostas novas às novas perguntas, diante das quais os velhos paradigmas, ainda que não sejam falsos, se mostram curtos.

Resumindo...

Este capítulo abordou o itinerário da pastoral e da Teologia Pastoral. Com relação ao itinerário da pastoral, na Igreja primitiva e antiga, evangelizar significa propor a mensagem evangélica, de modo que aqueles que a acolhem vivam e deem testemunho da fé, como membros de uma comunidade fraterna, no seio da sociedade. A Palavra de Deus ocupa um lugar central na vida cristã, tanto na oração como na ação. O serviço e a assistência aos pobres são decorrência ou consequência da Palavra acolhida na fé e da Eucaristia, celebrada entre irmãos. Na Idade Média, com o cristianismo feito religião oficial do Império Romano, a atuação da Igreja passa a ter duas conotações: de um lado, conservar a fé (pastoral de conservação) dos supostamente evangelizados e integrados na Cristandade medieval; e, de outro, conquistar para a Igreja ou para a Cristandade outros povos, como aqueles das novas terras conquistados pelos grandes descobrimentos europeus do século XVI. Na Idade Moderna, período em que a Igreja busca contrapor à Modernidade uma Neocristandade, a atuação da Igreja, com a emancipação da sociedade civil frente ao poder religioso, a ação dos cristãos constitui-se, basicamente, em sair da Igreja para trazer de volta para dentro dela. Com o Vaticano II, de uma ação da Igreja pautada pelo enquadramento institucional e o distanciamento do mundo, com o novo lugar que a Igreja passa a ocupar no mundo, a ação dos cristãos dar-se-á no seio da sociedade pluralista, numa postura de diálogo e serviço. Para responder às necessidades da evangelização, inspirados no modelo de vida das comunidades eclesiais na Igreja primitiva e antiga, são criados ministérios leigos não só para dentro da Igreja; mas, sobretudo, para fora dela. Consequente com a renovação do Concílio Vaticano II, a Igreja na América Latina, à luz da opção preferencial pelos pobres, fará de sua presença e ação no mundo uma ação libertadora.

Com relação ao itinerário da Teologia Pastoral, ela passou por quatro fases: nasceu na aurora do movimento em prol da teologia moderna, inicialmente como pragmática (1ª etapa) e em seguida como entendida como processo histórico-salvífico (2ª etapa). No seio ou em interlocução com a teologia moderna, deu-se seu desenvolvimento e consolidação, entendida como autoconsciência da Igreja (3ª etapa) e, na sequência, como reflexão da práxis eclesial, enriquecida pela Igreja na América Latina, compreendendo-a como reflexão da práxis libertadora dos cristãos e das pessoas em geral (4ª etapa).

Conclui-se este capítulo tratando-se da relação entre pastoral e ciências, situando a Teologia Pastoral no âmbito de uma necessária relação interdisciplinar, para dar conta da apreensão de uma realidade complexa como é a vida dos cristãos inseridos no seio de uma sociedade pluralista e excludente.

UNIDADE II

PASTORAL E AÇÃO EVANGELIZADORA

Esta unidade, composta por três capítulos, relaciona pastoral e ação evangelizadora, apresentando o itinerário da pastoral na caminhada da Igreja, entendida como "encarnação de toda a fé em toda a vida" pessoal, comunitária e da sociedade como um todo, incluída a natureza. É a pastoral integral, para além de uma ação desencarnada e descontextualizada.

No quarto capítulo intitulado "A pastoral como ação em favor da vida em abundância", põe-se a plenitude do humano e o cuidado da criação como o horizonte do Evangelho e, consequentemente, da ação pastoral. A vida é o ponto de chegada da pastoral e também o de partida. Dado o contexto marcado pela exclusão e pela "injustiça institucionalizada", em contraste com o Reino de Vida, a ação pastoral precisa ser transformadora e profética, à luz da opção pelos pobres. A Boa-nova do Evangelho é uma diferença que precisa fazer diferença, causar um impacto sobre uma realidade contraditória com os ideais do Reino de Deus.

No quinto capítulo, apresentam-se os "Modelos de pastoral em torno à renovação do Vaticano II". No contexto pré-conciliar fizeram-se presentes dois modelos: a "pastoral de conservação" e a "pastoral coletiva". O Vaticano II, com a pastoral "orgânica e de conjunto", superou os dois modelos e colocou as bases para o surgimento na Igreja da América Latina do modelo que se poderia denominar com Puebla de "pastoral de comunhão e participação". Mais recentemente, a Conferência de Aparecida e o magistério do Papa Francisco colocam as bases de uma "pastoral de conversão missionária", na incômoda companhia de uma "pastoral secularista", uma espécie de "religião do corpo", muito presente nos meios neopentecostais, tanto católico como evangélico.

O sexto capítulo apresenta o desafio da "conversão pastoral da Igreja", lançado por Santo Domingo e re-impulsionado por Aparecida, que tem ganhado relevo universal com o magistério do Papa Francisco. Acena para uma conversão integral em quatro âmbitos – no da consciência e da mentalidade, no das ações, no das relações de igualdade e autoridade e no das estruturas. Trata-se de um desafio ingente e urgente, sobretudo em tempos de refluxo da Neocristandade e do escapismo em providencialismos e milagrismos nostálgicos de um passado sem retorno.

4
A pastoral como ação em favor da vida em abundância

Como já frisamos, a ação da Igreja, mesmo que sempre perpassada e sustentada pela graça, não deixa de ser uma ação humana, sujeita às mesmas contingências de qualquer outra ação. A Igreja é também fator cultural, pois o mundo é constitutivo dela. Consequentemente, para fazer acontecer o "Reino da Vida" (*DAp* 361, 366) na contingência da história não basta a boa vontade, como normalmente acontece no amadorismo de muitas práticas eclesiais. Muitas vezes, pretendemos responder a problemas complexos com respostas simplórias ou transplantando receitas pré-fabricadas em outro contexto, de outra época. A ação eclesial se remete à Teologia Pastoral, que faz dela uma ação profissional. Quando se trata de "gerar vida" no contexto de uma realidade complexa, como a que caracteriza nosso momento atual, para provocar um impacto sobre uma realidade complexa, só uma ação igualmente complexa, o que exige competência, além da sempre incondicional abertura e docilidade ao protagonismo do Espírito, sem o qual não há ação "pastoral". Mas, não se deve esquecer que a graça age, não "apesar", mas "por nosso intermédio", dado que Deus sempre se propõe, nunca se impõe, pois respeita nossa liberdade.

A "vida em abundância" (Jo 10,10), que foi tema de *Aparecida*, é central na mensagem cristã, meta de Jesus em sua missão, culminada na ressurreição. Ora, se a questão da "vida" é central na mensagem de Jesus, também precisa ser central na ação evangelizadora. Ainda mais quando, para nós, cristãos, a mesma "vida" intra-histórica tornou-se vida com "V" maiúsculo, a vida transfigurada em Cristo ressuscitado, pois o plano da redenção é a "recapitulação" do plano da criação. Por isso, toda forma de vida é sagrada, digna de ser cuidada, defendida e promovida, ainda que sem perder de vista a dignidade e grandeza do ser humano, criado à imagem e semelhança de Deus, a única criatura co-criadora. *Aparecida* evoca a imagem de uma "Igreja samaritana" (*DAp* 26, 176, 419). Também sem esquecer a "casa" da "vida", que é a natureza, a mãe-terra (*Pachamama*), "em dores de parto" (Rm 8,22), como diz São Paulo, esperando o dia de sua libertação.

Entretanto, a "paixão de Jesus" se prolonga na "paixão do mundo" (L. Boff): escandalosamente, nosso mundo é constituído por "ilhas de prosperidade" (20% de privilegiados), rodeadas de "um mar de pobreza" (80% de excluídos) por todos os lados (SALGADO, 2000, p. 11), e a mãe-natureza é sistematicamente agredida por uma economia de rapinagem, que põe em risco a vida humana e seus ecossistemas.

Por isso, a ação pastoral precisa ser uma ação transformadora, geradora de vida, humanizadora, dado que o divino é a plenitude do humano. Isso implica uma ação profética, que toma posição frente a tudo o que contradiz o Reino de Vida, fazendo da opção pelos pobres a ótica do cuidado e da defesa da vida. Tudo é obra de Deus redimida em Cristo e, na medida em que continua marcada pela morte em suas múltiplas facetas, é também tarefa dos cristãos continuar a obra da redenção, pela transfiguração, já a partir da contingência da história, de tudo o que está desfigurado.

4.1 A vida em abundância como horizonte da pastoral

Na Igreja, o alcance dos fins ou do ponto de chegada depende do ponto de partida, da mesma forma que a ressurreição de Jesus está estreitamente ligada à sua encarnação: "o que não é assumido, não é redimido" (Irineu de Lion). E mais, os fins são os meios no caminho, pois os meios também são mensagem. Consequentemente, uma ação pastoral cuja finalidade seja a "vida de nossos povos" precisa ter explícito o que se entende por "vida" na mensagem cristã e qual seu lugar na obra da evangelização (cf. BRIGHENTI, 2010, p. 225-250).

O tema da vida, central na mensagem de Jesus, o foi também na Conferência de Aparecida: "discípulos e missionários de Jesus Cristo para que nele nossos povos tenham vida". Suas conclusões registradas em documento estampam essa centralidade: primeira parte: *A vida de nossos povos*; segunda parte: *A vida de Jesus Cristo nos discípulos missionários*; terceira parte: *A vida de Jesus Cristo para nossos povos.*

Em grande medida, nisto está a relevância de *Aparecida*, dado nosso contexto social, marcado por tantos sinais de morte. A banalização da vida, a dominação de uma espécie de "cultura de morte", que vai do início ao fim da vida humana, passando pela indignante agressão à natureza, desafiam a todos, em especial os cristãos, que têm na "vida em abundância" a razão de ser da Igreja no mundo e, consequentemente, de todo programa de um itinerário formativo de seus membros.

4.1.1 A vida como ponto de chegada da ação pastoral

"Eu vim para que todos tenham vida e a tenham em plenitude" (Jo 10,10). Esta foi a razão da encarnação do Verbo: um "descenso" de Deus em vista de um "ascenso" de toda a obra da criação, em cujo centro está o ser humano, criatura co-criadora, imagem e semelhança de Deus. A ação da Igreja, continuação da obra de Jesus, não tem outra finalidade. Tudo na Igreja precisa, portanto, estar em função da vida, também a formação dos cristãos, desde a iniciação cristã, passando pela catequese e desembocando na capacitação teológico-pastoral. A "vida em abundância" é o centro da *diakonía* da Igreja no mundo, mas sobretudo do culto a Deus. A exigência bíblica, "eu quero a misericórdia e não o sacrifício" (Os 6,6), posta duas vezes na boca de Jesus, expressa bem o seu zelo pela vida, preferencialmente daqueles que a têm, em vez de abundante, minguada, profanada, agredida, sufocada. Como dizia Irineu de Lion, "a glória de Deus é o ser humano pleno de vida" (*gloria Dei, vivens homo*).

Fundado na mesma tradição irineana, como também Francisco de Assis, o Papa João Paulo II pôde afirmar: "o ser humano é o caminho da Igreja" (*RM* 72). Jesus é o caminho da salvação e não da Igreja. Na medida em que a Igreja existe para ser mediação da salvação de Cristo a todo o gênero humano, a Igreja existe para o mundo, para cuidar, defender e promover a vida dos seres humanos, no conjunto da obra da criação. Aí se notam os laços profundos que unem "evangelização e promoção humana", entre plano da redenção e plano da criação (*EN* 31), superando todo dualismo grego entre corpo e alma, mundo material e espiritual, profano e sagrado, *ora et labora*. Juntamente com o Vaticano II, a encíclica *Deus caritas est*, de Bento XVI, pôs um ponto-final a todo escapismo da concretude da história, a uma espiritualidade de *fuga mundi*, com a redução da salvação a uma realidade intimista ou na interioridade da consciência individual (*EN* 18). *Medellín*, fundamento da tradição eclesial latino-americana de corte transformador e profético, juntamente com a *Gaudiun et Spes*, verá a salvação como a passagem de situações menos humanas para mais humanas (cf. *Med* 1,4.5; 8,4.6, 9,4). O Papa

Bento XVI no Discurso Inaugural de Aparecida, retomando a *Populorum Progressio* em seus 40 anos de publicação, associa a obra evangelizadora ao "humanismo integral" e, com a teologia latino--americana, à salvação como "libertação autêntica" (*DAp* 146).

4.1.2 *A vida como ponto de partida da ação pastoral*

Ora, se "Deus quer a salvação a partir do corpo" (SUSIN, 2005, p. 31-51) e se a salvação é "vida em plenitude", implica a passagem de situações menos humanas para mais humanas (*Med* 1,5). Pela encarnação, "Deus, sendo rico, se fez pobre, para nos enriquecer com sua pobreza" (2Cor 8,9). Como o "descenso" de Deus foi em vista de um "ascenso" de toda a obra da criação, "ressurreição" é, antes de tudo, "transfiguração", não de uma outra realidade que a presente, mas da mesma realidade "desfigurada" por tantos sinais de morte, que atentam contra os desígnios de Deus para toda a obra da criação. Na medida em que a Palavra de Deus é salvação para nós, hoje, como afirma a *Dei Verbum*, não há, portanto, fidelidade ao Evangelho sem fidelidade à realidade presente. A religião pode ser, mas não é alienação, escapismo – "fuga para o intimismo, para o individualismo religioso", como frisou Bento XVI em Aparecida (*Discurso Inaugural*, 3). A conversão ao Evangelho da Vida implica "conversão à realidade" histórica concreta, a um compromisso transformador da realidade presente desfigurada em realidade futura, plena de vida. A "conversão à realidade", à luz do Evangelho, leva, portanto, a uma inserção por contraste na realidade presente, assumindo as contradições da mesma com os desígnios amorosos de Deus. Em outras palavras, "conversão à realidade" implica assumir os conflitos do próprio contexto e, frente a eles, não transigir com os princípios do Evangelho da Vida, o que pode redundar em perseguição e martírio. É aqui que nos encontramos com "nossa constelação de mártires" das causas sociais, embora "ainda não canonizados" (*DAp* 98). Sem dúvida, é um novo modelo de santidade, estranho e chocante sobretudo àqueles acostumados a ver virtudes cristãs mais na piedade pessoal intraeclesial do que no heroico compromisso na defesa e promoção da vida, diante de poderosos e inescrupulosos interesses econômicos e políticos.

Ação pastoral implica "contato direto" do cristão com sua própria realidade pessoal, familiar, eclesial e social, sobretudo em tempos de tendência a transformar o "real" em "virtual". A capacitação dos cristãos para sua missão no mundo não pode perder de vista "o real da realidade" (Jon Sobrino), sob pena de não contribuir para "redimir" e de fazer da religião alienação. Evangelizar "é, antes de tudo, não ignorar" (CASALDÁLIGA, 1992, p. 72).

Isso questiona também nossa forma de contato com a Bíblia, nossa costumeira hermenêutica dos textos revelados na vida de um povo, divorciada da vida concreta da comunidade eclesial (tradição contextualizada), inserida no contexto de uma sociedade marcada por escandalosos sinais de morte. Questiona certas "leituras orantes", sem relação dialética com a realidade histórica, sobretudo social, fazendo da Palavra de Deus mais um anestésico para a consciência do que uma interpelação a cuidar, defender e promover a vida, em especial daqueles que a têm agredida e profanada.

Já dissemos que o "ponto de chegada" na obra da evangelização depende do "ponto de partida", da mesma forma que a ressurreição de Jesus está estreitamente ligada à sua encarnação. Assim, uma ação pastoral que queira contribuir com a obra redentora de Jesus precisa também estar encarnada no contexto "real" de seus atores. O *Documento de Aparecida* nos ajuda a colocar os "pés no chão" do "real" da realidade latino-americana e a contextualizar um processo formativo em favor da "vida de nossos povos". Para levar à Vida, com "V" maiúsculo, a ação pastoral precisa partir da vida com "v" minúsculo, do "real" da realidade, da concretude da história.

4.2 A pastoral como ação transformadora

Para responder aos novos desafios, hoje, apresenta-se o imperativo de uma evangelização integral e integradora. Integral no sentido de abarcar a pessoa inteira e todas as pessoas, incluída a obra da criação. O dualismo grego corpo-alma, material-espiritual, imanência-transcendência entrou no cristianismo e contribuiu para uma fé espiritualista, desencarnada, a-histórica, alienante. A revelação professa uma antropologia unitária. Salvação e ressurreição incluem o corpo e a obra da criação e implicam uma evangelização integradora, na medida em que precisa abarcar tudo e todos e acontecer no âmbito da pessoa, da comunidade e da sociedade.

4.2.1 O potencial transformador da fé cristã

Uma autêntica evangelização é uma evangelização integral. Há segmentos da Igreja, hoje, que reduzem a evangelização ao mero anúncio ou "proclamação do querigma", no sentido de propiciar uma experiência de fé de corte emocional ou de simplesmente transmitir uma doutrina. Evangelizar, conforme apontou a *Evangelii Nuntiandi*, é uma tarefa complexa, termo que no documento substitui "missão", entendida tradicionalmente como sair da Igreja para trazer pessoas para dentro dela. Evangelizar não é implantar a Igreja; é ser mediação do Espírito para a encarnação do Evangelho na vida dos interlocutores.

Nas últimas décadas, a CNBB tem frisado com as conhecidas quatro "exigências" – testemunho, diálogo, anúncio, vida comunitária – que evangelização não começa com o anúncio, mas com o testemunho. Importa primeiro mostrar a fé e não a demonstrar. É o testemunho que abre o interlocutor para o diálogo e, quando este se dá, como o Evangelho é comunicação, pode-se então anunciar o querigma. Na sequência, a adesão a Jesus Cristo e a seu Reino leva a aprofundar os conteúdos da fé, inclusive teologicamente, a celebrá-la liturgicamente na comunidade e, sobretudo, a torná-la obra, por meio do serviço e da vida fraterna.

A fé cristã não consiste simplesmente em um novo modo de ver, mas de agir. O cristianismo é um comportamento, uma ética, um compromisso de conversão pessoal e de transformação da sociedade, segundo os desígnios de Deus. Consequentemente, a evangelização é caminho de uma conversão, que abrange mais do que uma mudança pessoal e do coração. Como bem advertiu Paulo VI na *Evangelii Nuntiandi*, para que a evangelização não se reduza a um "verniz superficial" ou a uma fé sem adesão a Jesus Cristo, sem pertença à comunidade de seus seguidores e sem compromisso com a edificação do Reino no mundo, precisa abarcar, simultaneamente, conversão do coração das pessoas e das estruturas (*EN* 36). Não se pode esquecer que as pessoas fazem as estruturas, mas estas também fazem as pessoas, sobretudo quando não se é ou não se consegue ser sujeito delas.

Bento XVI, no *Discurso Inaugural* de Aparecida, frisou que fé *cristã* "não é uma fuga no intimismo, no individualismo religioso, um abandono da realidade urgente dos grandes problemas econômicos, sociais e políticos da América Latina e do mundo, e uma fuga da realidade para um mundo espiritual" (*DI* 3). A conversão do discípulo é em vista de uma missão no mundo, dado que a Igreja existe para o mundo, para fazer presente e cada vez mais visível o Reino de Deus na história (SOBRINO, 2006, p. 283-288). Daí o compromisso também com a mudança das estruturas, porquanto o pecado social não seja a soma de pecados individuais, mas pecados pessoais que passaram às instituições.

Para *Aparecida*, a evangelização como inculturação "do Evangelho na história, no mundo moderno e tradicional", nos "novos areópagos" significa, sobretudo, uma presença ética coerente e prolongada, em que os discípulos missionários se tornam semeadores de "valores evangélicos" (*DAp* 491). O "ponto de chegada" da evangelização não é a Igreja. Esta não se anuncia, antes aponta para Jesus Cristo e se apresenta como mediação histórica para aqueles que aderirem à fé no Deus Trindade, a ser vivido em comunidade. A adesão a Jesus Cristo leva à adesão ao sacramento da comunidade. Não há cristão sem Igreja.

Por isso, segundo a *Evangelii Nuntiandi*, "entre evangelização e promoção humana existem laços profundos", dado que "o plano da criação está para a promoção humana, assim como o plano da redenção está para a evangelização" (*EN* 31). Não se pode perder de vista que o encontro com Jesus Cristo é redentor da pessoa inteira e de todas as pessoas, o que implica um "processo de passagem de situações menos humanas para mais humanas", como afirmou *Medellín* (*Med* 15,1). Nessa perspectiva, *Aparecida*, juntamente com a *Populorum Progressio* e a tradição latino-americana, reafirma que a obra da evangelização leva à autêntica libertação, integral, abarcando a pessoa inteira e todas as pessoas, fazendo-as sujeito do próprio desenvolvimento e da edificação de uma sociedade justa e solidária (*DAp* 399).

Para o cristianismo, a mensagem revelada nas Escrituras não é portadora de valores estritamente confessionais, que só serviriam aos cristãos. À luz do mistério da encarnação do Verbo, Jesus de Nazaré é *verdadeiramente homem e verdadeiramente Deus* e, consequentemente, o plenamente humano é divino e o divino é o autenticamente humano (SOBRINO, 2003, p. 817-829). Na aurora da Modernidade, com a irrupção do humanismo, que em grande medida se erigiu contra a Igreja, místicos medievais colocaram em evidência a congruência entre o humano e o divino: São João da Cruz, por exemplo, diviniza o humano e Santa Teresa de Ávila humaniza o divino. Tal como afirmou L. Boff a respeito de Cristo: "Jesus de Nazaré foi tão humano, tão humano, que só podia ser

Deus". Fé cristã não é *fuga mundi*, alienação, refúgio na esfera da subjetividade da alma ou escapismo da concretude da história. No Emanuel, Deus se "humanizou" e, com sua ressurreição, nos "cristificou". No seio do cristianismo, o processo de humanização se prolonga num processo de divinização e o processo de divinização se dá no processo de humanização. É o que Paulo VI falava na *Populorum Progressio* de "humanismo aberto ao absoluto" (*PP* 43).

4.2.2 *Os Santos Padres e o compromisso social*

O fenômeno da pobreza não é exclusivo de nosso tempo, muito menos a preocupação da Igreja pela sorte dos pobres, pois ela é normativa do próprio Evangelho de Jesus Cristo. São Gregório de Nissa dá testemunho desse fenômeno falando de uma "multidão de Lázaros" ou de uma "multidão de escravos diante da porta". Também não faltam "estrangeiros e emigrantes". Por toda parte aumenta o número daqueles que buscam auxílio.

Os Santos Padres tomaram posição decidida e firme frente a essa realidade, uma postura exemplar para todos os tempos. Em sintonia com o Apóstolo Paulo, eles insistem no "dever e no direito ao trabalho", enquanto estabelecido por Deus e inscrito na obra da criação. Pelo trabalho, o ser humano participa da obra do Criador, trabalhando se faz co-criador. Como diz Santo Irineu, "de Deus o homem recebeu a mão que edifica e trabalha", contrapondo-se à mentalidade comum no mundo greco-romano de que trabalho manual é para os escravos.

Outro tema caro aos Santos Padres é o dos bens materiais. Os seres humanos são usuários, jamais donos dos bens terrenos, que foi dado por Deus para o bem de todos. Deus é o único senhor das coisas, das quais o ser humano é o administrador, segundo os desígnios de Deus. Nessa perspectiva, prescrevia a *Didaqué*: "Não rejeitarás o indigente. Terás tudo em comum com teu irmão, e não dirás que um bem é teu, pois se compartilhamos os bens imortais, quanto mais devemos fazê-lo com os bens passageiros" (IV, 8).

4.2.2.1 Os pobres na Igreja

É notável a preocupação dos Padres pelos pobres na Igreja. À luz das exigências da fraternidade, a comunidade eclesial deve se colocar "em defesa dos pobres". São João Crisóstomo exorta aos fiéis para que "se convençam de que a maior honra está em assemelhar-se aos pobres, compartilhando suas próprias tribulações" (*Sermão sobre 1Cor 16,1-4*). O *Pastor de Hermas* louva os bispos que "fizeram de seu ministério um refúgio perpétuo para os pobres e as viúvas" (*Sim.* IX, 27). São Policarpo convida os presbíteros a ser caritativos e misericordiosos para com todos: "visitem os enfermos, não descuidem das viúvas, do órfão e do pobre; sejam sempre solícitos em fazer o bem diante de Deus e diante dos homens" (*Aux Philipiens*, VI, 1). São Basílio é incisivo ao falar da obrigação dos ricos para com os pobres: "quem despoja um homem de sua roupa é um ladrão. Quem não veste o indigente, podendo fazê-lo, merecerá outro nome? O pão que guardas em tua despensa pertence ao faminto, assim como pertence ao despido o vestido que escondes em teu armário. O sapato que mofa em tuas gavetas pertence ao descalço. Ao miserável pertence o dinheiro que escondes" (*Homilia 6 – Contra a Riqueza*, 7).

O pano de fundo, tanto da solidariedade ao modo de vida austera do pobre quanto a ação em favor dele, é a fraternidade, compreendida dentro da dinâmica do amor. Santo Inácio de Antioquia vislumbra a Igreja como uma fraternidade, em cujo seio os cristãos serão pessoas que se amam, que se sentem solidárias, comungando na unidade e na ajuda mútua. Tanto que aos cristãos, concretamente aos cristãos de Lion, estão proibidas algumas profissões, como as que se relacionam com a idolatria (culto aos deuses do império), a violência (gladiadores) ou à imoralidade (magia) etc.

4.2.2.2 A caridade organizada

Para a atenção dos irmãos em necessidade existia uma caixa comum, a que Tertuliano chama de *Arca*, e que São Cipriano designava com o termo veterotestamentário de *"Corban"*. Para provê-la, se faziam promoções periódicas, cujos resultados eram destinados à manutenção do clero e ao socorro dos indigentes, como também ao exercício comunitário da caridade, principalmente em relação aos órfãos, às viúvas, aos anciãos, aos náufragos e aos condenados às minas. Manter essa caixa comum não era responsabilidade de alguns, mas de todos, sendo que os ricos deviam contribuir com uma soma maior. Nesse sentido, Tertuliano prescreve: "A espécie de caixa comum que existe entre vós não está formada por uma 'soma honorária', dada por pessoas de prestígio, como se a religião estivesse à venda. Cada um paga uma cota módica num dia fixo do mês ou quando lhe pareça melhor. Ninguém está obrigado; cada um dá livremente sua contribuição" (*Apologia* XXXIX).

Os recursos provêm de fontes diversas: a) das primícias e do dízimo: na *Didaqué* se recomenda aos fiéis: "tomarás as primícias de todos os produtos da vindima e da eira, dos bois e das ovelhas, e darás aos profetas, pois estes são vossos sacerdotes"; mais adiante agrega: "e toma as primícias do dinheiro, das vestes e de tudo o que possuis e, segundo teu juízo, dá-as conforme a lei"; b) pequenas contribuições mensais; c) as coletas dominicais e festivas durante as funções litúrgicas, e que são oferecidas livremente pelos participantes (XIII, 3).

4.2.2.3 Sagrada Escritura e compromisso social

Para os Santos Padres existe uma relação intrínseca entre Evangelho e compromisso cristão com os pobres. A Palavra de Deus é caminho para os pobres e, portanto, referencial de todas as concepções sociais dos Santos Padres. É dela que deriva o sentido social da justiça, do amor e do respeito ao outro, em sua dignidade e seus valores, sublinhando a igualdade fundamental de todos. Daí decorre o dever do pastor em apascentar preferencialmente os pobres. É ele, em primeiro lugar, que vivendo junto ao povo deve partilhar suas dificuldades, suas alegrias e sofrimentos.

4.2.2.4 A justiça social

Santo Ambrósio dá testemunho do quanto a sociedade do século IV, por exemplo, estava fortemente marcada pelas diferenças entre ricos e pobres: "de um lado, os pecadores na abundância e nos cargos honoríficos, com uma prole sã e, de outro, o justo na pobreza e sem cargos, com uma prole débil de corpo, uma classe frequentemente na aflição" (*De Officiis,* 1.12, 40). Em outra passagem, ele defende o pobre, vítima muitas vezes da fraude, da violência e da opressão por parte dos ricos. São Gregório Nazianzeno chama a atenção para a ganância de muitos ricos, que só querem acrescentar casas à sua casa, mais campos aos que possuem, para isso, acossando seus vizinhos, no intuito de eliminá-los e, assim, dominar sozinhos (*In patrem tacentem propter plagam grandinis,* 18).

Em seu *Comentário ao Evangelho de São Lucas,* Santo Ambrósio insiste que Deus criou o universo para o uso de todos os homens e exorta aos ricos à bondade. Ele fala das vantagens da pobreza e destaca suas dimensões cristológicas (*Comentários sobre São Lucas,* 8,83-84). A justiça social e a caridade impõem obrigações para a coletividade. O homem não é o árbitro da criação, para que faça o que bem entenda, mas deve fazer uso das coisas, respeitando os limites postos por Deus e administrando-as de acordo com seu verdadeiro proprietário, Deus. Não tem sentido a propriedade que não é usada por quem a possui e, pior ainda, quando este nem sequer permite que outros a utilizem (*De Nabuthae*, 16,67).

Em relação à terra, os Santos Padres, sensíveis à Sagrada Escritura, proclamam que ela deve ser usufruída em comum, por todos. O egoísmo, fruto do pecado, quebra essa harmonia e cria tensões e violência. Escreve São João Crisóstomo: "Deus não fez uns ricos e outros pobres. Deu a mesma terra a todos. As palavras "meu" e "teu" são motivo e causa de discórdia. A comunhão de bens é uma forma de existência mais adequada à natureza do que a propriedade privada" (*Epistola I ad Tm* XII, 4). São Jerônimo recrimina os ricos que, apesar da angústia presente em toda parte, esbanjam seu dinheiro, totalmente esquecidos dos pobres (*Epistola* 130, 5). Nesse sentido, Santo Ambrósio condena o excesso de álcool nas tabernas e banquetes, a comilança e a busca desenfreada de alimentos custosos. A fim de evitar o pagamento de impostos, não faltará quem prefira o concubinato ao casamento.

Quanto à escravidão, Santo Agostinho lança um chamado a todos os senhores, que busquem o bem do escravo, que os amem como irmãos em Cristo, tendo presente os últimos tempos, quando todo poder humano será abolido. Se existe uma relação de dever e de obediência do escravo com o seu senhor, todo castigo deve proceder no amor e não na vingança. Desse modo, imitamos a Deus que nos ama e nos preparamos para o juízo final, com vistas à nossa salvação (*Sermo* 82,3.4).

4.3 Uma ação no mundo em perspectiva profética

Para alcançar o ponto de chegada, "a vida em plenitude", a partir do ponto de partida, que é o "real" da realidade da vida de nossos povos, a ação pastoral precisa também se preocupar com uma ação que seja "eclesial" – a comunidade eclesial como o sujeito da ação –, e "profética", que assuma os conflitos de seu contexto histórico.

Nesse particular, clama *Aparecida* que a Igreja, para ser promotora da "vida em abundância a nossos povos", precisa "desinstalar-se de seu comodismo, estancamento e tibieza, à margem do sofrimento dos pobres do Continente". É preciso que cada comunidade cristã se converta em um "poderoso centro de irradiação da vida em Cristo". Para isso, dizem os bispos, "esperamos um novo Pentecostes que nos livre do cansaço, da desilusão e da acomodação onde estamos" (*DAp*, 362). E, continua o documento, essa firme decisão missionária de promoção da cultura da vida "deve impregnar todas as estruturas eclesiais e todos os planos de pastoral, em todos os níveis eclesiais, bem como toda a instituição eclesial, abandonando as estruturas ultrapassadas" (*DAp*, 365).

4.3.1 *Uma Igreja inserida profeticamente na sociedade*

Uma ação pastoral, cuja finalidade é sempre a "vida de nossos povos", precisa levar os cristãos a se situarem dentro da sociedade, segundo o novo lugar da Igreja proposto pelo Concílio Vaticano II. Afirma o Concílio que, embora a Igreja não seja deste mundo, ela está no mundo e existe para a salvação do mundo, para ser nele "sinal e instrumento" (sacramento) do Reino de Deus, que é sua meta. Não é o mundo que está na Igreja, mas é a Igreja que está no mundo. O mundo é constitutivo da Igreja. O eclesiocentrismo pré-conciliar, além de eclipsar o Reino de Deus, não respeitava a autonomia das realidades temporais, redundando numa Igreja "absorvedora" em lugar de "servidora" do mundo. Evangelizar consistia em sair da Igreja, a fim de trazer pessoas para dentro dela, pois *extra Ecclesiam nulla salus*.

Em sua "volta às fontes", o Concílio Vaticano II autocompreendeu a Igreja e sua missão na indissociabilidade do trinômio Igreja-Reino-Mundo. Não há Igreja sem Reino e sua missão é ser sacramento desse Reino no mundo, descentrando-a de si mesma (SOBRINO, 1990, p. 467-510). Diz textualmente o Concílio: "[...] a Igreja, enriquecida com os dons de seu fundador, observando fielmente seus preceitos de caridade, de humildade e de abnegação, recebe a missão de anunciar o Reino de Cristo e de Deus, de estabelecê-lo em meio a todas as pessoas, e constitui na terra o gérmen e o princípio desse Reino" (*LG* 5,2).

Como se pode constatar, o Reino de Deus não acontece somente na Igreja, enquanto comunidade dos redimidos socialmente constituída. Como também não acontece unicamente na interioridade secreta da consciência, na meta-histórica subjetividade religiosa, mas se produz na concretude da realização do amor ao próximo, apesar da ambiguidade da história, em suas objetivações empiricamente perceptíveis. Em consequência, a missão da Igreja de fazer acontecer o Reino de Deus se dá no mundo e para o mundo. A interação Igreja-Reino-mundo, entretanto, se dá numa relação de tensão, marcada por uma distância da Igreja frente ao mundo e, ao mesmo tempo, de inserção nele. Só quando a Igreja assume uma distância do mundo enquanto mundaneidade e, ao mesmo tempo, adere a ele, torna-se sacramento de salvação do mundo. A distância do mundo é legítima, na medida em que o Reino de Deus não se identifica simplesmente com o desenvolvimento autônomo da realidade mundana, o que equivaleria a absolutizar o mundo. Entretanto, essa distância não pode ser completa, pois o Reino de Deus, nossa salvação, tem uma dimensão imanente, intra-histórica. Ele começa acontecendo no "já" da história (RAHNER, 1973, col. 752-775).

Assim sendo, a distinção e tensão entre Igreja e mundo, mediados pelo Reino de Deus, impede toda tentativa de controle da sociedade por parte da Igreja. A Igreja não está fora e muito menos acima da sociedade civil, ao contrário, forma parte dela e é chamada a inserir-se em seu seio, numa atitude de serviço. Sua missão é ser fermento na massa pela ação capilar dos cristãos, enquanto cidadãos, procurando colaborar com todas as pessoas de boa vontade na realização histórica de uma sociedade perpassada pelos valores do Evangelho, que são autênticos valores humanos. É pela inserção ativa dos cristãos, como cidadãos, que se garante a presença construtiva da Igreja em favor de uma sociedade justa e fraterna para todos. Trata-se, portanto, de uma presença plural, segundo as mediações históricas possíveis e compatíveis com o Evangelho, peregrinando com toda a humanidade segundo os desígnios do plano amoroso de Deus.

4.3.2 Ação pastoral e profecia

A ação pastoral, além de levar os cristãos a se inserirem no mundo, precisa prepará-los, também, para assumir as contradições de seu próprio contexto. Vimos que, entre Igreja e mundo, há uma relação de tensão, pois enquanto sacramento da presença do Reino de Deus na ambiguidade da história a inserção da Igreja é por contraste. Uma ação pastoral de encarnação, enquanto assumir para redimir, é sempre sinal de contradição diante de toda e qualquer situação de injustiça e exclusão (MUÑOZ, 2006, p. 345-352). Assim, para a Igreja na América Latina, juntamente com o Vaticano II que optou pelo ser humano como caminho da Igreja, dada a situação de exclusão de grandes contingentes da população do continente, situação escandalosa aos olhos da fé por causa da predileção de Deus pelos excluídos, é preciso optar antes pelos pobres (*Med* 14,9). Eles estão numa situação in-humana (desumana), profanados em sua dignidade de filhos criados à imagem e semelhança de Deus. A Igreja na América Latina, na medida em que foi sendo companheira de caminho dos últimos e esquecidos, foi tomando consciência de que a opção pelos pobres é o fio de ouro que tece as Escrituras do Gênesis ao Apocalipse (GUTIÉRREZ, 2006, p. 307-320).

Optar pelos pobres, entretanto, significa fazer do excluído não um objeto de caridade, mas sujeito de sua própria libertação, ensinando-lhe a ajudar-se a si mesmo (*Med* 14,10). O assistencialismo humilha o pobre, já fazer dos pobres sujeitos de uma sociedade inclusiva de todos é delatar o cinismo dos satisfeitos. Por isso, dizia Dom Hélder Câmara: "quando dou um pão a um pobre, dizem que sou cristão; mas, quando aponto para a causa de sua fome, dizem que sou comunista". Ir às causas incomoda. O Evangelho, que nos remete à nossa própria consciência, incomoda. A "memória perigosa" do Jesus de Nazaré incomoda (J.B. Metz). É nesse sentido que a evangelização passa pela conscientização, pela denúncia profética, pela formação política, pela reivindicação de políticas públicas de inclusão, pela parceria com o poder público e com organizações populares, enfim, pelo enfrentamento com as estruturas de exclusão e as poderosas forças que as sustentam.

A profecia da Igreja se dá igualmente em sua forma de inserção no mundo. O Vaticano II conclamou a Igreja a se inserir no mundo, no coração da história, no seio da sociedade (*LG* 50, *GS* 40). Entretanto, a Igreja na América Latina dirá: não basta inserir-se no mundo; é preciso, sim, inserir-se no mundo, mas dentro de que mundo? Do mundo da minoria dos incluídos ou da maioria dos excluídos? Do mundo dos 20% da população que detêm 80% dos recursos do planeta ou do mundo dos 80% de excluídos que vegetam com os 20% dos recursos sobrantes? (TAMAYO, 1994, p. 48). Alerta Medellín que a missão evangelizadora num continente marcado pela exclusão implica a denúncia de toda injustiça e da opressão, constituindo-se num sinal de contradição para os opressores (*Med* 14,10). A *diakonía* histórica da Igreja, enquanto serviço profético, diante de grandes interesses de grupos, pode redundar em perseguição e martírio, consequência da fidelidade à opção pelos pobres (COMBLIN, 2006, p. 301-304). O testemunho dos mártires das causas sociais é a mais viva expressão da vivência da fé cristã na fidelidade à opção pelos pobres, em uma sociedade injusta e excludente. *Aparecida* trata deles como nossos santos e santas, ainda não canonizados (*DAp* 98).

Em consequência, na fé cristã, a opção pelo sujeito social – o pobre – implica igualmente a opção pelo seu lugar social. A evangelização, enquanto anúncio encarnado, precisa do suporte de uma Igreja sinal, compartilhando a vida dos pobres (*Med* 14,15) e sendo uma presença profética e transformadora (*Med* 7,13). Não basta uma Igreja dos pobres. Faz-se necessário o testemunho de uma Igreja pobre, pois a instituição também é mensagem, porquanto afeta o caráter de sacramento da Igreja, de sinal visível do Reino no mundo.

4.3.3 Opção pelos pobres e Pacto das Catacumbas

O "pacto das catacumbas", firmado por bispos proféticos no encerramento do Concílio Vaticano II (CHENU, 1977, p. 73-79), continua questionando o retorno da Igreja barroca – Igreja massa, poder, prestígio, da visibilidade. Por diversas razões, o ideal de João XXIII de "uma Igreja pobre e dos pobres, para ser a Igreja de todos" não teve maiores consequências no Vaticano II, mas não para a Igreja na América Latina.

4.3.3.1 O pacto em Medellín

O espírito do Pacto é onipresente em *Medellín* (BRIGHENTI, 2015, p. 197-214). É nesse pequeno e inspirador documento, que guarda ainda toda sua atualidade, que se deve buscar o referencial evangélico da firme decisão dos bispos em *Medellín*, de não só optar pelos pobres, mas de assumirem também seu lugar social. Afirmam textualmente: "queremos, como bispos, nos aproximar cada vez com maior simplicidade e sincera fraternidade dos pobres, tornando possível e acolhedor o seu acesso até nós. Devemos tornar mais aguda a consciência do dever de solidariedade para com os pobres, exigência da caridade. Essa solidariedade implica tornar nossos seus problemas e suas lutas e em saber falar por eles" (*Med* 14,9). E mais: "desejamos que nossa habitação e estilo de vida sejam modestos; nossa indumentária, simples; nossas obras e instituições funcionais, sem aparato nem ostentação. Pedimos aos sacerdotes e fiéis que nos deem um tratamento que convenha à nossa missão de padres e pastores, pois desejamos renunciar a títulos honoríficos próprios de outras épocas" (*Med* 14,9).

As duas décadas que sucederam *Medellín* foram ricas em iniciativas e processos pastorais na perspectiva da opção pelos pobres, tais como: a leitura popular da Bíblia; as comunidades eclesiais de base; o planejamento pastoral participativo; as comunidades religiosas inseridas nas periferias; os inúmeros serviços de pastoral social; as escolas de formação de agentes de pastoral; a criação de ministérios para leigos e leigas, com atuação também para fora da Igreja; a formação da consciência cidadã; a defesa dos direitos humanos; a teologia da libertação e os mártires das causas sociais, que tem em Dom Oscar Romeiro o primeiro deles canonizado.

4.3.3.2 O mensageiro também é mensagem

Podemos resumir o compromisso do Pacto das Catacumbas em dois núcleos centrais (BRIGHENTI, 2017, p. 306-331). No primeiro, dado que a Igreja é sacramento do Reino, na primeira resolução do documento, os bispos signatários se comprometem "a viver segundo o modo ordinário" do povo, no que diz respeito a casa, alimentação e locomoção. Eles estão conscientes de que o mensageiro é também mensagem. Que o modo como moramos e nos locomovemos é igualmente mensagem. Na segunda resolução, os bispos decidem "renunciar para sempre à aparência e à realidade de riqueza", seja no vestir como nos símbolos do episcopado em metais preciosos. Em outras palavras, o modo como nos vestimos também é mensagem.

Em consequência, recusarão que os chamem "com nomes e títulos que expressem grandeza e poder". Como também evitarão, conforme registra a sexta resolução, conceder "privilégios ou preferência aos mais ricos e poderosos". Na quarta resolução, os bispos se comprometem a serem mais pastores do que administradores, para poderem estar mais livres no serviço às pessoas, especialmente aos mais pobres. Trata-se de mostrar a fé, mais do que demonstrá-la, testemunhando, não fatos do passado, mas uma verdade, em consciência, da qual se está convencido. Do ponto de vista ético, e ainda mais do religioso, não se pode separar o anúncio do ato de anunciar. Na Igreja, não se pode separar o que se anuncia do que se vive, pois somente se testemunha o que se é. A força da evidência procede de uma convicção interior. O seguimento de Jesus Cristo implica autenticidade, que significa congruência consigo mesmo, entre o que se diz e o que se faz. Só as posturas autênticas são dignas de fé. A falta de autenticidade perturba a confiança e impede a transparência.

Em resumo, em sua primeira parte, o Pacto das Catacumbas põe em evidência uma exigência radical da mensagem cristã: a toda evangelização explícita precede necessariamente uma evangelização implícita. A primeira forma de falar de Deus é falar dele sem falar. A *Evangelii Nuntiandi* trata do testemunho como "elemento primeiro" no processo de evangelização. Antes de explicitar a positividade cristã, antes de apresentar a proposta evangélica, cabe ao mensageiro ser mensagem. Mostrar a fé, antes de demonstrá-la.

Trata-se da exigência e, ao mesmo tempo, da força do testemunho. Os bispos signatários do Pacto foram fiéis não só a uma Igreja para os pobres, mas deram o testemunho de uma Igreja pobre. Muitos deles viveram uma vida de estrita pobreza, visível na moradia, na alimentação, no vestir-se e no locomover-se, alguns se utilizando do transporte público.

4.3.3.3 A instituição também é mensagem

Os compromissos da segunda parte do Pacto das Catacumbas evidenciam outra exigência radical da mensagem cristã: além do mensageiro, a instituição eclesial, em sua organização, estruturas e configuração histórica, também é mensagem. A Igreja, como toda religião, é uma instituição hierofânica (Mircea Eliade): sua finalidade é transparecer o divino "através" do humano, sem jamais o humano pretender ocupar o lugar do divino, sob pena de eclipsá-lo. Como frisou o Concílio Vaticano II, a Igreja é "sacramento do Reino de Deus, seu germe e princípio" (*LG* 5b). Nada menos do que isso, mas também nada mais.

Nessa perspectiva, os bispos signatários do Pacto não se limitam ao testemunho pessoal, mas se propõem adequar também a instituição eclesial, em sua configuração histórica, à proposta da mensagem cristã. A visibilização histórica da Igreja como instituição precisa estar estreitamente ligada à sua vocação de ser sacramento do Reino de Deus na provisoriedade do tempo. Ser sacramento significa ser sinal e instrumento do Reino. Trata-se de ser sinal daquilo que a Igreja quer ser instrumento, tendo presente que somente será sinal na medida em que for instrumento. É verdade que haverá sempre uma inevitável tensão ou distância entre a promessa do Reino que a Igreja testemunha, anuncia e edifica e o caráter obsoleto das mediações que buscam visibilizá-lo na concretude da história por meio de sua ação evangelizadora. Essa tensão, entretanto, longe de ser um álibi à acomodação, fazendo-se um pacto com a mediocridade, dada a inevitável distância do humano em relação ao divino, é, antes de tudo, um forte apelo, tal como continua sendo o "Pacto das Catacumbas", a fazer do institucional, apesar de sempre precário, sinal visível da eternidade do Reino, no tempo provisório da história da humanidade.

Resumindo...

Como a "vida em abundância" (Jo 10,10) é central na mensagem cristã, meta de Jesus em sua missão, culminada na ressurreição, ela precisa também ser o ponto de chegada da ação pastoral. Entretanto, fazer da vida o ponto de chegada implica fazer igualmente dela o ponto de partida, da mesma forma que a ressurreição de Jesus está estreitamente ligada à sua encarnação – "o que não é assumido, não é redimido" (Irineu de Lion). Consequentemente, uma ação pastoral que queira contribuir com a obra redentora de Jesus precisa também estar encarnada no contexto "real" da realidade na qual a Igreja está inserida. Em outras palavras, uma ação pastoral, cuja finalidade é a "vida de nossos povos", como diz *Aparecida*, precisa levar os cristãos a se situarem na sociedade em que vivem, a se inserirem no mundo, como diz o Vaticano II. Afirma o Concílio que, embora a Igreja não seja deste mundo, ela está no mundo e existe para a salvação do mundo, para ser nele "sinal e instrumento" (sacramento) do Reino de Deus.

Para alcançar o ponto de chegada, "a vida em plenitude", a partir do ponto de partida, que é o "real" da realidade da vida de nossos povos, a ação pastoral precisa também se preocupar em ser uma ação "eclesial", fazendo da comunidade eclesial como um todo o sujeito da ação. E como se trata de assumir uma realidade contraditória com o Evangelho da Vida, a inserção dos cristãos no mundo implica assumir também as contradições e os conflitos da realidade. Uma ação pastoral de encarnação, enquanto assumir para redimir, é sempre sinal de contradição diante de toda e qualquer situação de injustiça e exclusão.

Consequentemente, a ação pastoral, para ser geradora de vida, humanizadora, precisa ser uma ação transformadora, dado que o divino é a plenitude do humano. Isso implica uma ação profética, que toma posição frente a tudo o que contradiz o Reino de Vida, fazendo da opção pelos pobres a ótica do cuidado e da defesa da vida. Por isso, para a Igreja na América Latina, juntamente com o Vaticano II, que optou pelo ser humano como caminho da Igreja, dada a situação de exclusão de grandes contingentes da população do continente, situação escandalosa aos olhos da fé por causa da predileção de Deus pelos excluídos, é preciso optar antes pelos pobres (*Med* 14,9). Optar pelos pobres, entretanto, significa fazer do excluído não um objeto de caridade, mas sujeito de sua própria libertação, ensinando-o a ajudar-se a si mesmo (*Med* 14,10). O assistencialismo humilha o pobre, já fazer dos pobres sujeitos de uma sociedade inclusiva de todos é delatar o cinismo dos satisfeitos e involucrar a todos na edificação de uma sociedade justa e solidária, expressão do Reino de Vida na concretude da história.

5

Modelos de pastoral em torno à renovação do Vaticano II

A Igreja, em seu caminhar, à medida que foi respondendo aos desafios de seus contextos na ação evangelizadora, foi conformando "modelos de pastoral", tendo subjacentes "modelos eclesiológicos". Eles estão presentes inclusive nos escritos neotestamentários, reflexo das práticas no seio das comunidades eclesiais primitivas (cf. ESTRADA, 1985, p. 17-134). A razão é que a Igreja é "carisma", mas também "instituição"; "divina", mas também "humana"; sacramento de um Reino que não é deste mundo, mas que existe para torná-lo cada vez mais presente "no mundo"; imbuída de uma missão escatológica, mas a ser levada a cabo na precariedade da história; uma instituição que procede de Jesus, mas também da experiência pascal de seus discípulos, sob o dinamismo do Espírito de Pentecostes; enfim, a Igreja, para ser sempre a mesma Igreja de Jesus Cristo, precisa remeter-se continuamente às suas "fontes" e "raízes" e, sob o dinamismo do Espírito de Jesus, continuar "originando-se", fazendo-se ou constituindo-se, até à consumação da história – *Ecclesia semper reformanda* (cf. *UR* 6).

Consequentemente, a ação pastoral, como já frisamos, ainda que perpassada pela graça e sob o dinamismo do Espírito, não deixa de ser uma ação humana, sujeita às mesmas contingências de qualquer outra ação (FOSSION, 1990, p. 61-70). É uma contingência da inevitável historicidade Igreja que, longe de ser um limite, livra-a de se tornar uma ideologia. Enquanto instituição divina e humana, a Igreja é também fator cultural. Ela é "tradição", mas tradição "viva", que progride, como diz o Concílio Vaticano II, sob pena de cair no "tradicionalismo", que engessa a instituição, por pretender engessar a história. "Tradição" é a história do Espírito Santo na história do Povo de Deus. Por um lado, a Igreja se remete a Jesus e ao seu grupo de discípulos e, por outro, à experiência pascal que os mesmos fizeram e continuamos fazendo, sob o dinamismo do Espírito. Enquanto instituição hierofânica, ela tem a missão de transparecer o divino "através" do humano, sem nunca pretender tomar o lugar do divino, sob pena de eclipsá-lo. Sua primeira missão é deixar Deus ser Deus; não pretender possuir a verdade, mas deixar-se possuir por ela, que a ultrapassa infinitamente.

Historicamente, entretanto, o religioso sempre foi um âmbito ambíguo, no qual o humano e o divino se tocam, às vezes se mascaram e raramente se limitam mutuamente. A tensão entre os dois polos de seu ser – carisma e instituição –, tensão inevitável e salutar, faz com que a Igreja vá elaborando no curso da história, a partir de sua forma de presença no mundo, progressivas e diferentes formas de atuação. E, subjacente a cada modelo de ação, consciente ou inconsciente, está um modelo eclesiológico.

Com essas premissas, vejamos diferentes modelos pastorais e eclesiológicos, surgidos no percurso histórico da Igreja. Limitar-nos-emos aos modelos presentes em torno à renovação do Vaticano II. Tomamos como referência o Concílio, dada sua importância na história da Igreja. Ao contrário dos que procuram minimizar sua profunda renovação, há um "antes" e um "depois" do Vaticano II. Com sua volta às fontes bíblicas e patrísticas, o Concílio se constitui num divisor de águas na história da Igreja.

No contexto imediato que precede o Vaticano II estão presentes dois modelos de pastoral: a "pastoral de conservação" e a "pastoral coletiva". O Concílio Vaticano II, superando radicalmente ambos os modelos, propõe uma "pastoral orgânica e de conjunto". No imediato pós-concílio, a Igreja na América Latina forjou um novo modelo de ação – a "pastoral de comunhão e participação". A partir da década de 1980 até *Aparecida*, com o gradativo processo de involução eclesial, por um lado, houve a volta da "pastoral de conservação" e da "pastoral coletiva" e, por outro, o surgimento de estranho modelo que se poderia denominar de uma "pastoral secularista", tributário de uma experiência religiosa de corte imanentista. Finalmente, na última década, em torno à Conferência de Aparecida, vem se plasmando um novo modelo coerente com a renovação do Vaticano II e a tradição libertadora latino-americana, o que o Papa Francisco denomina "pastoral de conversão missionária", que rompe com uma Igreja "autorreferencial", típica da postura de Cristandade.

5.1 Modelos presentes no contexto imediato do Vaticano II

Tal como fizemos referência, no contexto imediato que precede o Vaticano II estão presentes dois modelos de pastoral, cada um com seu modelo eclesiológico subjacente. O primeiro, a "pastoral de conservação", assim denominada pela Conferência de Medellín (*Med* 6,1), circunscrita à mentalidade de Cristandade e com sua autocompreensão da Igreja como "Corpo de Cristo"; o segundo, a "pastoral coletiva", de corte apologético, circunscrito ao projeto de Neocristandade, a qual, diante da emancipação da sociedade civil em relação ao poder religioso, concebe a Igreja como "sociedade perfeita". O Concílio Vaticano II, ao reconciliar a Igreja com o mundo moderno, irá superar radicalmente ambos os modelos. Entretanto, na prática, sobretudo nas décadas de involução eclesial no pós-concílio, eles voltariam com força e estão presentes até hoje em muitos espaços eclesiais (cf. BRIGHENTI, 2012, p. 23-34).

5.1.1 A pastoral de conservação (de Cristandade)

Este modelo tem suas raízes no giro constantiniano do século IV e no agostinismo do século V (FLORISTÁN, 1991, p. 269-270). O primeiro significou uma profunda mudança na vida da Igreja, tanto em sua concepção interna como em sua configuração externa. Ficariam para trás a intolerância, a ilegitimidade e a perseguição. O eclesial, o império e o geográfico começariam a tecer laços que irão configurar o modelo eclesial da Cristandade medieval. O segundo, o agostinismo, fará da *civitatis Dei* o horizonte de um modelo que legitimará, por um lado, a intervenção do Estado na vida da Igreja e, por outro, a Igreja como suporte ideológico do Estado.

a) Conservar a fé dos supostamente evangelizados

A *pastoral de conservação*, assim denominada por *Medellín* (*Med* 6,1) e citada por *Aparecida* (*DAp* 370), é um modelo de pastoral e de evangelização, que funciona centralizado no padre e na paróquia e, no seio desta, na matriz. A volta do clericalismo na atualidade é uma apologia desse modelo, que se reproduz também por meio de leigos clericalizados.

Na *pastoral de conservação*, em sua configuração pré-tridentina, a prática da fé é de cunho devocional, centrada no culto aos santos e composta de procissões, romarias, novenas, milagres e promessas, práticas típicas do catolicismo popular medieval – um catolicismo "de muita reza e pouca missa, muito santo e pouco padre" (AZZI, 2001, p. 4). Já em sua configuração tridentina, a vivência cristã gira em torno do padre, baseada na recepção dos sacramentos e na observância dos mandamentos da Igreja.

Resquício de uma sociedade teocrática e assentada sobre o denominado "substrato católico" de uma cultura rural estática, a *pastoral de conservação* pressupõe que os cristãos já estejam evangelizados, quando na realidade trata-se de católicos não convertidos, sem a experiência de um encontro pessoal com Jesus Cristo. Consequentemente, não há processos de iniciação cristã, catecumenato ou catequese permanente. A recepção dos sacramentos salva por si só, concebidos e acolhidos como "remédio" ou "vacina espiritual". A paróquia é territorial e, nela, em lugar de fiéis, na prática, há clientes que acorrem esporadicamente ao templo para receber certos benefícios espirituais fornecidos pelo clero.

Na *pastoral de conservação*, o administrativo predomina sobre o pastoral; a sacramentalização, sobre a evangelização; a quantidade ou o número dos adeptos, sobre a qualidade; o pároco, sobre o bispo; o padre, sobre o leigo; o rural, sobre o urbano; o pré-moderno, sobre o moderno; a massa, sobre a comunidade. Todos esses são elementos que caracterizam um velho e caduco modelo de evangelização, mas ainda muito presente em um mundo que não é mais aquele mundo medieval, pré-científico e teocrático.

b) A Igreja como Ecclesia regina

O modelo eclesial medieval está ligado ao conceito de Cristandade, o qual, sobretudo depois da ruptura entre o Oriente e Roma (1054), tem uma conotação claramente estatal ou imperial. A *christianitas* é entendida e vivida como uma realidade eclesiológica e política em que se conjugam dois poderes – o *sacerdotium* (altar) e o *imperium* (trono), sendo que a autoridade máxima reside no romano pontífice. Os bispos acedem à categoria de supremos funcionários do Estado, luzindo suas insígnias, títulos e privilégios. O papa adquire um perfil imperial. O Povo de Deus se converte em *populus christianus*, um conceito não só teológico, mas também sociológico e político (FLORISTÁN, 1991, p. 91). O inimigo não é mal espiritual, mas o inimigo do Império e o não cristão são os inimigos políticos. A cruz, sinal teológico de redenção, se converte em sinal de vitória militar e insígnia imperial oficial.

A imagem de Igreja nesse período, que chega ao auge com o sistema tomista, é a de *Corpus Christi*, porém não como referência à realidade misteriosa da Igreja, mas à sua dimensão sociológica, designada "Cristandade". Ela, como instituição, polariza a totalidade da ordem temporal e espiritual, pondo em evidência seus aspectos jurídicos e apresentando-se como *congregatio* ou *potestas*. A missão da Igreja é ordenar o mundo segundo as "leis de Cristo". A imagem patrística da Igreja como *Mater Ecclesia* é substituída pela imagem imperial de *Ecclesia regina* (CONGAR, 1963, p. 39). A imagem de Jesus, o Bom Pastor, é eclipsada pelo *panthokrator* (Cristo Rei). Põe-se em evidência a soberania e o domínio do poder espiritual da Igreja sobre a humanidade. Da mesma forma que Cristo é Cabeça da Igreja, o clero é cabeça do *populus christianus* e, portanto, o *alter Christus*. O cristomonismo reinante concebe a Igreja como originária do poder de Cristo, passado por Ele aos apóstolos e, destes, aos bispos. Não há lugar para o Espírito Santo. Tudo procede do direito divino, entregue por Cristo à hierarquia. Cabe a esta integrar a humanidade, a sociedade, enfim, o mundo à Igreja, que é o único meio de salvação, dado que ela se identifica com o Cristo glorioso e ressuscitado. Trata-se de uma eclesiologia apoiada numa cristologia docetista.

5.1.2 *A pastoral coletiva (de Neocristandade)*

É um modelo de pastoral e de evangelização que teve seu auge no século XIX, quando a Igreja pré-moderna jogou suas últimas cartas no confronto com a Modernidade (FLORISTÁN, 1991, p. 271-272). Pouco tempo depois, ela seria desautorizada em seus pressupostos pelo Concílio Vaticano II, que insere a Igreja no mundo, em uma atitude de "diálogo e serviço" (cf. QUEIRUGA, 2000). Nos dias atuais, com a crise da Modernidade e a falta de referenciais seguros, a *pastoral coletiva* volta com força com ares de "revanche de Deus", com muito dinheiro e poder, triunfalismo e visibilidade, guardiã da ortodoxia, da moral católica, da sagrada tradição. Constitui-se, hoje, na mais acabada expressão de um modelo de evangelização ultrapassado, mas que se apresenta como "nova", a única capaz de manter vivos em um mundo secularizado os ideais evangélicos (BRIGHENTI, 2012, p. 123-124).

a) Uma ação apologética e uma missão centrípeta

Como estratégia de evangelização, a *pastoral coletiva* assume a defesa da instituição católica diante de uma sociedade supostamente anticlerical, assim como a guarda das verdades da fé frente a uma razão dita secularizante, que não reconhece senão o que pode ser comprovado pelas ciências (cf. VELASCO, 2002). Ao desconstrucionismo dos metarrelatos e do relativismo reinante que geram vazio, incertezas e medo, contrapõe-se o "porto de certezas" da tradição católica e um elenco de verdades apoiadas numa racionalidade metafísica. Se a *pastoral de conservação* é pré-moderna, *a pastoral coletiva* é antimoderna. Nesse modelo de Igreja e de pastoral, em lugar do Vaticano II, que supostamente se rendeu à Modernidade, uma "revolução jacobina" antropocentrista, que em sua essência atenta contra Deus, apregoa-se a "volta ao fundamento", guardado zelosamente pela tradição antimoderna, que acertadamente excomungou em bloco a Modernidade (cf. LIBÂNIO, 1984).

Na ação evangelizadora, a *pastoral coletiva* se apoia numa "missão centrípeta" a ser levada a cabo pela milícia dos cristãos, soldados de Cristo, a "legião" de leigos e leigas "comandada" pelo clero.

A missão consiste, numa atitude apologética e proselitista, em sair para fora da Igreja, a fim de trazer de volta as "ovelhas desgarradas" para dentro dela. Numa atitude hostil frente ao mundo, cria seu próprio mundo, uma espécie de "subcultura eclesiástica", no seio da qual pouco a pouco se sentirá a necessidade de vestir-se diferente, morar diferente, evitar os diferentes, conviver entre iguais, em típica mentalidade de seita ou gueto (cf. GONZÁLEZ FAUS, 1999, p. 67-84). A redogmatização da religião e o entrincheiramento identitário acabam sendo sua marca, apoiados na racionalidade pré-moderna agostiniana e tomista.

Como se está em estado de guerra, nenhuma crítica é tolerada, pois enfraquece a resistência. Diante da dúvida, a certeza da tradição e a obediência à autoridade monárquica, ícone da divindade na terra. A missa tridentina alimenta o imaginário dos novos cruzados no resgate da Pré-modernidade perdida. Em lugar da Bíblia, coloca-se na mão do povo o Catecismo da Igreja; em lugar de teologia para formar cristãos adultos, enquadra-se os fiéis na doutrina e nos dogmas da fé católica. Com naturalidade, fala-se em "refazer o tecido cristão da sociedade", em manter seu "substrato católico", em "adotar o método apologético" na evangelização, ignorando um mundo autônomo da Igreja, pluralista, tanto no campo cultural como religioso.

b) A Igreja como "sociedade perfeita"

O modelo eclesiológico está alicerçado sobre a imagem da Igreja como "sociedade perfeita", tendo como pano de fundo o dualismo espiritual-temporal, o binômio clero-leigos etc. Enquanto do lado protestante surge uma eclesiologia mais espiritualista e personalista (*sola fides, sola gratia, sola Scriptura*) e o único sacerdócio comum dos fiéis, do lado católico continuará a visão de uma Igreja instituição, com seu caráter universal, acentuando a supremacia do sacerdócio hierárquico sobre o sacerdócio comum dos fiéis e os sacramentos como único meio de salvação. Roberto Belarmino, o teólogo oficial da Contrarreforma tridentina, conceberá a Igreja como "encarnação continuada" – a sociedade de homens unidos pela profissão na verdadeira fé, pela comunhão dos mesmos sacramentos e sob o governo dos legítimos pastores, em torno ao único vigário de Cristo sobre a terra, o romano pontífice (FLORISTÁN, 1991, p. 101-102).

A autocompreensão da Igreja como "sociedade perfeita" se desenhará com mais clareza no seio da Ilustração, no contexto do deísmo e do século das luzes, para a qual o princípio de tudo é o ser humano – sua natureza e sua razão. Questionado o argumento de autoridade, a Igreja, ao final do século XIX e princípios do século XX aparecerá como "baluarte", "fortificação" ou "castelo", cerrando filas em torno ao papa, criando dispositivos de defesa, lutando contra o inimigo modernista, proclamando novos dogmas e condenando toda heresia. Nessa perspectiva, são definidos o primado de jurisdição e a infalibilidade papal, acirrando a centralização romana; a Igreja aparece uniformizada a Roma, a qual amplia o sistema curial; cresce o papel das nunciaturas e sua ingerência na nomeação dos bispos; enfim, a Igreja aparecerá mais como gueto do que uma instituição inserida no meio moderno e em diálogo em ele.

5.2 O Vaticano II e a pastoral orgânica e de conjunto

O Vaticano II, ao reconciliar a Igreja com o mundo moderno, supera e desmantela radicalmente tanto a *pastoral de conservação* como a *pastoral coletiva*, tributários do período de Cristandade e Neocristandade, respectivamente. Com o Concílio, dar-se-á a passagem, pelo menos em tese: da Cristandade à Modernidade; da pastoral de conservação e de Neocristandade à pastoral orgânica e de conjunto; do binômio clero-leigos ao binômio comunidade-ministérios; da Igreja-massa à Igreja-comunidade; do eclesiocentrismo ao diálogo ecumênico e inter-religioso; da sacramentalização a uma evangelização integral; da diocese parcela da Igreja universal à Igreja como Igreja de Igrejas locais; da salvação da alma à libertação integral; de uma Igreja gueto a uma Igreja missionária etc.

Em lugar da *pastoral de conservação* e da *pastoral coletiva*, o Concílio assume a perspectiva apontada pelos movimentos de renovação que o precederam e coloca as bases de outro modelo – a "pastoral orgânica e de conjunto". Ele está apoiado em um novo modelo eclesiológico – a Igreja como Povo de Deus – fruto do resgate da "Igreja local" como espaço onde se faz presente "a Igreja toda, ainda que não se constitua em toda a Igreja", dado que a Igreja é "Igreja de Igrejas".

5.2.1 A superação do paroquialismo e do universalismo dos movimentos

A "pastoral orgânica e de conjunto" se entende como "orgânica" na medida em que cada iniciativa, setor ou frente pastoral se constitui num órgão, inserido num único corpo, que é comunidade eclesial; de "conjunto", porque as diferentes iniciativas pastorais de uma determinada comunidade eclesial se inserem no conjunto das iniciativas da Igreja local ou da diocese. Com isso, supera-se, por um lado, o paroquialismo da *pastoral de conservação* e, por outro, o universalismo de movimentos eclesiais sem compromisso com a Igreja local, na *pastoral coletiva*.

Esse passo só foi possível graças ao resgate da Igreja local como o lugar da presença da Igreja toda, ainda que não se constitua em toda a Igreja. A Igreja local é "porção" e não parte da Igreja universal, dado que esta é Igreja de Igrejas locais. Por sua vez, autoconsciência da Igreja como Povo de Deus faz a passagem do binômio clero-leigos para o binômio comunidade-ministérios, fazendo da comunidade eclesial como um todo o sujeito da pastoral. Consequentemente, nascem as assembleias de pastoral como organismos de planejamento e tomada de decisão e os conselhos e equipes de coordenação, como mecanismos de gestão da vida eclesial, na corresponsabilidade de todos os batizados.

No terreno das práticas propriamente ditas há a passagem do administrativo para o pastoral, procurando responder, antes de tudo, às necessidades da comunidade eclesial inserida no mundo. Para isso, coloca-se como ponto de partida o conhecimento da realidade das pessoas em seu contexto, condição para uma pastoral de encarnação. A ação pastoral é levada a cabo no âmbito interno da Igreja; mas sobretudo fora dela, pela inserção dos cristãos no seio da sociedade em perspectiva de diálogo e serviço. Rompendo com todo dualismo, desenvolve-se uma evangelização integral, que abarca todas as dimensões da pessoa e toda a humanidade.

5.2.2 A Igreja como Povo de Deus que peregrina na história

Os principais elementos do modelo de Igreja do Concílio Vaticano II aparecem na *Lumen Gentium* e na *Gaudium et Spes*. A constituição sobre a Igreja a concebe como *comunhão* (*LG* 8-9). Enquanto *koinonía*, a Igreja é sacramento da unidade da Trindade e, nela, com os seres humanos e dos seres humanos entre si (LOSADA, 1986, p. 243-256). Por sua vez, os ministérios são expressão da universalidade dos dons do Espírito, em vista do serviço para o bem de todos, cristãos e não cristãos. Em consequência, se redefine teologicamente o alcance do Sacramento do Batismo e, desde aí, a diversidade dos ministérios, bem como se elabora uma nova teologia dos ministérios ordenados, especialmente do bispo em relação ao ministério petrino, no interior do colégio apostólico. Os leigos recuperam sua identidade e seu lugar na Igreja e na sociedade, enquanto membros de um mesmo corpo que é a

Igreja, constituída por uma única categoria de cristãos, os batizados. Rearticula-se o princípio sinodal ou de colegialidade entre as Igrejas locais de uma região, de um país, de um continente e em torno ao ministério petrino.

Coerente com esses princípios, o Concílio, para falar da Igreja, recorre à imagem bíblica *Povo de Deus* (*LG* 9-13). Povo de Deus são todos os batizados e, portanto, fazem parte dele os ministros ordenados, cujo ministério se funda no sacerdócio comum dos fiéis, dom que Deus confere pelo Batismo a todos os "filhos da Igreja". A Igreja é sacramento do Reino de Deus, inaugurado por Jesus e edificado no Espírito por todas as pessoas de boa vontade. A configuração histórica de uma Igreja peregrina mostra sua precariedade institucional, superando o conceito de sociedade perfeita (cf. LIÉGÉ, 1978).

Elemento importante na eclesiologia conciliar é a concepção da Igreja como *sacramento de salvação* (*LG* 48). Superando o milenar eclesiocentrismo – *extra Ecclesiam nulla salus* –, a Igreja se autocompreende como "sacramento" de uma salvação universal, que passa também por outros meios que aqueles dos quais ela é depositária. Isso descentra a Igreja de si mesma e de suas questões internas e lança-a a abraçar como suas as grandes causas da humanidade, dado que o Povo de Deus peregrina na história no seio de uma humanidade toda ela peregrinante. Quanto à mediação eclesial, ela supera o catolicismo, porquanto a verdadeira Igreja de Jesus Cristo subsiste (*subsistit in*) na Igreja Católica e não somente nela (*solummodo*). Segundo a Constituição *Gaudium et Spes*, a Igreja é um *corpo de serviço do Reino de Deus no mundo* (*GS* 1). A Igreja não existe para si mesma, mas para o Reino de Deus que, por sua vez, não se esgota nela. Ela é seu sacramento e suas primícias. Em decorrência, há a necessidade na Igreja de um espírito de cooperação e serviço ao mundo, de diálogo e acolhida.

Finalmente, a Igreja Católica se faz presente em cada *Igreja local*; para K. Rahner, essa foi a mudança mais profunda do Vaticano II (*LG* 23; *CD* 11; *AG* 20,38). O Concílio Vaticano II redescobriu a universalidade do cristianismo na particularidade das Igrejas locais (cf. ALMEIDA, 2001). A Igreja da Cristandade havia confundido "catolicidade" com a particularidade romana ou a "universalidade" como uma determinada particularidade que se estende sobre as demais, absorvendo-as ou aniquilando-as. Para o Concílio, catolicidade não é uniformidade generalizada. As Igrejas locais são "porção" do Povo de Deus e não "parte". A porção contém o todo. Em cada Igreja local está toda a Igreja, ainda que não se constitua na Igreja toda, dado que nenhuma delas esgota esse mistério. A Igreja de Jesus Cristo é "Igreja de Igrejas" (cf. TILLARD, 1987).

5.3 A Igreja na América Latina e a pastoral de comunhão e participação

No imediato pós-concílio, a Igreja na América Latina, ao fazer uma "recepção criativa" do Vaticano II (cf. GUTIÉRREZ, 1987, p. 213-237), forjou um novo modelo de ação, que poderíamos denominar com *Puebla* de "pastoral de comunhão e participação", apoiada na autocompreensão da Igreja como "eclesiogênese". O que o Concílio representa para a Igreja no mundo, o "evento Medellín" significa para a Igreja na América Latina, na medida em que se propôs aterrissar as intuições e eixos fundamentais do Vaticano II em nosso próprio contexto, periférico e empobrecido (cf. SCATENA, 2007). *Medellín* dá à Igreja na América Latina uma palavra própria, uma fisionomia autóctone, deixando de ser "reflexo" ou caixa de ressonância de uma suposta "Igreja universal", para constituir-se numa fonte inspiradora e programática para as Igrejas locais.

A autocompreensão da Igreja, em estreita fidelidade às intuições básicas e aos eixos teológico-pastorais do Concílio Vaticano II, foi mola propulsora de uma missionariedade em perspectiva profética e transformadora, engendrando no continente o que temos de mais precioso – os milhares de mártires das causas sociais. A tradição latino-americana que começa com *Medellín* não é propriamente algo novo, mas *consequência* e *desdobramento* das intuições e eixos fundamentais do Concílio Vaticano II no próprio contexto (cf. BEOZZO, 1985).

5.3.1 Uma ação em perspectiva libertadora

Dada a forte conotação sociotransformadora e libertadora desse modelo, a ação pastoral é vislumbrada no protagonismo dos leigos e dos pobres. Em relação aos leigos, se lhes vê sujeitos com "vez e voz", com ministérios próprios, oportunidade de formação bíblica e teológico-pastoral, um lugar de decisão em conselhos e assembleias, bem como de coordenação à frente dos diferentes serviços pastorais. Quanto aos pobres, muda a ótica: de objetos da caridade alheia, passam a ser tomados como sujeitos de um mundo solidário e fraterno. A Igreja, além de assumir sua causa, assume igualmente seu lugar social, por meio de comunidades eclesiais inseridas numa perspectiva libertadora, com ênfase na pastoral social, dada a sua precária situação. Nascem serviços de pastoral com espiritualidade e fundamentação própria, como a pastoral operária, a pastoral da terra e rural, a pastoral da saúde e dos enfermos, a pastoral dos direitos humanos, as pastorais da criança, da ecologia, da consciência negra e indígena, da mulher etc.

Essa é a experiência e a peregrinação, na fé, da passagem de uma situação de cativeiro à libertação de todos os sinais de morte, que ferem a dignidade dos filhos de Deus. Para isso, a comunidade eclesial é organizada em pequenas comunidades de vida na base, no seio das quais se promove a leitura popular da Bíblia. Há um esforço de todos em criar uma Igreja com rosto próprio, encarnando em sua cultura os ritos e símbolos da fé cristã. A liturgia é animada com cantos próprios. Ainda que em nível popular, assembleias, reuniões, dias de estudo, cursos etc. vão desenvolvendo uma reflexão teológica contextualizada, sobretudo uma espiritualidade de militância, colada à vida, marcada pela carência e a exclusão.

No seio desse modelo abre-se espaço para a reflexão e a ação das mulheres, dos contingentes afro-americanos e indígenas, que forjam a partir de suas práticas uma releitura bíblica e das verdades de fé, fazendo da revelação palavra de salvação "para nós hoje", como diz o Concílio Vaticano II (*GS* 62). A catequese privilegia a experiência e a inserção comunitária num processo de educação permanente na fé. A liturgia faz interação do mistério pascal com a "paixão" do povo que, em seu rosto desfigurado, prolonga a paixão de Jesus Cristo no mundo. Na pregação ou na meditação da Palavra em cultos dominicais sem padre procura-se alimentar a esperança do povo, atualizando a revelação no contexto das vítimas de um sistema injusto e excludente. À luz da fé, procura-se formar igualmente a consciência cidadã, para que os próprios excluídos, organizados como cidadãos, sejam protagonistas no seio da sociedade civil de um mundo solidário e inclusivo.

5.3.2 A Igreja como eclesiogênese

A ação pastoral, nos moldes apresentados, configura um modelo eclesial específico. Teologicamente, suas bases se assentam sobre a "recepção criativa" do Vaticano II, feita por Medellín, e da *Evangelii Nuntiandi*, efetuada por Puebla. É, portanto, um modelo eclesiológico com o rosto da Igreja na América Latina e no Caribe. Ele pode ser caracterizado como *eclesiogênese* (cf. BOFF, 1977), enquanto comunidade de comunidades, que nascem de pequenas comunidades inseridas em perspectiva libertadora no próprio contexto de exclusão (cf. BARREIRO, 1992, p. 331-356). A partir dessa rede, a pequena comunidade eclesial se faz povo, isto é, se insere no peregrinar do Povo de Deus e da humanidade, em busca de uma "nova sociedade" que se confunde com a dimensão imanente do Reino de Deus. No "Concílio de Jerusalém" da Igreja nascente, os cristãos se abriram aos pagãos (At 15,1-30); no Vaticano II, a Igreja abriu-se ao mundo; em Medellín, abriu-se aos pobres; e, em Puebla, às culturas. São realidades já presentes no Concílio Vaticano II, mas que na América Latina serão recriadas e ampliadas a partir de suas necessidades concretas de evangelização.

O Vaticano II acena para uma Igreja Povo de Deus, conformada por todos os batizados, em relação de comunhão e vivendo em comunidade, a exemplo do modelo apresentado pelos Atos dos Apóstolos (2,42ss.). Já a Igreja na América Latina e no Caribe irá situar o Povo de Deus no peregrinar histórico de toda a humanidade, partilhando com ela o mesmo destino e as mesmas promessas. O "mistério de comunhão" do Vaticano II (*LG* 13) é vislumbrado no subcontinente enquanto corresponsabilidade de todos, numa Igreja toda ela ministerial, fazendo a passagem do binômio clero-leigos a comunidade-ministérios. A vida em comunidade é vista como possível somente em pequenas comunidades, de tamanho humano, vivências e de base (*Med* 15,10). Só a partir dessa experiência fundante, eclesiogênese, é possível falar de "comunidade paroquial" ou diocesana, uma vez que não existe Igreja se não houver experiência e vivência da fé em comunidades concretas.

O Vaticano II também conclamou os batizados para a missão no mundo em espírito de serviço e diálogo. "A esperança de uma nova terra, longe de atenuar, antes deve impulsionar a solicitude pelo aperfeiçoamento desta terra" (*GS* 39). Frente a isso, a Igreja na América Latina fará da missão no mundo um compromisso de transformação da sociedade atual em uma nova sociedade, uma ação não meramente religiosa, mas em parceria com todos os corpos intermediários e organismos que militam na perspectiva de um mundo solidário. O diálogo entre fé e ciência se traduzirá em interação entre saber científico e saber popular, entre fé cristã e ideologias enquanto mediações de ação, entre Evangelho e culturas, em perspectiva ecumênica, inter-religiosa e com todas as pessoas de boa vontade.

Finalmente, na convocação do Concílio, o Papa João XXIII havia advogado por "uma Igreja dos pobres, para ser a Igreja de todos". Na América Latina, esse desafio se traduzirá na opção preferencial pelos pobres contra a pobreza (*Med* 14,7-10); assumida e vivida na inserção nos meios populares (*Med* 14,8-17); na transformação das estruturas como erradicação do pecado estrutural (*SD* 243) (Santo Domingo fala de "conversão das estruturas", *SD* 30; enfim, numa atitude profética, que não negocia os valores do Evangelho e, consequentemente, uma Igreja mártir, a exemplo do Mestre, que foi fiel até o fim.)

5.4 Na crise da Modernidade, a pastoral secularista (de Pós-modernidade)

Nas últimas décadas, a Modernidade entrou em crise, com a irrupção de novos valores e desconcertantes desafios como o pluralismo cultural e religioso, a emergência de uma nova racionalidade, a irrupção de novos rostos da pobreza e da exclusão, a alteridade como gratuidade, a subjetividade e a autonomia dos sujeitos etc. As mudanças geraram medo em muitos segmentos da Igreja, particularmente na Cúria Romana.

5.4.1 O refluxo da Neocristandade

Nas últimas décadas não só houve estancamento no processo de renovação do Vaticano II como retrocesso em muitos campos (cf. THEOBALD, 2005, p. 115-138). O longo inverno eclesial

(GONZÁLEZ FAUS, 1989, p. 67-84), como postura predominante, inclusive do magistério, se estendeu até a renúncia do Papa Bento XVI. A Conferência de Aparecida já havia constatado que "está faltando coragem, persistência e docilidade à graça para levar adiante a renovação do Vaticano II" (*DAp* 100h).

Nesse novo contexto de crise da Modernidade, um primeiro desafio para a Igreja na atualidade é a volta da mentalidade de Neocristandade e o ressurgimento de novos fundamentalismos e tradicionalismos (AZEVEDO, 1996, p. 5-22). A *pastoral coletiva de Neocristandade* voltou com força, com ares de "revanche de Deus", com muito dinheiro e poder, triunfalismo e visibilidade, guardiã da ortodoxia, da moral católica, da sagrada tradição.

Ela se constitui hoje na mais acabada expressão de um modelo de evangelização ultrapassado, mas que se apresenta como "nova evangelização", a única capaz de manter vivos os ideais evangélicos, em um mundo secularizado.

5.4.2 A pastoral secularista (da Pós-modernidade)

Um segundo desafio, não menos complexo, é a emergência de uma religiosidade eclética e difusa, providencialista e milagreira, uma mescla das práticas devocionais pré-tridentinas com uma espiritualidade emocionalista, mercadológica e mediática. Em tempos pós-modernos, também a religião passa a ser consumista, centrada no indivíduo e na degustação do sagrado, entre a magia e o esoterismo (BRIGHENTI, 2012, p. 124-125).

Essa prática religiosa, que poderíamos chamar de *pastoral secularista*, muito presente também no catolicismo, se propõe responder às necessidades imediatas dos indivíduos, em sua grande maioria, órfãos de sociedade e de Igreja. É integrada por pessoas desencantadas com as promessas da Modernidade, por "pós-modernos" em crise de identidade, pessoas machucadas, desesperançadas, frustradas, depressivas, sofredoras, em busca de autoajuda e habitadas por um sentimento de impotência diante dos inúmeros obstáculos a vencer, tanto no campo material como no plano físico e afetivo. Em suas fileiras estão pessoas que querem ser felizes hoje, aqui e agora, buscando solução a seus problemas concretos e apostando em saídas providencialistas e imediatas. Nesses meios há um encolhimento da utopia no momentâneo (BONGARDT, 1999, p. 83-96).

Em meio às turbulências de nosso tempo, dado que o passado perdeu relevância e o futuro é incerto, o corpo é a referência da realidade presente, deixando-se levar pelas sensações e professando uma espécie de "religião do corpo". Na medida em que Deus quer a salvação a partir do corpo, essa religiosidade colada à materialidade da vida pode ser porta de entrada para a religião; mas, caso se reduza a isso, é certamente porta de saída (cf. CORBÍ, 2007).

A *pastoral secularista* vem na esteira de uma religiosidade eclética e difusa, uma espécie de neopaganismo imanentista que confunde salvação com prosperidade material, saúde física e realização afetiva. É a religião *à la carte*: Deus como objeto de desejos pessoais, solo fértil para os mercadores da boa-fé. No seio do atual próspero e rentável mercado do religioso, a religião já é o produto mais rentável do capitalismo.

No seio da *pastoral secularista* há um deslocamento da militância para a mística na esfera da subjetividade individual, do profético para o terapêutico e do ético para o estético (a passagem de opções orientadas por parâmetros éticos para escolhas pautadas por sensibilidades estéticas), contribuindo para o surgimento de "comunidades invisíveis" compostas por "cristãos sem Igreja", sem vínculos comunitários. Há uma internalização das decisões na esfera da subjetividade individual, esvaziando as instituições, incluída a instituição eclesial, que passa a ser constituída também por membros sem espírito de pertença.

Nesse contexto, a mídia contribui para a banalização da religião, não só reduzindo-a à esfera privada, como a um espetáculo para entreter o público. Trata-se de uma "estetização presentista", propiciadora de sensações "in-transcendentes", espelho das imagens da imanência. Há uma mescla de profissão de fé e afirmação narcisista, típica de um sujeito ameaçado. Também a religião passa a ser consumista, centrada no indivíduo e na degustação do sagrado, entre a magia e o esoterismo. Ora, o que tem de "nova evangelização" nisso senão a velha prática providencialista e milagreira, que mereceu a crítica por parte dos filósofos da práxis, da "religião como alienação", escapismo da concretude da história ou de transferência a Deus de nossas próprias responsabilidades?

5.5 Um novo modelo em torno a Aparecida

Superando tanto a *pastoral coletiva* como a *pastoral secularista*, a Conferência de Aparecida resgatou a renovação do Concílio Vaticano II e a tradição libertadora latino-americana, tecida em torno à Conferência de Medellín. *Aparecida* propõe um novo modelo de pastoral e de Igreja que se poderia denominar de "pastoral de conversão missionária", que, no dizer do Papa Francisco, rompe com uma Igreja "autorreferencial" e a situa nas "periferias existenciais" (cf. BRIGHENTI, 2008).

5.5.1 A pastoral de conversão missionária

Para responder à exigência de uma Igreja em estado permanente de missão e as decorrentes implicações, *Aparecida* propõe percorrer um caminho, em quatro etapas (226), à luz da opção preferencial pelos pobres (94, 100):

a) Experiência pessoal de fé – Uma Igreja em estado permanente de missão a serviço da vida plena de nossos povos depende de discípulos missionários que tenham feito uma experiência pessoal de fé, profunda e intensa, de encontro pessoal com Jesus Cristo. *Aparecida* propõe que a ação evangelizadora chegue às pessoas, para além de comunidades massivas, constituídas de cristãos não evangelizados, sem conversão pessoal, de fraca identidade cristã e pouca pertença eclesial (226a).

b) Vivência comunitária – Uma vez propiciada a oportunidade de o discípulo missionário fazer a experiência do encontro pessoal com Jesus Cristo, é preciso que ele encontre uma comunidade em que possa viver comunitariamente sua fé. Nossos fiéis procuram comunidades cristãs nas quais onde sejam acolhidos fraternalmente e se sintam valorizados, visíveis e eclesialmente incluídos. Por isso, *Aparecida* insiste na necessidade de nossos fiéis se sentirem realmente membros de uma comunidade eclesial e corresponsáveis em seu desenvolvimento. Isso permitirá maior compromisso e entrega "na" e "pela" Igreja (226b).

c) Formação bíblico-teológica – O seguimento de Jesus, para constituir-se em discipulado missionário, precisa de uma formação bíblico-teológica. Nossos fiéis precisam aprofundar o conhecimento da Palavra de Deus e os conteúdos da fé, condição para o amadurecimento da fé. Essa formação não consiste em um conhecimento teórico e frio; ao contrário, precisa ser vivencial, recebido no seio da comunidade (226c).

d) Compromisso missionário de toda a comunidade – A experiência pessoal de fé, a vivência comunitária e a formação bíblico-teológica confluem para o compromisso missionário de toda a comunidade (226d). Cada comunidade cristã precisa se converter em um poderoso centro de irradiação da vida em Cristo (362).

Diante de uma realidade que contradiz o Reino de Vida de Jesus Cristo, a exigência de constituir-se em uma Igreja em permanente estado de missão, promotora da vida em plenitude para a pessoa inteira e todas as pessoas, tem como implicação uma *conver-*

são pastoral. Afirma *Aparecida* que todos na Igreja são chamados a assumir uma atitude de permanente conversão pastoral (365), pois novos desafios exigem novas respostas pastorais:

a) Assumir os novos rostos da pobreza, entre tantos outros, os que doem mais em nós: os que vivem na rua, os migrantes, os doentes, os dependentes de drogas e os presidiários (402).

b) Uma pastoral social estruturada, orgânica e integral que abarque a pessoa inteira e todas as pessoas, fazendo-as sujeito de seu próprio desenvolvimento (399), presente nas novas realidades de exclusão e marginalização, onde a vida está mais ameaçada (401).

c) Uma renovada pastoral urbana que assuma um estilo de ação adequado à realidade urbana em sua linguagem, estruturas, práticas e horários, que incida sobre a cidade, em seu conjunto, com estratégias para chegar aos condomínios fechados, prédios residenciais e favelas (518).

5.5.2 Uma Igreja em estado permanente de missão

A Igreja inteira é missionária, tanto em cada um de seus integrantes como em suas ações e estruturas. A missão "não é uma tarefa opcional, mas integrante da identidade cristã" (144); "a comunhão é missionária e a missão é para a comunhão" (163). Por sua vez, o discipulado missionário não é um agente avulso: "vocação ao discipulado missionário é 'con-vocação' à comunhão em sua Igreja" (171). Entre os traços de uma Igreja em estado permanente de missão, Aparecida destaca:

Desinstalar-se do comodismo, estancamento e tibieza. A Igreja, para ser toda missionária, necessita desinstalar-se de seu comodismo, estancamento e tibieza, à margem do sofrimento dos pobres do Continente (362). É preciso despertar, pois o número de católicos hoje já não cresce em proporção com o aumento da população.

Causa preocupação o número de pessoas que perderam o sentido da vida e abandonaram a religião, assim como de católicos que deixam a Igreja para aderir a outros grupos religiosos (100f). Além disso, é preciso reconhecer que os católicos, muitas vezes, não vivem conforme o Evangelho, que requer um estilo de vida fiel à verdade e à caridade, austero e solidário. Como também falta coragem, persistência e docilidade para continuar a renovação iniciada pelo Vaticano II e impulsionada pelas conferências gerais anteriores do Celam (100h).

Que cada comunidade seja um centro irradiador da vida. Para *Aparecida*, para que a pessoa inteira e todas as pessoas tenham vida em plenitude, cada comunidade cristã precisa se converter em "um poderoso centro de irradiação da vida em Cristo". Para isso, dizem os bispos, "esperamos um novo Pentecostes que nos livre do cansaço, da desilusão, da acomodação onde estamos" (362). A Igreja está convocada a ser "advogada da justiça e defensora dos pobres", diante das intoleráveis desigualdades sociais e econômicas que clamam aos céus (395). Ela precisa continuar sendo, com maior afinco, companheira de caminho de nossos irmãos mais pobres, inclusive até o martírio. Por isso, dizem os bispos, "queremos ratificar e potencializar a opção pelos pobres feita nas conferências anteriores. Para que seja preferencial, implica que atravesse todas as nossas estruturas e prioridades pastorais" (396).

Que a missionariedade impregne a Igreja inteira. Para *Aparecida*, essa firme decisão missionária de promoção da cultura da vida deve impregnar todas as estruturas eclesiais e todos os planos de pastoral, em todos os níveis eclesiais, bem como toda a instituição, abandonando as estruturas ultrapassadas (365). A exigência da missionariedade do discípulo decorre do seguimento de Jesus (131). A resposta a seu chamado exige entrar na dinâmica do Bom Samaritano, com o imperativo de fazermo-nos próximos especialmente dos que sofrem e contribuir para uma sociedade sem excluídos, seguindo a prática de Jesus que acolhe os pequeninos, cura os leprosos, perdoa e liberta a mulher pecadora e fala com a samaritana (135). Identificar-se com Jesus é partilhar seu destino, inclusive até a cruz, como testemunharam tantos missionários e mártires, de ontem e de hoje, em nosso continente (140).

Uma necessária reconfiguração da paróquia. Ela é célula viva da Igreja, mas precisa de uma vigorosa renovação, a fim de que seja, de fato: espaço de iniciação cristã, educação e celebração da fé, aberta à diversidade de carismas, serviços e ministérios; organizada de maneira comunitária e responsável; integradora de movimentos; aberta à diversidade cultural e a projetos pastorais supraparoquiais e das realidades circundantes (170). A renovação das paróquias exige reformular suas estruturas para que sejam redes de comunidades e grupos (173). Levando-se em consideração as dimensões de nossas paróquias é aconselhável sua setorização em unidades territoriais menores, com equipes próprias de animação e coordenação que permitam uma maior proximidade às pessoas e grupos que vivem na região. E mais: que os agentes missionários promovam a criação de comunidades de famílias, que coloquem em comum sua fé e as respostas aos seus próprios problemas (372). São as comunidades eclesiais de base que, na América Latina, têm sido verdadeiras escolas que formam cristãos comprometidos com sua fé, discípulos e missionários, testemunhas de uma entrega generosa, até mesmo com o derramar do sangue de muitos membros seus (179).

Resumindo...

A Igreja, em seu caminhar, à medida que foi respondendo aos desafios de seu contexto na ação evangelizadora, foi conformando "modelos de pastoral", tendo subjacentes "modelos eclesiológicos". É uma contingência da inevitável historicidade da Igreja, a que, longe de ser um limite, livra-a de tornar-se uma ideologia. Enquanto instituição divina e humana, a Igreja é também fator cultural. Ela é "tradição", mas tradição "viva", que progride, como diz o Concílio

Vaticano II, sob pena de cair no "tradicionalismo", que engessa a instituição, por pretender engessar a história.

Dentre outros modelos plasmados no decurso da história da Igreja, em torno ao Concílio Vaticano II estão alguns deles que guardam especial importância ou por terem sido superados e continuarem ativos, ou por serem modelos que se colocam na esteira da renovação conciliar e da tradição eclesial libertadora da América Latina e, portanto, desafios ainda pendentes.

No contexto imediato que precede o Vaticano II estão presentes dois modelos de pastoral: a "pastoral de conservação" e a "pastoral coletiva". O primeiro é do período de Cristandade, centralizado no padre e na paróquia; o segundo é do período de Neocristandade, caracterizado por uma postura apologética e centrado numa missão centrípeta.

O Concílio Vaticano II, superando radicalmente ambos os modelos, propõe uma "pastoral orgânica e de conjunto", fazendo do Povo de Deus o sujeito de uma evangelização em "diálogo e serviço" com o mundo. No imediato pós-concílio, a Igreja na América Latina forjou um novo modelo de ação: a "pastoral de comunhão e participação", em uma Igreja comunidade de pequenas comunidades, na perspectiva da opção preferencial pelos pobres.

Da década de 1980 até *Aparecida*, com o gradativo processo de involução eclesial, por um lado houve a volta da "pastoral de conservação" e da "pastoral coletiva" e, por outro, o surgimento de estranho modelo que se poderia denominar de uma "pastoral secularista", tributário de uma experiência religiosa de corte imanentista, providencialista e milagreira, presente, sobretudo, no seio do pentecostalismo e do neopentecostalismo.

Finalmente, na última década, em torno à Conferência de Aparecida, vem se plasmando um novo modelo coerente com a renovação do Vaticano II e a tradição libertadora latino-americana, que o Papa Francisco denomina "pastoral de conversão missionária", que rompe com uma Igreja "autorreferencial" típica da postura de Cristandade.

6
Evangelização nova e conversão pastoral da Igreja

O imperativo de uma evangelização "nova" foi a proposta de *Medellín* para implementar a renovação do Concílio Vaticano II, reafirmada por Paulo VI na *Evangelii Nuntiandi*, o primeiro documento do magistério pontifício a fazer recepção da tradição eclesial libertadora da Igreja na América Latina. É decorrência da "volta às fontes", em que se redescobre o desafio de manter sempre viva e atual a novidade do Evangelho. A mensagem cristã é, por excelência, "boa-nova" de plenitude de vida, um diferencial que precisa fazer diferença na vida das pessoas, nas culturas e religiões, nas estruturas e na sociedade como um todo – "eis que faço novas todas as coisas" (Ap 21,6). O tesouro da mensagem não envelhece, mas de barro é a roupagem ou o invólucro que o torna presente na precariedade da história (DUQUOC, 2001, p. 134-140). Os Santos Padres, já na primeira hora do cristianismo, chamavam a atenção para a necessidade de uma "Igreja em contínua reforma", o que os protestantes reformados cunharam na expressão: "*Ecclesia semper reformanda*". Dom Hélder Câmara gostava de repetir que "a Igreja precisa mudar constantemente para ser sempre a mesma Igreja de Jesus Cristo". E que, para isso, não basta "uma" conversão, mas o cristão e a Igreja como um todo precisam de "muitas" conversões, de constantes conversões, para ser mediação dos mistérios da eternidade na história.

O Concílio Vaticano II, acolhendo o programa de *aggiornamento* eclesial idealizado por João XXIII, chamou a atenção para o fato de que "a tradição progride". Bruno Forte, com muita propriedade, definiu "tradição" como "a história do Espírito Santo na história do Povo de Deus". No entanto, a tradução mais fiel da exigência evangélica é de que *para novos tempos uma nova evangelização* é a categoria "conversão pastoral", que, juntamente com "nova evangelização", também foi formulada pela Igreja na América Latina. Ela aparece na Conferência de Santo Domingo (1992) e foi retomada na Conferência de Aparecida (2007), em sintonia com a "recepção criativa" (cf. CONGAR, 1972, p. 369-403) do Vaticano II feita por *Medellín*. Ela acena para a superação de modelos de pastoral ultrapassados pela renovação do Concílio Vaticano II e pela tradição latino-americana e que configuram, hoje, modelos de uma evangelização caduca, ultrapassada. Assim também ficou caduca a "nova evangelização", tal como foi compreendida e levada a cabo nas três décadas de "involução eclesial" no período que abrange os pontificados de João Paulo II e Bento XVI. Uma categoria que nasceu para expressar a necessidade de levar adiante a renovação do Vaticano II foi usada para tomar distância dela, com o retorno a uma postura de Neocristandade. O que era uma expressão para mostrar a necessidade de tornar presente o Reino de Deus num mundo pluralista e excludente passou a designar uma "missão centrípeta" – sair para fora da Igreja para trazer de volta as pessoas. Tanto que o Papa Francisco, em lugar de resgatar o sentido original da categoria "nova evangelização", tão desgastada e instrumentalizada, a substitui por "Igreja em saída". Só uma "Igreja em saída" às periferias e nas fronteiras, sem a tentação de domesticá-las, pode superar uma "Igreja autorreferencial", postura típica da Igreja da Neocristandade.

6.1 A renovação do Vaticano II e o imperativo de uma evangelização nova

Na Conferência de Medellín, "momento único da história em que teologia e magistério coincidiram" (J. Comblin); quando, pela primeira vez, aparece a expressão "nova evangelização" (GONZÁLEZ DORADO, 1993, p. 35-62). No início do documento, mais precisamente na *Mensagem aos povos da América Latina*, ao elencar os "compromissos da Igreja latino-americana" para levar adiante a renovação do Vaticano II, afirma-se a necessidade de "alentar uma nova evangelização [...] para obter uma fé mais lúcida e comprometida". Mais adiante, os bispos vão dizer que, para isso, será preciso superar o modelo pastoral pré-conciliar e de Cristandade, a "pastoral de conservação", "baseada numa sacramentalização com pouca ênfase na prévia evangelização"; a pastoral de "uma época em que as estruturas sociais coincidiam com as estruturas religiosas" (*Med* 6,1).

6.1.1 Uma nova evangelização para manter a novidade do Evangelho

O Sínodo dos Bispos sobre "A evangelização no mundo contemporâneo", realizado em 1974 e que redundou na publicação da exortação *Evangelii Nuntiandi* por Paulo VI em 1975, fazendo eco da contribuição da Igreja na América Latina, também fala da necessidade de suscitar "tempos novos de evangelização" (n. 2). Esse mesmo documento respaldará os bispos da Igreja da América Latina na Conferência de Puebla (1979) na continuidade do processo de "recepção criativa" do Vaticano II, desencadeado por *Medellín*, uma década depois. Apesar da estratégia de combate a essa perspectiva por parte de segmentos conservadores da Igreja, sobretudo a partir da assembleia do Celam realizada em Sucre, em 1972, *Puebla* registra com força: "[...] situações novas que nascem de mudanças socioculturais requerem uma nova evangelização" (n. 366).

Assim, como se pode constatar, quando João Paulo II fala em seu discurso ao Celam no Haiti, em 1983, da necessidade de uma "nova evangelização", o papa está acolhendo uma expressão, ainda que certamente não na mesma perspectiva, cunhada pelas Igrejas de um continente cujo solo ele está pisando. São Igrejas que estão forjando realmente uma "nova evangelização" em relação ao modelo anterior, desde a primeira hora da renovação conciliar, enfrentando tensões e conflitos internos e externos, muitos dos quais haviam redundado em condenações e mesmo em martírios. As tensões no seio da Igreja, causadas pela "nova evangelização" aqui praticada, se deve ao fato de ela ser expressão não apenas de uma mera implantação da renovação do Vaticano II; mas, sobretudo, de desdobramentos de suas proposições e intuições fundamentais. Na realidade, a "nova evangelização" levada a cabo no continente, na perspectiva de *Medellín* e *Puebla*, estava fazendo do Vaticano II não simplesmente como um "ponto de chegada", mas muito mais um "ponto de partida", tal como havia recomendado Paulo VI no final do Concílio: "um concílio não termina de maneira definitiva com a promulgação dos decretos, pois estes, mais do que um ponto de chegada, são um ponto de partida para novos objetivos" (PAULO VI, 1966, p. 1.731).

6.1.2 Uma evangelização nova em seu ardor, métodos e expressões

Consciente da complexidade e da abrangência dessa tarefa, João Paulo II, no discurso do Haiti, iria falar de uma nova evangelização: "nova em seu ardor, nova em seus métodos e nova em suas expressões". A menção desses três âmbitos também não era algo novo. O papa, com *Puebla*, estava recolhendo o que já fora dito por Paulo VI na *Evangelii Nuntiandi*:

a) *Uma evangelização nova em seu fervor (ardor):* "Uma evangelização inspirada no fervor que se pode observar sempre na vida dos grandes pregadores e evangelizadores que se consagraram ao apostolado". [...] "Essa falta de fervor manifesta-se no cansaço e na desilusão, no acomodamento e no desinteresse e, sobretudo, na falta de alegria e esperança em numerosos evangelizadores" (*EN* 80).

b) *Uma evangelização nova em seus meios (método):* "Este problema de 'como evangelizar' é sempre atual, porque as maneiras de o fazer variam em conformidade com as diversas circunstâncias de tempo, de lugar e de cultura..." [...] "Incumbe o cuidado de remodelar com ousadia e com prudência e numa fidelidade total ao seu conteúdo, os processos, tornando-os o mais possível adaptados e eficazes para comunicar a mensagem evangélica aos homens de nosso tempo" (*EN* 40).

c) *Uma evangelização nova na maneira de expressar o conteúdo (expressões)*: "Na mensagem que a Igreja anuncia há certamente muitos elementos secundários. A sua apresentação depende, em larga escala, das circunstâncias mutáveis. Também elas mudam" (*EN* 25). [...] "É por isso que a evangelização comporta uma mensagem explícita, adaptada às diversas situações e continuamente atualizada..." (*EN* 29).

Novo *fervor/ardor* se refere ao mensageiro, que também é mensagem. Na evangelização não é possível desvincular a Mensagem do mensageiro, sobretudo como dirá a *Evangelii Nuntiandi,* porque o testemunho constitui "o momento primeiro de um processo da evangelização" (*EN* 21). Antes do anúncio explícito do querigma, impõe-se a necessidade de uma prévia evangelização implícita, alicerçada em um falar de Deus sem falar, a exemplo de seu próprio modo discreto e silencioso de se comunicar. Nesse particular, os grandes pregadores e evangelizadores têm muito a nos inspirar; entre estes, nossos mártires brilham como modelo de zelo pela defesa e promoção da "vida em abundância" (Jo 10,10), que Jesus veio trazer. Para uma nova evangelização, um mensageiro novo, sintonizado com seu tempo e contexto e, sobretudo, expressão da mensagem sempre nova do Evangelho.

Novos *meios/métodos* aludem ao fato de que, na evangelização, além do mensageiro, o método é também mensagem. E como as mediações que o mensageiro tira da cultura, sempre viva e dinâmica, inevitavelmente os métodos caducam e passam. Métodos ou mediações que num determinado tempo e espaço mostraram-se adequados, em outras circunstâncias podem se revelar totalmente defasados. O mensageiro precisa zelar para que os métodos que ele utiliza para evangelizar estejam sempre em congruência com o conteúdo da mensagem veiculada. Não basta que o fim seja evangélico; também os meios precisam ser evangélicos. Na evangelização, os meios são sempre o fim na gradualidade do processo. É preciso ficar atento a meios que não são bom caminho, pois desviam do fim ao qual a mensagem acena.

Novas *expressões/nova maneira de expressar o conteúdo* dizem respeito à roupagem pela qual se veicula o Evangelho. E a roupagem é também mensagem. Além do mensageiro e do método, a instituição é também mensagem, assim como estruturas, organização, configuração histórica são também mensagem, dado que afetam o caráter de uma Igreja sacramento do Reino de Deus. Sacramento, além de instrumento, é também sinal que precisa mostrar ou visibilizar a mensagem na forma como se busca explicitá-la e atualizá-la nas novas circunstâncias.

6.1.3 O novo como superação da Cristandade

O conceito de nova evangelização, cunhado pela Igreja na América Latina, em relação ao tempo, se opõe radicalmente a qualquer resquício de Cristandade ou Neocristandade, tributárias de eclesiocentrismos e cristomonismos ou de integrismos, fundamentalismos e proselitismos camuflados; e, em relação ao contexto sociocultural, advoga por uma Igreja encarnada na sociedade moderna e pós-moderna, pluralista, autônoma em relação à tutela do religioso, numa postura de "diálogo e serviço" (*GS*), renunciando toda e qualquer tentação de conformar um mundo dentro do mundo, uma subcultura eclesiástica, própria da mentalidade de gueto (cf. GONZÁLEZ-CARVAJAL, 1993). Em outras palavras, "nova evangelização" tem a ver com "novo modelo de pastoral" em relação ao momento anterior. Mas, também não basta ser "novo", pois pode ser novo em relação ao modelo anterior e, no entanto, inadequado para as contingências do hoje.

Uma "nova evangelização" que se traduz em um "novo modelo de pastoral" para o nosso tempo e contexto, como já fizemos referência, está muito bem caracterizada na categoria que aparece pela primeira vez no *Documento de Santo Domingo* (1992): a exigência de uma "*conversão pastoral da Igreja*" (*SD* 30). De maneira muito feliz, o *Documento de Aparecida* retomou a expressão de *Santo Domingo*, fazendo relação entre conversão pastoral e modelo de pastoral: "a conversão pastoral de nossas comunidades exige ir mais além de uma pastoral de mera conservação para uma pastoral decididamente missionária" (*DAp* 370). Como já dissemos, a expressão "pastoral de conservação" é de *Medellín*, evocada para se referir precisamente ao modelo pastoral pré-conciliar de Cristandade: "baseada numa sacramentalização com pouca ênfase na prévia evangelização" (*Med* 6,1). Por isso, *Aparecida*, em sintonia com *Medellín* e *Santo Domingo*, entende a conversão pastoral como a passagem de uma pastoral de Cristandade, de sacramentalização, de conservação, a uma pastoral de Pós-cristandade, evangelizadora (BRIGHENTI, 2005, p. 375-398), "decididamente missionária" (*DAp* 370).

Para *Aparecida*, em sintonia com *Medellín* e *Santo Domingo*, urgem uma conversão pastoral e uma renovação eclesial por duas razões básicas: a necessidade de se levar adiante a reforma do Vaticano II; e, à luz do Concílio, dar novas respostas às novas perguntas, que os novos tempos apresentam, por meio de uma Igreja "decididamente missionária". Em *Aparecida* há a consciência de que o Vaticano II, com sua volta às fontes bíblicas e patrísticas, é um divisor de águas no itinerário da Igreja e que exige uma "nova evangelização", pois ele significa a passagem, ainda que tardia, da Cristandade à Modernidade, da sacramentalização à evangelização, da pastoral de conservação a uma pastoral evangelizadora. Por isso, afirmam os bispos: "[...] tem nos faltado coragem, persistência e docilidade à graça para levar adiante a renovação iniciada pelo Concílio Vaticano II e impulsionada pelas anteriores conferências gerais, para assegurar o rosto latino-americano e caribenho de nossa Igreja" (*DAp* 100h). Prova disso, diz o documento, são "[...] algumas tentativas de voltar a uma eclesiologia e espiritualidade anteriores à renovação do Vaticano II" (*DAp* 100b).

6.2 A exigência de uma conversão pastoral da Igreja

A exigência e a concretização de mudanças na Igreja, tanto no seu ser como em sua ação, fazem parte do seu itinerário histórico, desde os primeiros tempos do cristianismo. A Igreja não nasceu pronta; pelo contrário, para ser continuamente sacramento do Reino de Deus na precariedade da história precisa estar se "originando" constantemente, tanto no seu ser como em sua ação. Como recordou o Papa Paulo VI na *Evangelii Nuntiandi*, "a Igreja evangeliza na medida em que começa por evangelizar a si mesma" (*EN* 15).

Nessa perspectiva, a Igreja na América Latina e no Caribe, para expressar a exigência permanente de "renovação eclesial", plasmou a categoria "conversão pastoral". É uma categoria polissêmica, basta ver o modo como é abordada na farta bibliografia sobre o assunto no período pós-Aparecida. Normalmente, ao ser invocada, pouca referência é feita ao *Documento de Santo Domingo*, onde a expressão aparece pela primeira vez. Consequentemente, nem sempre é entendido de acordo com a forma como os bispos a criaram e a explicitaram. É necessário, portanto, lê-la no "texto e contexto" do documento da conferência geral que a gerou.

Comecemos, portanto, pelo que se entende por "conversão pastoral" em *Santo Domingo* e pela forma como *Aparecida* a resgata, depois de mais de uma década de esquecimento. Em seguida, vamos elencar algumas indicações programáticas que *Aparecida* propôs para sua implementação. Na verdade, são linhas de ação para cada um dos quatro âmbitos da "conversão pastoral", tal como entendida por *Santo Domingo*: o âmbito de consciência da comunidade eclesial, o âmbito das relações de igualdade e autoridade, o âmbito de ações e o âmbito da mudança de estruturas.

6.2.1 O que se entende por "conversão pastoral"

Da mesma forma que *Santo Domingo*, *Aparecida* evoca a "conversão pastoral" em relação ao modelo de evangelização então vigente e, portanto, em relação à "ação" da Igreja, com implicações também no seu "ser" (renovação eclesial). Afirma textualmente *Aparecida* que "a conversão pastoral de nossas comunidades exige que se passe de uma pastoral de mera conservação para uma pastoral decididamente missionária" (*DAp* 370).

A categoria "pastoral de conservação" é de *Medellín*, criada para se referir ao modelo pastoral pré-conciliar ou de Cristandade, "baseado em uma sacramentalização com pouca ênfase na prévia evangelização", "numa época em que as estruturas sociais coincidiam com as estruturas religiosas" (*Med* 6.1). Para *Aparecida*, portanto, em sintonia com *Medellín* e *Santo Domingo*, por "conversão pastoral" entende-se passar de uma pastoral de Cristandade, de sacramentalização ou de conservação, para uma pastoral da Pós-cristandade, evangelizadora, "decididamente missionária", nas palavras do texto.

A categoria "conversão pastoral", plasmada por *Santo Domingo* e resgatada por *Aparecida*, expressa bem o horizonte de uma Igreja que se deixa continuamente evangelizar, na perspectiva da renovação conciliar (MELGUIZO, 2008, p. 229-246). O *Documento de Santo Domingo* afirma:

> A nova evangelização exige a conversão pastoral da Igreja. Tal conversão deve ser coerente com o Concílio. Ela diz respeito a tudo e a todos: na consciência, na práxis pessoal e comunitária, nas relações de igualdade e autoridade; com estruturas e dinamismos que façam presente cada vez com mais clareza a Igreja, enquanto sinal eficaz, sacramento de salvação universal (*SD* 30).

O objeto ou "o quê" da conversão pastoral é a própria Igreja, a Igreja inteira; por isso ela abarca tudo – ações, métodos, linguagem, estruturas – e abrange a todos – tanto as relações interpessoais quanto o exercício da autoridade. A razão ou o "para quê" da conversão pastoral é tornar presente, de forma visível, a Igreja como sacramento de salvação universal. Tudo isso dentro dos parâmetros ou em coerência com o Concílio Vaticano II.

Em outras palavras, o objeto da conversão pastoral é o "fazer" da Igreja e de seus agentes, que é a razão ou a própria finalidade da evangelização: a salvação universal pela conexão com o Reino de Deus, do qual a Igreja precisa ser cada vez mais claramente seu sinal e instrumento, seu sacramento. Uma conversão pastoral, na medida em que abrange o "fazer" e os agentes da evangelização, aponta para mudanças em quatro âmbitos: na consciência da comunidade eclesial; nas práticas ou nas ações pessoais e comunitárias; nas relações de igualdade e autoridade; e nas estruturas da Igreja. Pelo menos quatro elementos que caracterizam a categoria "conversão pastoral" em *Santo Domingo* merecem um breve comentário.

6.2.1.1 O objeto da conversão pastoral

Junto ao termo "conversão" está o termo "pastoral", que, como dissemos, se refere ao "fazer" da Igreja, com implicações em seu "ser". Portanto, a partir de *Santo Domingo*, não é possível "espiritualizar" a conversão pastoral, desligando-a da configuração histórica da Igreja, sobretudo não fazendo referência à sua ação *ad intra* e *ad extra*, bem como às mediações necessárias para tal. Tampouco se pode separar a pastoral da teologia, em especial da eclesiologia. A pastoral não é simplesmente "ação", a aplicação do Direito Canônico ou da Teologia Moral, como se fosse a mera aterrissagem de uma ortodoxia previamente estabelecida. Ela dá o que pensar na teologia. É uma ação sob o dinamismo do Espírito, transpassada pela graça, mas também sujeita às mesmas contingências históricas de qualquer outra ação. A pastoral é uma ação humana e, portanto, com seus limites e ambiguidades como tudo o que é humano. Os modelos de pastoral passam e vão dando origem a outros. A pastoral é uma ação dinâmica, em contínuo estado de superação dos elementos, que com o tempo se tornam inadequados para tornar o divino presente no humano.

Além do caráter "pastoral" da categoria "conversão pastoral", *Santo Domingo* fala da conversão pastoral "da Igreja". O objeto da conversão é a "pastoral"; mas, como se trata do "fazer" e do "ser" da Igreja, a conversão diz respeito à comunidade eclesial como um todo. Não se trata, portanto, de uma conversão "pessoal", embora seja sempre necessária, mas antes da conversão do "sujeito" da pastoral, que é a Igreja, ou seja, o Povo de Deus ou a comunidade eclesial. Comunidade entendida não como a simples soma de pessoas. O todo é muito mais do que a soma das partes. O Papa Francisco diz que "o todo é superior às partes" (*EG* 234-237). De maneira muito feliz, *Aparecida* fala de uma Igreja "toda ela missionária" ou "evangelizadora", pois o sujeito da missão é a comunidade eclesial como um todo. O missionário não é um voluntário. É sempre a Igreja que envia missionários, em nome de Jesus. O mesmo acontece com a pastoral, o "fazer" da Igreja, com implicações para o seu "ser".

Convém também frisar que a conversão pastoral da "Igreja" não significa procurar converter cada cristão individualmente para depois converter a comunidade eclesial como um todo. É o eterno dilema: o que vem antes, a mudança da pessoa ou a mudança das estruturas? Criar o "novo homem" ou criar a "nova sociedade"? O fato é que as pessoas, além de serem sujeitos das estruturas ou da sociedade, são sempre também influenciadas por elas. Consequentemente, pode-se dizer que as pessoas fazem as estruturas, mas estas também fazem as pessoas; as pessoas são sujeitos, mas também objetos de estruturas. O mesmo acontece na Igreja: os cristãos fazem a comunidade eclesial e esta também faz os cristãos. Paulo VI chamou a atenção na *Evangelii Nuntiandi* que a questão não é o que vem primeiro, a conversão do cristão ou a conversão da Igreja. São duas faces de uma mesma moeda. Elas estão juntas e, portanto, devem ser trabalhadas simultaneamente, dialeticamente. Da mesma forma que "a Igreja só evangeliza na medida em que evangeliza a si mesma" (*EN* 15), só há verdadeira conversão dos cristãos na medida em que há conversão da Igreja. Como bem sintetiza *Santo Domingo*, a "conversão pastoral" é "conversão da Igreja".

6.2.1.2 A razão ou a finalidade da conversão pastoral

Um segundo elemento que caracteriza a categoria "conversão pastoral" em *Santo Domingo* refere-se à sua razão ou finalidade. Aqui está o pano de fundo eclesiológico da conversão pastoral. O que se busca com ela não é a afirmação da Igreja, mas a visibilidade do Reino de Deus, do qual ela é "seu germe e princípio" (*LG* 5), superando assim qualquer vestígio de autorreferencialidade ou eclesiocentrismo. *Santo Domingo* fala de "tornar presente", pela conversão pastoral, uma "Igreja sacramento", "enquanto sinal eficaz" de "salvação universal".

A Igreja não existe para si mesma. Como afirmou Paulo VI na *Evangelii Nuntiandi*, "a Igreja existe para evangelizar" (*EN* 14), o que, por sua vez, não significa implantar a Igreja; mas, como afirma o Papa Francisco na *Evangelii Gaudium*, consiste em "tornar presente o Reino de Deus no mundo" (*EG* 176). Complementa *Santo Domingo* que a conversão pastoral tem por finalidade mostrar "mais claramente" essa Igreja sacramento. Em outras palavras, não se trata simplesmente de "demonstrar" o Evangelho do Reino de Deus com palavras e discursos, mas de "mostrá-lo", de visibilizá-lo na vida e na ação da comunidade eclesial, na concretude da história. Paulo VI fala da importância do "testemunho", que constitui "o elemento primeiro" (*EN* 41) na obra de evangelização.

Foi o que um grupo de bispos, durante a realização do Concílio Vaticano II, colocou em evidência com o denominado "Pacto das Catacumbas", firmado em torno de treze compromissos concretos. Os primeiros compromissos dizem respeito à importância do testemunho do mensageiro. Chama a atenção que, além do Evangelho, o mensageiro seja também uma mensagem e sempre chegue antes da Palavra que se anuncia, à qual a sua vida deve estar conformada de modo coerente. Os compromissos da segunda parte do Pacto põe em evidência outra exigência radical da mensagem cristã: além do mensageiro, a instituição eclesial, em sua organização, estrutura e configuração histórica, é também mensagem. A Igreja, como toda religião, é uma instituição hierofânica: sua finalidade é transparecer o divino "através" do humano, sem jamais que o humano ocupe o lugar do divino, sob pena de eclipsá-lo.

Nesse particular, os bispos signatários do Pacto das Catacumbas, além do testemunho pessoal, se propõem adequar também a instituição eclesial, em sua configuração histórica, à proposta da mensagem cristã. A visibilização histórica da Igreja como instituição precisa estar intimamente ligada à sua vocação de sacramento do Reino de Deus, na provisoriedade do tempo. Ser sacramento significa ser sinal e instrumento do Reino. Trata-se de ser um sinal de que a Igreja quer ser instrumento, tendo em conta que somente apenas sinal, na medida em que for instrumento. É verdade que existe sempre uma inevitável tensão ou distância entre a promessa do Reino que a Igreja testemunha, anuncia e edifica e o caráter obsoleto das mediações que procuram visibilizá-lo na história, por meio de sua presença e de sua ação evangelizadora.

Essa tensão, entretanto, longe de ser um álibi à acomodação em seus próprios limites, dada a inevitável distância do humano frente ao divino, é, antes de tudo, um forte apelo a tornar o institucional, ainda que sempre precário, um sinal visível da eternidade do Reino, no tempo provisório da história da humanidade. Como afirmou o Concílio Vaticano II na *Lumen Gentium*, não é o mundo que está na Igreja, mas é a Igreja que está no mundo. O mundo é constitutivo da Igreja. A Igreja está no mundo e existe para a salvação do mundo. Sua missão consiste em se aproximar cada vez mais dos ideais do Reino de Deus, do qual é sacramento, germe e princípio, na esperança do Reino definitivo.

6.2.1.3 A perspectiva da conversão pastoral

Nela estão todas as categorias teológico-pastorais criadas e assumidas pelo Magistério da Igreja na América Latina, especialmente pelas conferências gerais dos bispos da América Latina e do Caribe, quer seja na recepção ou no prolongamento da renovação operada pelo Concílio Vaticano II. Pareceria dispensável frisar o imperativo de uma conversão pastoral em "coerência com o Concílio" se não fosse o processo gradual de "involução eclesial" (González Faus) vivido na Igreja nas últimas décadas. Os bispos em *Santo Domingo* estavam bem cientes do fato e, por isso, enfatizaram deliberadamente essa perspectiva da "conversão pastoral".

O Concílio Vaticano II, superando o modo de ser Igreja da Cristandade que havia se distanciado do modelo eclesial normativo neotestamentário, se propôs fazer uma "volta às fontes bíblicas e patrísticas" (*ad rimini fontes*) e, na fidelidade a elas, situar a Igreja no seio do mundo moderno. Porém, após os primeiros anos de implementação das reformas, sobretudo a partir da década de 1980, não só começaram as dificuldades na recepção do Concílio, como surgiram vozes questionando as próprias reformas. Segmentos eclesiais, ao invés da "volta às fontes bíblicas e patrísticas", passaram a advogar pela "volta ao fundamento", à "tradição de sempre", isto é, aquela da Cristandade medieval, em especial o retorno a posturas do magistério em oposição ao mundo moderno. Mostravam dificuldade em acolher a nova autocompreensão da Igreja, no diálogo e no espírito de serviço ao mundo, especialmente aos mais pobres.

Além disso, outros segmentos da Igreja, sem se oporem abertamente ao Vaticano II, passaram a interpretá-lo como mera continuidade do passado. Esses segmentos são marcados por posturas tradicionalistas manifestadas no confronto com a Modernidade, à qual o Concílio, dizem, ingenuamente teria se rendido. Com isso, ainda que sem negar explicitamente o Concílio, minimizam de tal forma a renovação conciliar que omitem mudanças profundas do Vaticano II, tais como: a distinção entre a Igreja e o Reino de Deus, que é mais amplo que a Igreja, do qual ela é uma de suas mediações, ainda que privilegiada; o primado da Palavra na vida e na missão da Igreja, que existe para evangelizar e não simplesmente para sacramentalizar; a afirmação da base laical da Igreja, composta por um único gênero de cristãos – os batizados, um povo todo ele profético, régio e sacerdotal; a unidade da fé tecida em torno do *sensus fidei* de todo o Povo de Deus, no seio do qual se insere também o magistério; a Igreja, embora não seja deste mundo, está no mundo e existe para a salvação do mundo, em espírito de diálogo e serviço; a reforma litúrgica, que resgata a centralidade do mistério pascal, superando o culto sacrificial reinante etc.

No sentido inverso dessas posturas, a Igreja na América Latina não só recebeu o Vaticano II, como fez dele um "ponto de partida", tal como Paulo VI havia recomendado em sua cerimônia de encerramento. Por isso, quando se fala de "conversão pastoral em coerência com o Concílio", não se pode perder de vista, além dos avanços da renovação conciliar, seus desdobramentos na tradição eclesial latino-americana, tais como: De *Medellín* (1968), a evangélica opção pelos pobres; uma evangelização libertadora, que coloca a escatologia na história; a simultaneidade da conversão pessoal e das estruturas como condição para a eficácia do amor, em um mundo marcado pela injustiça estrutural; um novo modelo de Igreja – pobre e em pequenas comunidades – como sinal e instrumento do Reino de Deus no coração da história; a necessidade de uma reflexão teológica articulada com as práticas, especialmente dos mais pobres etc. De *Puebla* (1979), o protagonismo dos leigos e leigas na evangelização; a prioridade da atenção aos jovens; a valorização da religiosidade popular, uma importante forma de inculturação da fé etc. De *Santo Domingo* (1992), além da necessidade de uma conversão pastoral, o protagonismo dos leigos e leigas na evangelização; a evangelização como inculturação do Evangelho, no respeito à liberdade das pessoas e de sua identidade cultural etc. De *Aparecida* (2007), não perder de vista os pobres, hoje supérfluos e descartáveis; uma Igreja toda ela em estado permanente de missão; a missão como irradiação do Evangelho e não como proselitismo; o papel das mulheres na Igreja; chegar às pessoas por meio de processos de iniciação cristã; a renovação da paróquia etc. Tudo isso faz parte da renovação conciliar e está em "coerência com o Concílio Vaticano II".

Como se pode perceber, a renovação do Vaticano II aponta para uma Igreja descentrada de suas questões internas e sintonizada com as grandes aspirações e causas da humanidade, que são causas do Evangelho. A proposta cristã, como mediação de salvação para todo o gênero humano, lança a Igreja para uma missão não exclusiva. O espaço intraeclesial não esgota a missão da Igreja. Como Deus quer salvar a todos, a Igreja, como mediação privilegiada de salvação, precisa ser de todos, especialmente daqueles que não são Igreja.

6.2.2 Os quatro âmbitos de uma conversão pastoral da Igreja

O *Documento de Santo Domingo*, ao explicitar o imperativo de uma conversão pastoral para continuar o processo de renovação do Concílio Vaticano II, não fica no nível dos princípios. Uma vez explicitados o objeto, a razão e a perspectiva da conversão pastoral, o documento também oferece algumas indicações programáticas. Tal como já mencionamos, para os bispos reunidos em *Santo Domingo*, uma verdadeira conversão da Igreja como um todo precisa dar-se em quatro âmbitos: conversão na mentalidade ou na consciência da comunidade eclesial, conversão em ações, conversão nas relações de igualdade e autoridade, e conversão das estruturas. Não se trata de uma ordem lógica ou cronológica, uma vez que os quatro âmbitos estão intimamente relacionados, embora as estruturas devam ser revistas ou criadas depois de projetadas as ações, uma vez que sua verdadeira função é dar suporte a elas.

6.2.2.1 A conversão na mentalidade ou na consciência da comunidade eclesial

Como se trata da "conversão da Igreja", a conversão na mentalidade ou na consciência da comunidade eclesial se refere, sobretudo, à eclesiologia. E como a conversão deve ser "em coerência com o Concílio", ela diz respeito à eclesiologia do Vaticano II, plasmada especialmente na *Lumen Gentium*. *Aparecida*, referindo-se aos retrocessos em relação à renovação conciliar nas últimas décadas, nomeia, entre outros, a volta de eclesiologias pré-conciliares (*DAp* 100b). É certamente uma questão central na recepção do Concílio, e onde se apresentam os maiores desafios.

São ainda objeto de debates e tensões categorias da eclesiologia conciliar, tais como: a Igreja como Povo de Deus, na radical igualdade em dignidade de todos os ministérios; que a verdadeira Igreja de Jesus Cristo está na Igreja Católica, mas não somente (*subsistit in*); a Igreja inteira está presente em cada Igreja local, em comunhão com as demais Igrejas; a colegialidade episcopal inserida no seio da sinodalidade eclesial (*sensus fidelium*); o primado como *primus inter pares*, no seio do colégio dos bispos; o diálogo ecumênico e inter-religioso; a existência de salvação fora da Igreja e a consequente superação do eclesiocentrismo; a Igreja como sacramento do Reino de Deus, seu "germe e princípio"; a Igreja não é deste mundo, mas está no mundo e existe para a salvação do mundo etc. Sem acolher mudanças profundas como essas, não teremos uma conversão pastoral "coerente com o Concílio".

6.2.2.2 A conversão nas ações

Um segundo âmbito da "conversão pastoral" proposta por *Santo Domingo* e resgatada por *Aparecida* é o campo de práticas ou da pastoral propriamente dita. A renovação conciliar implica práticas coerentes com suas proposições, uma vez que a fé cristã opera pela caridade, pelas obras. Há modelos de pastoral pré-conciliares que responderam a necessidades do seu tempo, mas hoje se tornaram obsoletos. Uma ação pastoral coerente com a fé cristã, que propõe uma "vida em plenitude", precisa ser uma resposta a necessidades reais.

A título de ilustração, por ocasião da realização do Concílio Vaticano II, estavam presentes dois modelos pastorais: a "pastoral da conservação", assim denominada por *Medellín*, e a "pastoral coletiva", da Neocristandade, em confronto com o mundo moderno. O Concílio Vaticano II, superando radicalmente os dois modelos, propõe uma "pastoral orgânica e conjunta". No imediato pós-concílio, a Igreja na América Latina forjou um novo modelo de ação que poderíamos denominar de "pastoral de comunhão e participação". A partir da década de 1980 até *Aparecida*, com o gradual processo de involução eclesial, de um lado houve a volta da "pastoral coletiva" e, de outro, o surgimento do que se poderia chamar de "pastoral secularista", tributária de uma experiência religiosa de corte imanentista, providencialista, imediatista. Finalmente, superando ambas as posturas, a Conferência de Aparecida e em torno a ela a *Evangelii Gaudium* propõem um novo modelo coerente com a renovação do Vaticano II e a tradição libertadora latino-americana, denominada pelo Papa Francisco de "conversão pastoral missionária" (*EG* 25), que rompe com uma Igreja "autorreferencial" típica da postura de Cristandade. Assim, a conversão na mentalidade ou na eclesiologia implica também uma mudança no nível das ações. Se não se mudam as práticas, pouco ou nada muda.

6.2.2.3 A conversão nas relações de igualdade e autoridade

Um terceiro âmbito da "conversão pastoral" se refere a mudanças nas relações de igualdade e autoridade. Nesse particular, quando *Aparecida* menciona retrocessos na renovação conciliar, nomeava "a volta do clericalismo", que os revisores do documento final suprimiram do documento oficial, mas que o Papa Francisco resgata na *Evangelii Gaudium* (*EG* 102).

O Vaticano II reintroduziu o ministério clerical no seio do Povo de Deus, uma vez que existe um só gênero de cristãos – os batizados. Quem preside não comanda nem decide sozinho. Não é a "síntese dos ministérios". Ao contrário, sua função é ser o "ministério da síntese"; isto é, aquele que promove a comunhão de todos os batizados no seio de uma Igreja toda ela ministerial. Apesar da renovação do Vaticano II, nas últimas décadas, cresceu o clericalismo de bispos, especialmente dos presbíteros, como também dos diáconos permanentes e de leigos clericalizados. Houve muito retrocesso em relação a uma Igreja sinodal, regida por assembleias e conselhos de pastoral, assim como por equipe de coordenação.

Falando aos bispos do Celam, por ocasião de sua primeira viagem apostólica ao Brasil, o Papa Francisco disse que "estamos muito atrasados nisso". Não há conversão pastoral da Igreja, coerente com o Concílio, sem a erradicação do clericalismo. Também estamos retrocedendo na criação e implementação de novos ministérios para o laicato, especialmente para as mulheres, sobretudo ministérios para a ação dos cristãos no mundo, o espaço por excelência de uma Igreja servidora da humanidade. O Papa Francisco, na *Evangelii Gaudium*, fala explicitamente da necessidade de uma "descentralização saudável" na Igreja, a começar pela forma de exercer o ministério petrino e, em especial, da Cúria Romana. Fala também do imperativo de uma maior autonomia das conferências episcopais e das Igrejas locais (*EG* 32).

6.2.2.4 A conversão no âmbito das estruturas

Um quarto âmbito da "conversão pastoral", segundo *Santo Domingo*, se refere à mudança de estruturas. As estruturas são um elemento fundamental da visibilidade da Igreja, pois afetam decisivamente seu caráter de sinal ou sacramento (COMBLIN, 2001, p. 14). Em um processo de renovação eclesial, todas as mudanças se tornam inoperantes se não se toca nas estruturas. Não há conversão pastoral sem conversão das estruturas. Por serem elas o suporte da ação a ser levada a cabo, toda mudança nas ações implica também em mudanças nas estruturas que as sustentam. As estruturas estão para a ação e não a ação para as estruturas.

Por isso, toda absolutização de estruturas é idolatria, na medida em que se está absolutizando o relativo (o institucional) e relativizando o absoluto (o carisma). Nesse caso, o carisma se converte em poder. É de estruturas em função da ação que deriva uma *Ecclesia semper reformanda*. Novas perguntas (vinho novo) exigem novas respostas, que por sua vez implicam novas estruturas (odres novos). As estruturas, para serem verdadeiramente eclesiais, além de estruturas de comunhão, precisam ser flexíveis, condição para acompanhar o dinamismo do Espírito e da história. É o momento máximo de aterrissagem da "conversão pastoral da Igreja".

Resumindo...

O imperativo de uma evangelização "nova" foi a proposta de *Medellín* para implementar a renovação do Concílio Vaticano II, reafirmada por Paulo VI na *Evangelii Nuntiandi*, o primeiro documento do magistério pontifício a fazer recepção da tradição eclesial libertadora da Igreja na América Latina. O conceito "nova evangelização", cunhado pela Igreja na América Latina, em relação ao tempo, se opõe radicalmente a qualquer resquício de Cristandade ou Neocristandade, tributárias de eclesiocentrismos e cristomonismos ou de integrismos, fundamentalismos e proselitismos camuflados; e, em relação ao contexto sociocultural, advoga por uma Igreja encarnada na sociedade moderna e pós-moderna, pluralista, autônoma em relação à tutela do religioso, numa postura de "diálogo e serviço", renunciando a toda e qualquer tentação de conformar um mundo dentro do mundo, uma subcultura eclesiástica, próprio da mentalidade de gueto.

Uma "nova evangelização" que se traduz em um "novo modelo de pastoral" para o nosso tempo e contexto está muito bem caracterizada na categoria, que aparece pela primeira vez no *Documento de Santo Domingo* (1992), na exigência de uma "conversão pastoral da Igreja" (*SD* 30) e resgatada por Aparecida. Ela acena para a superação de modelos de pastoral ultrapassados pela renovação do Concílio Vaticano II e pela tradição latino-americana e que configuram, hoje, modelos de uma evangelização caduca, ultrapassada. Para *Aparecida*, em sintonia com *Medellín* e *Santo Domingo*, urgem uma conversão pastoral e uma renovação eclesial, por duas razões básicas: a necessidade de se levar adiante a reforma do Vaticano II; e, à luz do Concílio, dar novas respostas às novas perguntas que os novos tempos apresentam, por meio de uma Igreja "decididamente missionária".

O objeto ou "o quê" da conversão pastoral é a própria Igreja, a Igreja inteira, por isso ela engloba tudo – ações, métodos, linguagem, estruturas; e abrange todos – tanto as relações interpessoais quanto o exercício da autoridade. A razão ou o porquê da conversão pastoral é tornar a Igreja presente, de forma visível, como sacramento de salvação universal. Tudo isso, dentro dos parâmetros ou em coerência com o Concílio Vaticano II.

Em outras palavras, o objeto da conversão pastoral é o fazer da Igreja e seus agentes; a razão, a finalidade da evangelização, é a salvação universal pela conexão com o Reino de Deus, do qual a Igreja necessita ser cada vez mais claramente seu sinal e instrumento, seu sacramento. Trata-se de uma conversão pastoral, enquanto abarca o fazer da Igreja e os agentes da evangelização, o que implica mudanças em quatro âmbitos: o âmbito da consciência da comunidade eclesial; o âmbito das práticas ou das ações da comunidade; o âmbito das relações de igualdade e autoridade; e o âmbito das estruturas da Igreja.

UNIDADE III

A pastoral como processo de encarnação da fé

Esta terceira unidade, composta por três capítulos, intitulada "A pastoral como processo de encarnação da fé", se debruça sobre as condições operacionais de uma ação pastoral pensada e as implicações para uma Teologia Pastoral entendida como inteligência reflexa da ação evangelizadora, consequente com os desafios do contexto atual.

No sétimo capítulo intitulado "Pastoral em uma Igreja em saída às periferias", se começa frisando que não há como fugir de uma ação apoiada nas ciências humanas e sociais. É condição para se conectar com processos em curso e para desencadear novos processos, assim como para neutralizar aqueles que atentam contra a vida ou para abrir novos caminhos capazes de ir antecipando na história os ideais do Reino de Deus. Só é capaz de fazer processo uma Igreja em saída para as periferias e as fronteiras, fazendo delas o seu centro, tal como tem proposto e desafiado o Papa Francisco.

No oitavo capítulo, intitulado "Evangelização, inculturação e pastoral urbana", coloca-se a questão de uma evangelização inculturada, em chave decolonial, rompendo com a costumeira prática de ir às periferias, mas para domesticar as fronteiras, a postura típica dos que na pastoral têm destinatários e não interlocutores. Desafiante fronteira pastoral, hoje, é o mundo urbano, espaço de confluência de diferenças, mas também de desenraizamentos e a violência de uma "cultura hamburguerizada", típica de uma globalização massificante, com implicações específicas para um processo de encarnação da fé.

O nono capítulo, intitulado "A projeção da ação pastoral no seio de uma Igreja sinodal", fechando a obra, aterrissa nas mediações da ação propriamente dita, trazendo elementos relativos à sua operacionalização, nos parâmetros de uma pastoral orgânica e de conjunto, surgida em torno à renovação do Vaticano II. Entra-se no teor do estatuto da ação, apresentando os fundamentos teológicos de uma ação em conjunto, enquanto Povo de Deus, assim como as condições pedagógicas e metodológicas de uma pastoral consequente com seu contexto.

7

Pastoral em uma Igreja em saída às periferias

Uma pastoral de conversão missionária leva a uma "Igreja em saída", superando uma "Igreja autorreferencial". Para sair é preciso fazer processo, o que implica uma ação pensada. Enquanto ação pensada, a pastoral é uma ciência, em relação intrínseca com a teologia e em relação interdisciplinar com as ciências auxiliares da pastoral, como são sobretudo as ciências humanas e sociais. Além disso, trata-se de sair às periferias, pois o Reino de Deus é Boa-nova de inclusão dos excluídos e descartados. São cinco realidades a serem conjugadas adequadamente e com arte, isto é, segundo a genuinidade de todo contexto e as condições do momento relativas aos atores envolvidos: ação-reflexão-saída-processo de edificação do Reino de Deus.

Em tempos de imediatismos, pragmatismos e providencialismos na ação evangelizadora, a eficácia de uma ação capaz de provocar um impacto sobre a realidade depende de uma pastoral pensada, apoiada nas ciências e fazendo processo. Trata-se de uma ação pastoral que envolve os agentes engajados na capilaridade das comunidades eclesiais. São elas o sujeito da pastoral, ainda que com o agravante de estarem normalmente atreladas, em grande medida, a paróquias que necessitam de urgente reconfiguração, na perspectiva da renovação conciliar e da tradição eclesial libertadora da Igreja na América Latina. Como já vimos, desde o século XIX, a pastoral deixou de ser a aplicação do Direito Canônico, da Moral ou da Eclesiologia, para constituir-se em uma dimensão da teologia como um todo e, portanto, uma ação pensada.

Uma "Igreja em saída" é uma Igreja essencialmente missionária, que faz da periferia o seu centro, superando a tentação e a segurança de uma Igreja autorreferencial. Nas periferias estão as fronteiras, os outros, os diferentes e as diferenças a acolher, o que implica aprender a se enriquecer com os diferentes. Para acolher os diferentes e as diferenças, só uma Igreja samaritana é capaz de abrir os braços, sem julgar ou condenar, mesmo quando não se concorda. Uma "Igreja em saída" é uma Igreja com coração, uma Igreja-mãe, advogada dos pobres e não juíza, que é a característica de uma Igreja, além de samaritana, também profética, que toma a defesa dos indefesos, empoderando-os, para que tenham voz e vez, a postura típica daqueles que fazem pastoral, do pastor com "cheiro de ovelhas". Finalmente, como se trata de uma Igreja toda ela sinodal, regida pelo *sensus fidelium* que se alicerça no único Batismo, fonte de todos os ministérios, implica "uma cultura eclesial marcadamente laical", sem clericalismos e servilismos do laicato.

7.1 Somente uma ação pensada faz processo

Sobretudo depois do Concílio Vaticano II, teologizou-se a pastoral, dando-lhe um caráter crítico e analítico, deixando de ser uma prática para ser práxis, ou seja, uma prática carregada de teoria. Hoje, a tendência em desteologizar a pastoral condena-a à irrelevância e à repetição estéril, sobretudo a perder seu caráter processual. Por outro lado, também se pastoralizou a teologia, pois todos os tratados da teologia passaram a ter uma dimensão pastoral, seja a Eclesiologia, a Cristologia, a Soteriologia, a Teologia da Revelação e da Fé, sem falar na Liturgia, na Catequética e na Teologia Moral. E mais que isso.

A pastoral, além de ser uma dimensão da teologia como um todo, é também um saber constituído como disciplina específica, uma ciência, com seu objeto e método próprio, que faz das práticas eclesiais e das pessoas em geral uma fonte criadora de ideias. Também na pastoral as boas ideias não caem do céu, elas brotam da realidade. Tal como frisou *Medellín*, todo compromisso pastoral brota de um discernimento da realidade. J. Cardijn, fundador da JOC, dizia que o "agir" é a melhor introdução para o "ver" e base para o "julgar".

7.1.1 Caminhar apoiados nas ciências

Como não existe ação humana nada pensada, hora mais hora menos, há sempre uma Teologia Pastoral dando suporte às práticas dos agentes, tanto nas bases como no âmbito dos organismos paroquiais e diocesanos, práticas essas que posteriormente encontrarão acolhida nas boas academias, o espaço da reflexão em nível profissional. Com os teólogos latino-americanos aprendemos que uma teologia consequente com os desafios da realidade é sempre um "ato segundo" precedido por um "ato primeiro", que são as práticas eclesiais e sociais. Com muito mais força, esse modo de fazer teologia se impõe à Teologia Pastoral, condição para o exercício de sua função retroalimentada da vida das comunidades eclesiais na ação evangelizadora, que consiste, no dizer do Papa Francisco, em "tornar presente o Reino de Deus no mundo" (*EG* 176).

A pastoral é uma ação complexa que exige pensar antes, durante e depois dela. Mas não se faz pastoral só com teologia. A teologia é imprescindível e as ciências não podem ser dispensadas (cf. BRIGHENTI, 2013, p. 663-676). A Teologia Pastoral precisa estabelecer uma relação interdisciplinar com aquelas ciências imprescindíveis para o engajamento consequente dos cristãos num mundo plural e cada vez mais diversificado. É impossível pensar a pastoral e agir pastoralmente sem sociologia, antropologia, história, psicologia, economia, política, geografia, biologia e outros saberes, como o saber popular, responsáveis pelo fornecimento do objeto da Teologia Pastoral, a ser trabalhado formalmente a partir de sua própria pertinência. Isso não quer dizer que o pastoralista deva ser um "especialista em conhecimentos gerais". Precisa, sim, saber dialogar e saber ler a valiosa contribuição das ciências, sob pena de ser o agente de um saber desencarnado, a-histórico, ingênuo e alienado, enfim, mais encobridor do que revelador da realidade a ser "assumida para ser redimida". Por isso, conscientes da complexidade de uma ação pastoral capaz de uma fé eficaz, os agentes de pastoral precisam navegar por diversas ciências, que buscam dar conta da leitura do contexto atual e seus desafios para a ação evangelizadora, assim como por tratados da teologia como a eclesiologia. Também não pode faltar o cuidado de mergulhar no estatuto da ação, campo específico de uma ação pensada pelo planejamento pastoral.

É a inter-relação da pastoral com a Teologia Pastoral e desta com outros saberes que lhe permite precisar o "ponto de partida" e vislumbrar o "ponto de chegada" da ação evangelizadora. O ponto de partida diz respeito a colocar os pés no chão. O Papa Francisco, na *Evangelii Gaudium*, evoca quatro princípios também muito caros à Teologia Pastoral. Um deles chama a atenção que "a realidade é mais importante do que a ideia". Sobretudo nos últimos tempos, caiu em desuso na Igreja a análise de conjuntura, o estudo da realidade circundante, assim como partir da realidade. Especialmente nos meios mais tradicionais, insiste-se em "partir de Deus", de Jesus Cristo, da fé, do querigma ou da Palavra de Deus, como se a revelação tivesse caído do céu, sem a participação do Povo de Deus. A racionalidade moderna é indutiva, assume a história como lugar epistêmico, mostrando a superioridade da razão práxica em relação a uma racionalidade fundada em postulados definidos *a priori*. A verdade, para ser digna de crédito, precisa passar pela veracidade, ou seja, por sua comprovação histórica. No seio do cristianismo, a fé passa pela experiência, uma vez que o divino, para se fazer presente na história, precisa da mediação humana. O Papa Francisco fala da necessidade de se evitar as variadas formas de ocultamento da realidade como os purismos evangélicos, os totalitarismos do relativo, os nominalismos declaracionistas, os projetos mais formais do que reais, os fundamentalismos a-históricos, os eticismos sem bondade, os intelectualismos sem sabedoria (*EG* 231). Frisa a *Evangelii Gaudium* que as ideias e os conceitos estão a serviço da apreensão da realidade e de sua ação sobre ela. A ideia desligada da realidade dá origem a idealismos (*EG* 232).

Não há conversão ao Evangelho sem conversão à realidade, lugar onde Deus se revela, falou e continua falando. Santo Agostinho advertia que Deus primeiro nos deu o livro da vida e só depois nos deu o livro da Bíblia, um código para saber ler ou decifrar Deus que sempre se revela na vida. Por isso, no seio da teologia latino-americana a história, a vida ou as práticas são lugar teológico. Gustavo Gutiérrez, pai de nossa teologia, desde a primeira hora, a concebeu como "a inteligência da práxis da fé". Ora, isso não se faz sem reflexão, sem uma ação pensada pela teologia e pelas ciências humanas e sociais.

7.1.2 *Os bons resultados são consequência de bons processos*

Para caminhar do "ponto de partida" ao ponto de chegada é preciso fazer processo. Um segundo princípio apontado pelo Papa Francisco na *Evangelii Gaudium* frisa que "o tempo é superior ao espaço". Há, hoje, a aposta em respostas imediatas a problemas complexos. Daí o encolhimento da utopia num presentismo, que exclui toda exigência de processo e projeção de um futuro desejável. Tudo o que é bom, Deus precisa realizar por meio de milagres; tudo o que está errado é culpa do diabo, e deve ser resolvido com exorcismo. Há a tendência a uma desresponsabilização das pessoas. Também a religião foi posta a serviço dos indivíduos, na busca de solução imediata de seus problemas particulares. Deus é transformado em objeto de desejos pessoais, nos parâmetros de um neopaganismo imanentista.

A *Evangelii Gaudium* frisa a necessidade de dar prioridade ao tempo e não aos resultados, que serão consequência de um processo. Isso significa ocupar-se mais com iniciar processos do que com possuir espaços, promovendo eventos ou iniciativas isoladas, desconectados do esforço de uma ação pensada. Para Francisco, "tempo superior ao espaço" indica privilegiar as ações que geram novos dinamismos e comprometem outras pessoas, que levarão a frutos concretos em acontecimentos históricos (*EG* 223). Mais importante é gerar processos que construam um povo do que obter resultados imediatos (*EG* 224) que não geram mudanças.

Diante da dificuldade em avançar nos processos em curso pode haver a tentação do providencialismo e o imediatismo, muito presentes no pentecostalismo, também nos meios católicos. Hoje há o deslocamento do profético para o terapêutico e da militância para uma espiritualidade desencarnada, restrita à esfera da subjetividade individual. Entretanto, para avançar, não há outro caminho fora do engendramento de processos, que precisam sempre partir dos processos em curso, por mais desafiadora e desconcertante que seja a realidade. Por sua vez, os processos dependem de uma "ação em rede", de iniciativas e ações em parceria, articuladas em âmbito local, nacional e internacional.

Para fazer processo, faz-se necessária uma ação conjunta que incida sobre a globalidade da realidade. Nesse particular, o Papa Francisco na *Evangelii Gaudium* frisa que "o todo é superior à parte". Num mundo globalizado, no qual os problemas têm causas múltiplas, uma ação pastoral fundada numa visão "paroquial" do mundo está fadada à inoperância. Impõe-se manter o elo vital entre o local e o global. É preciso prestar atenção à *dimensão global*, ao mesmo tempo em que não se pode perder de vista a *realidade local* que nos faz caminhar com os pés no chão. Vivemos tempos de fragmentação do tecido social e eclesial, de sentidos parciais e valores relativizados à vontade dos indivíduos, tempos de eclipse dos metarrelatos e das utopias, de vigência dos especialismos, que ao não se entender do todo, já não se entende nem da parte. Segundo o Papa Francisco, conjugar o global e o local, por um lado, impede o universalismo abstrato e, por outro, de sermos eremitas localistas, condenados a repetir sempre as mesmas coisas, incapazes de nos deixar interpelar pelo que é diverso e de apreciar a beleza que Deus espalha fora das próprias fronteiras (*EG* 234). Sem dúvida, a emergência de uma consciência planetária é um dos "sinais dos tempos" na atualidade. A crise ecológica forjou o imperativo de um olhar global, a partir do local. As conjunturas precisam ser relacionadas com as estruturas. As partes precisam ser tomadas como porção de um todo, dado que parte é parte, já a porção contém o todo.

Finalmente, fazer processo a partir da realidade, envolvendo tudo e todos, implica, segundo outro princípio evocado pela *Evangelii Gaudium*, assumir os conflitos e superá-los, dado que a "a unidade é superior ao conflito". Por um lado, há a tendência de fugir do conflito, de não tomar posição para não se incomodar, a viver numa zona de conforto, tudo em nome da tolerância, que na realidade não deixa de ser indiferença diante de situações que clamam aos céus. Frisa o Papa Francisco que o conflito precisa ser assumido e transformado em elo de um novo processo (*EG* 227). Ficar no conflito, ser prisioneiro dele, impede de chegar à solidariedade que gera vida.

Por outro lado, assumi-lo é condição para avançar juntos e construir comunidade. Enquanto expressão de diferenças exteriorizadas, é o conflito que dá dinamismo à unidade e a enriquece. Sem respeito e acolhida das diferenças não há unidade e sim uniformidade. Diferente é o confronto, que significa não abrir mão de próprio ponto de vista e procurar impô-lo aos demais. O confronto rompe com a unidade, mas o conflito, quando assumido com maturidade, a promove e a enriquece. O Papa Francisco faz questão de frisar a diferença entre unidade e uniformidade. Para ele, trata-se de promover e viver uma unidade multifacetada (*EG* 228), unidade de diversidades; trata-se de acolher a diferença, expressão de respeito incondicional do outro. Unidade é sempre unidade de diversidades que, quando assumidas, convergem para além dos próprios posicionamentos. Unidade sem conflitos assumidos é uniformidade. Num mundo globalizado, em processo de diferenciação crescente, cada vez mais as diferenças adquirem carta de cidadania e a Igreja precisa não só aprender a conviver com os diferentes, como se enriquecer com as diferenças. Isso exige capacidade de escuta, disposição para o diálogo e uma identidade flexível, em constante estado de reelaboração. Para interagir com o mundo de hoje não basta de vez em quando fazer uma mudança de mentalidade. É preciso uma mentalidade de mudança.

7.2 Perfil pastoral de uma Igreja em saída para as periferias

O apelo por "uma Igreja toda ela missionária e em estado permanente de missão" foi lançado pela Conferência de Aparecida, mas o clamor por uma "Igreja em saída às periferias" foi externado pelo então Cardeal Jorge Mário Bergoglio, nas congregações gerais dos cardeais que antecederam o consistório que o elegeu como Papa Francisco. Foi ele quem catalisou a urgente necessidade da superação de uma Igreja autorreferencial, num contundente pronunciamento, revelado posteriormente pelo Cardeal Jaime Ortega, de Cuba. Profeticamente, ele apontava para a miséria de uma Igreja fechada sobre si mesma e a necessidade de "sair para as ruas". Acenava também para o perfil do novo papa: "um homem que, a partir da contemplação e da adoração de Jesus Cristo, ajude a Igreja a sair de si em direção às periferias existenciais; que ajude a Igreja ser mãe fecunda, que vive a doce e confortadora alegria de evangelizar".

Essas intuições básicas configuram os eixos fundamentais do perfil pastoral da Igreja que o Papa Francisco sonha (BRIGHENTI, 2015, p. 19-40). Um sonho que ele vem partilhando com todo o Povo de Deus, pois de todos dependem as profundas mudanças que se impõem na Igreja hoje. Por isso, mais do que tomar decisões, o Papa Francisco está continuamente sinalizando com gestos, atitudes e palavras o teor das mudanças e criando as condições para que as reformas aconteçam, na corresponsabilidade do colégio episcopal e de todo o Povo de Deus. Dois grandes referenciais o norteiam no desenho do perfil de uma "Igreja em saída para as periferias", tal como tem explicitado na exortação apostólica *Evangelii Gaudium*: a constituição do Vaticano II *Gaudium et Spes* e a exortação apostólica *Evangelii Nuntiandi*. O primeiro abriu a Igreja para o mundo, numa postura de diálogo e serviço; o segundo enviou a Igreja a uma sociedade emancipada da tutela eclesial, para testemunhar e depois explicitar a Boa-nova, na gratuidade, numa relação propositiva, de interlocutores. A tradição libertadora da Igreja na América Latina é o lugar de recepção desses dois referenciais, em especial *Medellín* e *Aparecida* respectivamente (cf. BRIGHENTI, 2019).

Para caracterizar o perfil pastoral da Igreja que o Papa Francisco sonha, vamos nos ater aos seus pronunciamentos e à exortação apostólica *Evangelii Gaudium*. Como se trata de proposições recorrentes, repetidas em diversas ocasiões e lugares distintos, vamos dispensar as referências bibliográficas, ainda que coloquemos entre aspas as palavras textuais de seus pronunciamentos. Pelo menos sete traços caracterizam o perfil pastoral da Igreja que o Papa Francisco sonha.

7.2.1 A periferia como o centro da Igreja

Uma "Igreja em saída" é uma Igreja essencialmente missionária que faz da periferia o seu centro, superando a tentação e a segurança de uma Igreja autorreferencial. Um tema recorrente nos pronunciamentos do Papa Francisco são os limites de uma "Igreja autorreferencial", a Igreja de Cristandade, pautada pelo eclesiocentrismo de uma instituição que se crê o único meio de salvação, regida por princípios ideais e integrada por fiéis que se enquadram nos inúmeros requisitos preestabelecidos pelas leis canônicas. Estas sobram e se toma distância: dos irregulares, em situações que ferem códigos legais; dos que estão nas "periferias do pecado", considerados perdidos porque impedidos de acesso aos sacramentos; dos que estão "nas periferias da ignorância e da prescindência religiosa", excluídos como interlocutores dignos de serem levados a sério; dos que estão "nas periferias do pensamento", desafio aos sistemas teológicos de contornos nítidos e certezas incontestáveis; enfim, dos que estão "nas periferias da injustiça, da dor e de toda miséria", clamando não pelo julgamento de um juiz, mas pelo regaço de uma mãe. Aqui se encontram os pobres e analfabetos, os sem-teto, a população carcerária, os dependentes químicos, os homossexuais, as famílias incompletas, os casais em segunda união, os dilacerados por rupturas de relações de diversa índole, os não crentes, os padres casados etc.

Essas "ovelhas desgarradas" não virão ao encontro de uma Igreja com o perfil do irmão mais velho da Parábola do Filho Pródigo. Por isso, *Aparecida*, que tem muito do Papa Francisco, fala da necessidade de "passar de um eterno esperar a um constante buscar". Para o Papa Francisco, "a posição do discípulo missionário não é uma posição de centro, mas de periferias" (FRANCIS-CO, 2013, p. 143). Ainda como bispo em Buenos Aires, criticava "as pastorais distantes", pastorais disciplinares que privilegiam os princípios, as condutas, os procedimentos organizacionais, sem proximidade, sem ternura, nem carinho. Ignora-se, dizia ele, a "revolução da ternura" que provocou a encarnação do Verbo. Jesus não veio para os sãos, mas especialmente para os doentes, os excluídos das instituições rígidas, para resgatar o que estava perdido, para redimir e não para julgar e condenar.

Na visita ao Brasil para a Jornada Mundial da Juventude, no discurso aos bispos do Celam, o Papa Francisco fala da necessidade "de uma Igreja que não tenha medo de entrar na noite deles e seja capaz de encontrá-los no caminho que estão percorrendo", tal como Jesus com os discípulos de Emaús; "de uma Igreja capaz de inserir-se na sua conversa. Precisamos de uma Igreja que saiba dialogar com aqueles discípulos, que, fugindo de Jerusalém, vagam sem meta, sozinhos, com o seu próprio desencanto, com a desilusão de um cristianismo considerado hoje um terreno estéril, infecundo, incapaz de gerar sentido. [...] Hoje, precisamos de uma Igreja capaz de fazer companhia, de ir para além da simples escuta" (FRANCISCO, 2013, p. 144-145). Nessa perspectiva, *Aparecida* fala de uma Igreja "alheia ao sofrimento que a maioria de nossa gente vive" (*DAp* 176).

7.2.2 Uma Igreja nas fronteiras

Uma Igreja nas periferias é uma Igreja nas fronteiras, onde estão os outros, os diferentes e as diferenças a acolher, o que implica aprender a se enriquecer com os diferentes. Em mais de uma oportunidade, também em sua visita ao Brasil, o Papa Francisco desafia a Igreja a sair de si mesma, do centro, e ir para as ruas, às fronteiras. Seu pensamento recorrente e insistente frisa que "uma Igreja que não sai de si mesma adoece, cedo ou tarde, em meio à atmosfera pesada do seu próprio fechamento. É verdade também que uma Igreja que sai às ruas pode sofrer o que qualquer pessoa na rua pode sofrer: um acidente. Diante dessa alternativa, quero-lhes dizer francamente que prefiro mil vezes uma Igreja acidentada a uma Igreja doente. A doença típica da Igreja fechada é ser autor-referencial; olhar para si mesma, ficar encurvada sobre si mesma, como aquela mulher do Evangelho. É uma espécie de narcisismo que nos leva à mundaneidade espiritual e ao clericalismo sofisti-cado, e, depois, nos impede de experimentar *a doce e reconfortante alegria de evangelizar*".

Na *Evangelii Gaudium*, afirma o papa: "se a Igreja inteira assume este dinamismo missionário, deve chegar a todos, sem ex-ceções. Porém a quem privilegiar? Quando lemos o Evangelho, nos encontramos com uma orientação contundente: não tanto aos amigos e vizinhos; mas, sobretudo, aos pobres e enfermos, aos costumeiramente desprezados e esquecidos, àqueles que 'não têm com que recompensar-te'" (Lc 14,14; *EG* 48).

Para uma Igreja missionária, capaz de chegar a todos, sobretu-do aos pobres e esquecidos, é preciso uma reforma de suas estrutu-ras: trata-se de "fazer com que todas as estruturas da Igreja se tor-nem mais missionárias; que a pastoral ordinária, em todas as suas instâncias, seja mais expansiva e aberta; que coloque os agentes de pastoral em constante atitude de saída". O critério específico para a reforma das estruturas da Igreja é a missão e não a sofisticação administrativa. Para o papa, a "mudança das estruturas" (das ca-ducas para as novas) não é "fruto de um estudo de organização do sistema funcional eclesiástico. [...] O que derruba as estruturas caducas, o que leva a mudar os corações dos cristãos é justamente a missionariedade" (*EG* 27).

O Papa Francisco, em entrevista à revista *Civiltà Cattolica*, exorta que ao sair para as ruas é preciso ficar atentos para não cair na "tentação de domesticar as fronteiras: deve-se ir em direção às fronteiras, e não trazer as fronteiras para casa a fim de envernizá-las um pouco e domesticá-las". É o respeito à alteridade, a acolhida dos diferentes, estar disposto a deixar-se surpreender e aprender com as diferenças, dado que na evangelização não temos destinatários, mas interlocutores. Em lugar de uma missão entendida como a busca de pessoas a converter, um *processo de evangelização* pautado pelo testemunho e o diálogo é condição para o anúncio do querigma.

Nessa perspectiva, apresenta-se a tarefa do ecumenismo e do diálogo inter-religioso. A verdadeira Igreja de Jesus é uma, mas está dividida, o que é um escândalo diante da missão de promover a unidade de todo o gênero humano. Por sua vez, como afirma o Vaticano II, as religiões são depositárias de raios da mesma luz, que brilhou plenamente em Jesus. O cristianismo tem a plenitude da revelação, mas isso não significa ter a exclusividade e nem tê-la entendido tudo. No diálogo com as religiões, nós os cristãos podemos testemunhar e acenar para essa plenitude e também aprender do que já temos, mas que ainda não havíamos descoberto.

7.2.3 Uma Igreja samaritana

Para acolher os diferentes e as diferenças, só uma Igreja samaritana é capaz de abrir os braços, sem julgar ou condenar, mesmo quando não se concorda. É a "revolução da ternura" de Francisco de Assis. Frisa o papa: "precisamos todos aprender a abraçar, como fez São Francisco" (FRANCISCO, 2013, p. 30). Em comunhão com Paulo VI, em entrevista à revista *Civiltà Cattolica*, advoga por uma "Igreja samaritana": "vejo com clareza que aquilo de que a Igreja mais precisa hoje é a capacidade de curar as feridas e de aquecer o coração dos fiéis, a proximidade. Vejo a Igreja como um hospital de campanha depois de uma batalha. É inútil perguntar a um ferido grave se tem o colesterol ou o nível de açúcar altos. Primeiro deve-se curar as suas feridas. Depois podemos nos ocupar do restante. Curar as feridas, curar as feridas... E é necessário começar de baixo".

No pronunciamento aos bispos do Celam, por ocasião da Jornada Mundial da Juventude no Brasil, na mesma perspectiva de João XXIII, o Papa Francisco fala da necessidade de uma Igreja-mãe, condição para uma Igreja-mestra, que só se legitima quando respaldada pelo testemunho. A vocação e missão da Igreja começam, segundo o papa, "pelo exercício da maternidade da Igreja que se dá pelo exercício da misericórdia". Só a misericórdia "gera, amamenta, faz crescer, corrige, alimenta, conduz pela mão... Por isso, faz falta uma Igreja capaz de redescobrir as entranhas maternas da misericórdia. Sem a misericórdia, temos hoje poucas possibilidades de nos inserir em um mundo de 'feridos', que têm necessidade de compreensão, de perdão, de amor" (FRANCISCO, 2013, p. 144).

Isso implica a Igreja descentrar-se de si mesma, o que não significa, necessariamente, sair de seu espaço e apressar-se em direção aos outros. Na *Evangelii Gaudium,* o Papa Francisco afirma que sair de si mesma significa, antes de tudo, "uma Igreja com as portas abertas. Sair em direção dos outros para chegar às periferias humanas não significa correr para o mundo, sem rumo e sem sentido. Muitas vezes, implica antes deter os passos, deixar de lado a ansiedade para olhar nos olhos e escutar, ou renunciar às urgências para acompanhar quem ficou à beira da estrada. Às vezes, é como o pai do filho pródigo, que fica com as portas abertas para que, quando o filho regresse, possa entrar sem dificuldade" (*EG* 46). Isso acena para uma pastoral da acolhida, o aconselhamento pastoral, espaços e tempo de atendimento, o que implica uma esmerada formação humana de nossos agentes de pastoral, às vezes com pouca habilidade nas relações, sobretudo com pessoas em situações especiais.

7.2.4 Uma Igreja pobre e para os pobres

Uma "Igreja em saída" é também uma advogada dos pobres e não juíza. Na inauguração de seu pontificado, inspirado em João XXIII e alicerçado no testemunho dos mártires das causas sociais da Igreja na América Latina, o Papa Francisco expressou seu sonho incômodo: "como eu gostaria de uma Igreja pobre, para os pobres!" E começou por ele mesmo: pagando suas contas no dia seguinte à sua eleição, simplificando seus trajes, trocando o trono por uma cadeira, conservando sua cruz peitoral e seus sapatos pretos, utilizando carro modesto... É a expressão da acolhida da famosa admoestação de São Bernardo ao seu confrade cisterciense, eleito Papa Eugênio III: "não te esqueças de que és o sucessor de um pescador e não do Imperador Constantino". Em entrevista a um jornalista italiano, o Papa Francisco disse que "os chefes da Igreja geralmente têm sido narcisistas, adulados e exaltados pelos seus cortesãos. A corte é a lepra do papado".

No Brasil, o Papa Francisco repetiu em diversas ocasiões: "a Igreja deve sempre lembrar que não pode afastar-se da simplicidade" (FRANCISCO, 2013, p. 91). Prestígio e poder são classificados por ele de "mundaneidade", pois afasta a Igreja da proposta evangélica do Reino de Deus, inaugurado e mostrado por Jesus de Nazaré (FRANCISCO, 2013, p. 140). Na *Evangelii Gaudium*, afirma que "essa escura mundaneidade se manifesta em muitas atitudes aparentemente opostas, mas com a mesma pretensão de 'dominar o espaço da Igreja'. Em alguns, há um cuidado ostentoso da liturgia, da doutrina e do prestígio da Igreja, mas sem se preocupar que o Evangelho tenha uma real inserção no Povo de Deus e nas necessidades concretas da história. Assim, a vida da Igreja se converte em peça de museu ou em uma posse de poucos" (*EG* 95).

Coerente com o espírito da "opção pelos pobres", tão bem explicitada e tematizada pela teologia latino-americana, o Papa Francisco faz dos pobres uma questão primeira e central na vida da Igreja e de seu pontificado. Como diz Dom Pedro Casaldáliga, "só há dois absolutos: Deus e a fome". A preocupação primeira do Papa Francisco não é sua autoridade ou imagem pública, nem a doutrina da Igreja ou discursos bem arquitetados, mas o sofrimento e a causa dos pobres no mundo, que são a causa de Deus. Como Jesus veio "para que todos tenham vida e vida em abundância" (Jo 10,10), a prioridade não é a religião, mas a vida minguada e ameaçada de dois terços da humanidade. Aliás, essa é a verdadeira religião, pois, tirando as consequências do dogma da encarnação do Verbo, o cristianismo não propõe nada mais à humanidade do que sermos plenamente humanos (Fernando Bastos de Ávila). Para a *Gaudium et Spes*, Jesus é o ponto de chegada da missão da Igreja; seu ponto de partida é o ser humano. Ou, como disse João Paulo II com Irineu de Lion: "o ser humano é o caminho da Igreja" (*RH* 14). Nisso está a essência do Evangelho, pois recolhe o modo de relação de Jesus com o sofrimento dos doentes, dos pobres, dos desprezados, sejam eles pecadores ou publicanos, crianças silenciadas ou mulheres desprezadas.

Para o Papa Francisco, urge "uma Igreja pobre e para os pobres" reais, não virtuais numa opção espiritualista pelos pobres. Como disse numa obra social em Roma e repetiu no Brasil: "vocês, os pobres, são a carne de Cristo" (FRANCISCO, 2013, p. 71). Prolongam a paixão de Cristo, na paixão do mundo (Leonardo Boff). Por isso, para o papa, "é nas favelas, nas vilas miséria, onde se deve ir buscar e servir a Cristo". No Centro Astalli, respondendo algumas perguntas sobre "periferias existenciais", o papa encoraja os institutos religiosos com poucas vocações a não venderem os seus edifícios, mas abri-los aos necessitados. E acrescentou: "a realidade é mais bem entendida a partir da periferia do que do centro, que corre o risco da atrofia".

Na *Evangelii Gaudium*, diante de tantas espiritualidades alienantes, o Papa Francisco clama por um cristianismo encarnado: "mais do que o ateísmo, hoje se coloca o desafio de responder adequadamente à sede de Deus de muita gente, para que não busquem apagá-la com propostas alienantes ou em um Jesus Cristo sem carne e sem compromisso com o outro. Se não encontram na Igreja uma espiritualidade que os sane, os liberte, os encha de vida e de paz, ao mesmo tempo em que os convoque à comunhão solidária e à fecundidade missionária, acabarão enganados por propostas que não humanizam, nem dão glória a Deus" (*EG* 89).

7.2.5 Uma Igreja profética

Uma Igreja em saída para as periferias e nas fronteiras, além de samaritana, é igualmente uma Igreja profética, que toma a defesa dos indefesos empoderando-os para que tenham voz e vez. Na melhor tradição franciscana, o Papa Francisco frisa que "o cristianismo combina transcendência e encarnação", dois braços da cruz que caracteriza os cristãos acenando para a verticalidade e a horizontalidade da fé cristã. É a relação intrínseca entre "Pai nosso que estás no céu" e o "Pão nosso de cada dia". Por isso, diz aos jovens, no Rio de Janeiro: "ninguém pode permanecer insensível às desigualdades que ainda existem no mundo". É preciso tomar posição, ir à ação: "quero que a Igreja saia às ruas, defendendo-se de tudo o que seja mundanismo, instalação, comodidade, clericalismo, estar fechada em si mesma" (FRANCISCO, 2013, p. 44). Nem é preciso perguntar-se muito sobre o que fazer: "com as Bem-aventuranças e Mt 25, se têm um programa de ação". Para o papa, o grande desafio para os cristãos consequentes com o Evangelho da Vida é "não deixar entrar em nosso coração a cultura do descartável. Ninguém é descartável!" Por isso, "tenham a coragem de ir contra a corrente dessa cultura eficientista, dessa cultura do descarte". Em nossa sociedade, "a exclusão dos jovens e dos idosos é uma eutanásia oculta" (FRANCISCO, 2013, p. 74).

Isso não se resolve simplesmente apelando para milagres, curas, ações paternalistas ou saídas providencialistas. Opção pelos pobres não é fazer do pobre um objeto de caridade. Como diz *Caritas in Veritate*, o assistencialismo humilha o pobre. É preciso ir às causas da exclusão que se remetem ao modelo econômico, social, político, cultural. Na *Evangelii Gaudium,* o Papa Francisco frisa que "ninguém pode nos exigir que releguemos a religião à intimidade secreta das pessoas, sem influência alguma na vida social e nacional, sem nos preocuparmos com a saúde das instituições da sociedade civil, sem opinar sobre os acontecimentos que afetam os cidadãos". E continua: "assim como o mandamento de 'não matar' põe limite claro para assegurar o valor da vida humana, hoje temos que dizer 'não a uma economia da exclusão e da falta de equidade'. Essa economia mata. É inadmissível que a morte de um idoso sem-teto por causa do frio não seja notícia, mas que o seja a queda de dois pontos na bolsa". E continua: "hoje, clama-se por segurança, porém, enquanto não se eliminar a exclusão e a falta de equidade no seio de uma sociedade e entre os povos, será impossível erradicar a violência. Acusa-se da violência os pobres e os povos pobres; mas, sem igualdade de oportunidades, as diversas formas de agressão e de guerra encontrarão terreno fértil, que cedo ou tarde, provocará sua explosão. Quando a sociedade, local, nacional, mundial, abandona na periferia uma parte de si mesma, não haverá programas políticos nem aparato policial ou de inteligência que possam assegurar indefinidamente a tranquilidade" (*EG* 53).

O Papa Francisco chama atenção para o fato de que "isso ocorra não somente porque a falta de equidade provoca a reação violenta dos excluídos do sistema, mas porque o sistema social e econômico é injusto em sua raiz". Parafraseando João Paulo II que afirmou a vigência de uma sociedade que gera "ricos cada vez mais ricos à custa de pobres cada vez mais pobres", o novo papa diz que "enquanto os ganhos de uns poucos crescem desmesuradamente, os ganhos da maioria ficam cada vez mais distantes do bem-estar dessa minoria feliz. Esse desequilíbrio provém de ideologias que defendem a autonomia absoluta dos mercados e a especulação financeira. Por isso, negam o direito de controle por parte dos Estados, encarregados de velar pelo bem comum. Instala-se uma nova tirania invisível, às vezes virtual, que impõe de forma unilateral e implacável suas leis e suas regras" (*EG* 56).

Aqui está um complexo campo de ação dos cristãos, mas que é tarefa de todos os cidadãos. Não há outra saída, "o futuro exige hoje a tarefa de reabilitar a política, que é uma das formas mais altas da caridade", disse o papa aos jovens no Rio de Janeiro.

7.2.6 *Uma Igreja sinodal*

A Igreja em saída missionária é uma Igreja toda ela sinodal, regida pelo *sensus fidelium* que se alicerça no único Batismo. O Papa Francisco, desde a primeira hora de seu pontificado, se autodenominou "bispo de Roma". Na realidade, é o título que melhor expressa sua função de presidir a unidade de uma "Igreja de Igrejas locais", dado que também ele é membro do colégio episcopal. Como disse W. Kasper, não há uma suposta "Igreja universal", exterior e anterior às Igrejas locais, que faria do papa o bispo dos bispos. Como diz a *Lumen Gentium*, cada diocese é "porção" do Povo de Deus, não "parte". A porção contém o todo, a parte não. Na apostolicidade da Igreja, em cada Igreja local está a "Igreja toda", ainda que não seja "toda a Igreja". O papa é antes de tudo bispo de Roma, fazendo parte do colégio dos bispos e, por Roma ter sido a Igreja de Pedro, tem também a função de presidir a unidade das Igrejas, como um *primus inter pares*.

Por isso, diz o Papa Francisco na *Evangelii Gaudium*: "não creio que se deva esperar do magistério papal uma palavra definitiva ou completa a respeito de todas as questões que afetam a Igreja e o mundo. Não é conveniente que o papa substitua os episcopados locais no discernimento de todas as problemáticas que se apresentam em seus territórios. Nesse sentido, percebo a necessidade de avançar em uma saudável 'descentralização'" (*EG* 16).

No Brasil, o papa disse aos bispos do Celam que "a Igreja, quando se erige em centro, deixa de ser esposa para acabar sendo administradora. *Aparecida* quer uma Igreja esposa, mãe, servidora, facilitadora e não controladora da fé". Nessa perspectiva, o papa fala das conferências episcopais como "um espaço vital". Por isso, "faz falta uma progressiva valorização do elemento local e regional. Não é suficiente a burocracia central, mas é preciso fazer crescer a colegialidade e a solidariedade; será uma verdadeira riqueza para todos" (FRANCISCO, 2013, p. 144-145).

A descentralização da Igreja se remete, sobretudo, à Cúria Romana, justamente por onde o Papa Francisco começou a reforma da Igreja. Em entrevista à *Civiltà Cattolica*, ele expressa: "os dicastérios romanos estão ao serviço do papa e dos bispos: devem ajudar tanto as Igrejas particulares como as conferências episcopais. São mecanismos de ajuda. Em alguns casos, quando não são bem entendidos, correm o risco, pelo contrário, de se tornarem organismos de censura. É impressionante ver as denúncias de falta de ortodoxia que chegam a Roma. Creio que os casos devem ser estudados pelas conferências episcopais locais, às quais pode chegar uma válida ajuda de Roma. De fato, os casos tratam-se melhor no local. Os dicastérios romanos são mediadores, não intermediários, nem gestores".

A necessidade de superar um modelo de uma Igreja centralizadora, além da Cúria Romana, se aplica também a certo episcopalismo presente em muitas dioceses, bem como ao paroquialismo, seja em relação à Igreja local, seja da Igreja-matriz em relação às demais comunidades da paróquia.

7.2.7 Uma Igreja com uma cultura marcadamente laical

Uma Igreja toda ela sinodal, regida pelo *sensus fidelium* que se alicerça no único Batismo fonte de todos os ministérios, implica igualmente a implementação de "uma Igreja com uma cultura marcadamente laical", sem clericalismos e servilismos do laicato. O clericalismo na Igreja é outro tema recorrente nos pronunciamentos do Papa Francisco. Em entrevista a um jornalista italiano, afirma que "o clericalismo não tem nada a ver com cristianismo. Quando tenho na minha frente um clericalista, instintivamente me transformo num anticlerical". Adverte que "na maioria dos casos, o clericalismo é uma tentação muito atual; trata-se de uma cumplicidade viciosa: o padre clericaliza o leigo e o leigo lhe pede o favor de o clericalizar, porque, no fundo, lhe é mais cômodo". Para o papa, "o fenômeno se explica, em grande parte, pela falta de maturidade e de liberdade cristã em parte do laicato".

No Brasil, falando aos bispos do Celam, o Papa Francisco pergunta: "nós, pastores, bispos e presbíteros, temos consciência e convicção da missão dos fiéis leigos e lhes damos a liberdade para irem discernindo, de acordo com o seu caminho de discípulos, a missão que o Senhor lhes confia? Apoiamo-los e acompanhamos, superando qualquer tentação de manipulação ou indevida submissão? Estamos sempre abertos para nos deixarmos interpelar pela busca do bem da Igreja e pela sua missão no mundo?" Como real espaço do exercício da corresponsabilidade de todos os batizados na Igreja, o papa recorda aos bispos a importância dos conselhos: "os conselhos paroquiais de pastoral e de assuntos econômicos são espaços reais para a participação laical na consulta, organização e planejamento pastoral? O bom funcionamento dos conselhos é determinante. Acho que estamos muito atrasados nisso" (FRANCISCO, 2013, p. 136).

Na superação do clericalismo, em vista de uma Igreja toda ela ministerial, o papa alude ao lugar e ao papel das mulheres. Falando aos bispos do Celam no Rio de Janeiro, adverte: "não reduzamos o empenho das mulheres na Igreja; antes, pelo contrário, promovamos o seu papel ativo na comunidade eclesial. Se a Igreja perde as mulheres, na sua dimensão global e real, ela corre o risco da esterilidade" (FRANCISCO, 2013, p. 137). Na *Evangelii Gaudium*, afirma que reconhece "com alegria como muitas mulheres partilham responsabilidades pastorais com os presbíteros, contribuem para acompanhamento de pessoas, de famílias e grupos, assim como enriquecem a reflexão teológica. Entretanto, é necessário ampliar os espaços para uma presença feminina mais incisiva na Igreja" (*EG* 103).

Superar o clericalismo em relação às mulheres equivale a uma Igreja despatriarcalizada, de modo que homens e mulheres na Igreja sejam, de fato, atores paritários, numa efetiva corresponsabilidade de todos os batizados.

Resumindo...

Uma pastoral de conversão missionária leva a uma "Igreja em saída", que contribui para a superação de uma "Igreja autorreferencial". Para sair é preciso fazer processo, o que implica pensar a ação pastoral, apoiando-se na teologia e em uma relação interdisciplinar com as ciências humanas e sociais. Uma ação capaz de provocar um impacto sobre a realidade depende de uma pastoral pensada. A pastoral, além de ser uma dimensão da teologia como um todo, é também um saber constituído como disciplina específica, uma ciência, com seu objeto e método próprio, que faz das práticas eclesiais e das pessoas em geral uma fonte criadora de ideias. A tendência atual em desteologizar a pastoral condena-a à irrelevância e à repetição estéril, sobretudo a perder seu caráter processual. Além disso, trata-se de sair às periferias, pois o Reino de Deus é Boa-nova de inclusão dos excluídos e descartados, que precisam ser involucrados como agentes engajados na capilaridade das comunidades eclesiais. São estas o sujeito da pastoral, que para exercer esse papel implica uma reconfiguração da paróquia, na perspectiva da renovação conciliar e da tradição eclesial libertadora da Igreja na América Latina.

Uma "Igreja em saída" é uma Igreja essencialmente missionária, que faz da periferia o seu centro, superando a tentação e a segurança de uma Igreja autorreferencial. Nas periferias estão as fronteiras, os outros, os diferentes e as diferenças a acolher, o que implica aprender a se enriquecer com os diferentes. Para acolher os diferentes e as diferenças, só uma Igreja samaritana é capaz de abrir os braços, sem julgar ou condenar, mesmo quando não se concorda. Uma "Igreja em saída" é uma Igreja com coração, uma Igreja-mãe, advogada dos pobres e não juíza, que é a característica de uma Igreja, além de samaritana, também profética, que toma a defesa dos indefesos, empoderando-os, para que tenham voz e vez, a postura típica daqueles que fazem pastoral, do pastor com "cheiro de ovelhas". Finalmente, como se trata de uma Igreja toda ela sinodal, regida pelo *sensus fidelium* que se alicerça no único Batismo, fonte de todos os ministérios, implica "uma cultura eclesial marcadamente laical", sem clericalismos e servilismos do laicato. Esses são traços que configuram os eixos fundamentais do perfil pastoral da Igreja que o Papa Francisco sonha. Um sonho que ele vem partilhando com todo o Povo de Deus, pois de todos dependem as profundas mudanças que se impõem na Igreja hoje.

8
Evangelização, inculturação e pastoral urbana

O descobrimento das culturas e da religião como sua alma, no dizer de Mircea Eliade, o maior descobrimento do século XX (COMBLIN, 1995, p. 57), é o responsável pela irrupção do pluralismo cultural e religioso que contribui com a gestação lenta e gradativa de uma consciência planetária (cf. BOFF, 1994; 1993). O descobrimento das culturas rompe com os etnocentrismos e o mito de uma cultura superior, propiciando a irrupção do outro como "diferente" – não como o prolongamento do eu (mesmidade), nem como um herege ou um inimigo em potencial, mas a alteridade como instância de enriquecimento e de novas possibilidades. Não existe povo não civilizado, mas povos com civilização própria e diferente.

No caso da América Latina e do Caribe, a evangelização esteve atrelada ao modo como o Ocidente cristão tratou, durante cinco séculos, a questão do "outro" (REDING, 1992, p. 458), particularmente os pobres e os insignificantes. A ótica, ora de "submissão" ora de "rejeição" ou de "aniquilamento" do outro, caracteriza a lógica de violência com que esteve marcada a evangelização no subcontinente, em cujas causas está também uma miopia cultural. Assim aconteceu no período colonial com relação aos indígenas e aos negros e assim continua acontecendo hoje, especialmente com os migrantes dos cinco continentes nas terras onde aportam em busca de sobrevivência, seja nas periferias das cidades de sua própria pátria, seja em terras estrangeiras.

Nos últimos tempos, graças à renovação do Vaticano II e à sua "recepção criativa" pela Igreja na América Latina e no Caribe, tornamo-nos mais conscientes da necessidade de romper com essa lógica de violência, tanto nos processos pastorais como na reflexão teológica. Entretanto, não podemos desconhecer os retrocessos ocorridos nas últimas duas décadas de "involução eclesial" em relação à renovação conciliar e à tradição libertadora inaugurada por Medellín. O medo de avançar e a busca de segurança num mundo instável e em profundas transformações levaram segmentos importantes da Igreja a apostar em tradicionalismos, com traços de Neocristandade. Ultimamente, a Conferência de Aparecida e, sobretudo, o pontificado novo de Francisco têm sido um novo alento para os segmentos da Igreja empenhados em levar a cabo uma ação evangelizadora que tenha como ponto de partida o "outro", como alteridade gratuita, em sua particularidade, autonomia e contexto.

Na cidade, a pastoral precisa ser uma evangelização inculturada no mundo urbano. Precisa ser "pastoral urbana" e não simplesmente ação pastoral na cidade, muitas vezes de modo rural ou não levando em conta as peculiaridades do contexto. Uma evangelização inculturada no mundo urbano é uma ação pastoral encarnada na realidade urbana, caracterizada por desafios, estilo de vida, linguagem, símbolos e imaginários próprios. Para uma evangelização inculturada no mundo urbano, o primeiro requisito é conhecer a cidade; o segundo é superar o medo e a falta de abertura diante do novo. E, partindo do trabalho renovador que já se realiza em muitos centros urbanos, *Aparecida* recomenda uma nova pastoral urbana, com indicações concretas no nível da ação, dos agentes e da organização pastoral.

8.1 Inculturação, interculturalidade e pastoral

Pastoral e teologicamente, o horizonte aberto pelo Concílio Vaticano II permitiu romper com o eclesiocentrismo dos períodos de Cristandade e Neocristandade, marcado por uma missão centrípeta, que consistia em sair para fora da Igreja para trazer adeptos para dentro dela. Na ótica da *Evangelii Nuntiandi*, que recolhe a contribuição dos processos pastorais e da reflexão teológica levados a cabo na América Latina, se passou da implantação da Igreja à encarnação do Evangelho, por meio de uma relação dialógica e horizontal.

A versão do cristianismo missionário, sempre condicionada pela própria cultura, não é nem modelo e nem ponto de partida para a missão evangelizadora. Se o ponto de partida do processo de evangelização não for o outro e sua cultura, a missão continuará atrelada, consciente ou inconscientemente, a modelos colonizadores, numa dinâmica diametricamente oposta à do Evangelho. "Descolonizar as mentes" foi um forte apelo de Aparecida. Por sua vez, em sua proposta de uma "Igreja em saída", o Papa Francisco fala da urgência de ir para as periferias, mas com o cuidado de não "domesticar as fronteiras".

8.1.1 *A pluriculturalidade como componente do ser da Igreja*

Ainda que, teologicamente, a tematização da relação Evangelho-cultura tenha dependido do advento da antropologia cultural e se tornado relevante com nova teologia da missão do Vaticano II, na realidade, o problema apareceu já na primeira hora da Igreja nascente. Primeiro, no processo de criação de comunidades eclesiais em diferentes contextos culturais; depois, na própria codificação dos escritos da Bíblia cristã, quando acontece a primeira e fundamental inculturação da fé, a helenização do cristianismo (cf. BAENA, 1993, p. 125-161). O discurso de

São Paulo no areópago de Atenas é um exemplo da relação entre Evangelho e cultura e de como pregá-lo em outra cultura (TORRES QUEIRUGA, 1993, p. 473).

Historicamente, a Igreja nasceu inculturada em Israel, tanto que durante seus primeiros anos foi considerada uma seita no interior do judaísmo (GONZÁLEZ DORADO, 1990, p. 409). Mas também é verdade que, desde o princípio, o grupo dos "cristãos" tem consciência de que sua "assembleia" local (*ekklésia*) tem uma missão universal, aberta a todos os povos (cf. Mt 28,19). Foi justamente esse duplo caráter da Igreja – local e universal, encarnação em Israel e missão salvífica dirigida a todos os povos –, que provocou o primeiro conflito no seio da Igreja nascente e que foi resolvido no denominado "Concílio de Jerusalém" (cf. At 15). Para a comunidade de Jerusalém, fazendo uma interpretação judaizante da mensagem cristã, para pertencer à Igreja, primeiro era preciso tornar-se judeu. Para outras comunidades como a de Antioquia, e esse será o consenso dos apóstolos, o cristianismo não se polariza na cultura de um povo, ao contrário, está aberto e passível de ser acolhido por todas as culturas segundo seu modo próprio de ser. Era uma decisão de transcendental importância, pois dissolve a imagem de uma pretensa Igreja universal uniformizada numa cultura, para dar lugar a uma multiplicidade de *Igrejas*, cada uma com o rosto de seu povo, sem com isso perder entre elas a comunhão (GONZÁLEZ DORADO, 1990, p. 410).

A decisão de Jerusalém é a adoção consciente do princípio da "inculturação pluriforme" ou de uma Igreja pluricultural, que foi configurando durante os primeiros séculos a diversidade das Igrejas em seus ritos, ministérios e estruturas próprias, ainda que sempre tenha estado presente a tentação de confundir a ação missionária com a multiplicação da própria imagem de Igreja em outras culturas. É o que iria acontecer, de maneira quase hegemônica, a partir da era constantiniana até o final da Cristandade, período no qual a Igreja difundiu um modelo de cristianismo marcadamente monocultural.

Durante o período de Cristandade, o cristianismo se manteve como uma experiência de fé marcadamente monocultural, estruturado a partir da matriz católico-romana. Ainda no século XVI, com a conquista do Novo Mundo, as missões continuarão desconhecendo as diferenças culturais e confundindo evangelização com a implantação da Igreja configurada nos moldes da cultura ocidental. Em lugar de se encarnar a fé na cultura, o missionário implanta uma versão de cristianismo, plasmada segundo os parâmetros de sua própria cultura (TORRES QUEIRUGA, 1983, p. 475).

Seria preciso esperar pela renovação do Vaticano II para termos outra teologia da missão. Para o Concílio, evangelizar não é implantar a Igreja, mas encarnar o Evangelho na vida de pessoas circunscritas a um contexto cultural particular. Na medida em que a Igreja toda, a Igreja Católica, está presente em cada Igreja local, a particularidade cultural de cada Igreja adquire toda sua importância, pois é na particularidade que a universalidade se faz presente. E, como a Igreja é uma "Igreja de Igrejas" locais, a universalidade das particularidades é fundamento de um cristianismo pluricultural. Segundo o Concílio, a Igreja local, ao encarnar o Evangelho em seu contexto não está suprimindo sua própria cultura; ao contrário, ela "tem o dever de conhecê-la, restaurá-la e conservá-la, desenvolvê-la segundo as novas condições e, finalmente, aperfeiçoá-la em Cristo, para que a fé e a nova Igreja não sejam estranhas à sociedade em que se inserem, mas que comecem a penetrá-la e transformá-la" (*AG* 21). Em consequência, a evangelização de um povo não consiste em incorporá-lo à Igreja, mas em levar a Igreja a se encarnar na vida desse povo. Com isso, a Igreja que nasce é sempre culturalmente nova e, por ser católica, isto é, por encarnar a universalidade na particularidade, historicamente se configura pluriculturalmente. Entre "incorporar" as pessoas à Igreja e "encarnar" a Igreja nas culturas há uma diferença de paradigma com implicações pastorais concretas.

8.1.2 Relação Evangelho-culturas: dois paradigmas opostos

A relação Evangelho-culturas pode ocorrer em dois paradigmas diferentes: como "evangelização das culturas" ou como "evangelização inculturada" (SUESS, 1992, p. 369-370). O primeiro parte da Igreja e dos evangelizadores; o segundo parte do povo que acolhe o Evangelho e sua cultura, bem como das realizações do Espírito em seu seio ao longo da história.

8.1.2.1 O paradigma "evangelização das culturas"

Evangelização das culturas, basicamente, trata-se de um modelo de evangelização que busca implantar uma espécie de "cultura cristã", o que na prática é sempre resultado de um processo de transculturação ou aculturação forçada, na medida em que implica a eliminação ou a substituição de um sistema cultural por outro. De modo geral, nesse modelo, há uma espécie de miopia etnocêntrica de um agente exógeno, pois se refere sempre à cultura do outro que supostamente deve ser mudada, como se existisse Evangelho fora da cultura, ainda que sua mensagem seja transcultural. Em última análise, trata-se de um paradigma que dá margem para legitimar atitudes intervencionistas ou dominadoras (SUESS, 1992, p. 371), pois se esquece ou não se leva em conta que, na realidade, se trata sempre de um Evangelho que, a partir de uma determinada cultura, pretende comunicar a Boa-nova a grupos sociais de outra cultura. Como bem recorda *Catechesi Tradendae*, "a mensagem evangélica não é isolável pura e simplesmente da cultura em que ela primeiramente se inseriu" (*CT* 53).

Na realidade, não se pode pretender uma evangelização extra ou a-cultural, numa relação unilateral do Evangelho em direção à cultura, desembocando numa suposta "cultura cristã". Uma cultura cristã não responde à particularidade e nem à pluralidade cultural dos povos, tampouco aos múltiplos cristianismos vividos no interior de tantas culturas distintas. Tal projeto equivaleria à ambígua identificação entre cultura e cristianismo. Nesse particular, o Concílio é claro ao afirmar que há "inúmeros vínculos" entre mensagem de salvação e a cultura humana (cf. *GS* 58), mas não identificação, pois "a Igreja não se prende, por força de sua missão e natureza, a nenhuma forma particular de cultura humana" (cf. *GS* 42). Como toda cultura representa sempre uma forma particular da vida humana, uma cultura cristã seria exatamente o aprisionamento do cristianismo por essa forma particular e regional. A *Evangelii Nuntiandi* faz eco a essa tese do Concílio, ao afirmar que "o Evangelho e, consequentemente, a evangelização, não se identificam por certo com a cultura, e são independentes em relação a todas as culturas" (*EN* 20).

Assim, nos moldes do paradigma "evangelização das culturas", a iniciativa e o poder determinante da cultura do evangelizador predomina sobre a cultura do interlocutor. A cultura de quem leva o Evangelho permanece como referencial maior, levando o processo de evangelização a desembocar num cristianismo monocultural (AZEVEDO, 1995, p. 242). Nesse paradigma, a relação Evangelho-culturas se estabelece a partir do polo da cultura do evangelizador ou de sua versão de cristianismo e não a partir das matrizes da cultura de quem está involucrado no processo de acolhida da mensagem cristã.

8.1.2.2 O paradigma "evangelização inculturada"

Ao contrário do paradigma anterior, que parte da Igreja e do evangelizador, este paradigma parte dos povos e suas culturas. Em primeiro lugar, distanciando-se da referida miopia etnocêntrica de um agente exógeno, parte do pressuposto de que o sujeito no processo de evangelização não é quem leva o Evangelho, que deve apenas desempenhar o papel de mediador entre Evangelho e cultura, mas aqueles que o recebem, dado que ele é sempre "recebido segundo o modo do receptor" (Tomás de Aquino). Consequentemente, é mais adequado falar de comunidades eclesiais inculturadoras do Evangelho (IRARRÁZAVAL, 1993, p. 38), uma vez que são elas mesmas os sujeitos do processo de inculturação, do que de comunidades eclesiais inculturadas.

Assim, dado que o Evangelho sempre se encontra encarnado em culturas concretas, o processo de evangelização inculturada se dá essencialmente no encontro de culturas, num diálogo intercultural, cujo sujeito nesse processo de assimilação da mensagem são os que se quer evangelizar. Trata-se de um encontro de culturas mediado pelo Evangelho, mais precisamente entre quem leva a mensagem desde sua própria cultura e os que a recebem no seio de outra cultura. Nessa interação, se dá a explicitação da identidade das culturas em questão, a captação da respectiva alteridade em suas peculiaridades e diversidades, a afinidade de ambas as partes com os valores evangélicos, como também o discernimento dos limites, contradições e desvios de cada cultura frente à mensagem veiculada.

Em consequência, entre quem leva e quem recebe a mensagem se estabelece, de alguma forma, um processo de evangelização mútua, na medida em que o receptor da Mensagem revelada é convidado a deixar-se impregnar por ela e também o evangelizador, ao confrontar sua própria cultura com a cultura de seu interlocutor, revista agora desde a fé anunciada, a redescobre como portadora do Evangelho, porém, não como forma exclusiva ou privilegiada de propô-lo e vivê-lo. Um verdadeiro processo de evangelização inculturada, por um lado, leva certamente os evangelizadores a relativizar sua versão de cristianismo em relação ao Evangelho e, por outro, a igualmente identificar o que há de evangélico e antievangélico na cultura dos que estão acolhendo a Mensagem cristã. É por isso que a evangelização será sempre, real ou potencialmente, crítica da cultura e, muitas vezes, um processo contracultural, ou seja, de denúncia profética (AZEVEDO, 1995, p. 244).

Em resumo, num processo de evangelização inculturada, há abertura ao outro e disposição sincera de ouvir o que ele diz, procurando se colocar em seu lugar e respeitando o que o outro diz, por mais diferente e alheio que pareça. Há disposição em corrigir ou em defender suas próprias opiniões quando questionado. Em outras palavras, há disposição para argumentar quando necessário, opor-se quando preciso for e para mudar de parecer se os dados aduzidos o sugiram. Enfim, há determinação diante do inevitável conflito ao estimular o interlocutor à apropriação da fé cristã em sua cultura, instância de plenificação dela. Para chegar a essa relação dialógica, os interlocutores necessitam deixar-se reger pela honestidade e integridade, condição para escutar-se e sintonizar para além de suas próprias discrepâncias.

8.1.3 O desafio da ambiguidade e da justaposição de culturas

Na América Latina, como em qualquer lugar, evangelizar a partir da cultura, como advoga o paradigma da "evangelização inculturada", é uma tarefa complexa por três razões básicas. Primeiro, porque toda cultura, como reação de positividade e negatividade à ação primeira de Deus e à sua revelação à humanidade, é sempre ambígua, tornando difícil o discernimento sobre o que é luz e sombra em relação à fé cristã, uma vez que seus limites e valores se apresentam sempre mesclados. Segundo, porque nenhuma cultura, por mais edificante e humanizadora que seja, esgota as possibilidades do humano e, consequentemente, todas podem ser enriquecidas pela cultura do outro e, sobretudo, plenificadas pelo Evangelho. Terceiro, porque, com a intensificação da comunicação entre os povos, já não existe cultura em "estado puro", mas interação e influência de todas sobre todas.

Assim, a interculturalidade é sempre fator de enriquecimento, desde que haja verdadeiro encontro, no respeito às diferenças e aos diferentes. Por isso, preocupante é a violência simbólica exercida pelo que se poderia chamar de "culturas de dominação", porquanto se impõem sobre as culturas dos povos, por meio do sistema econômico, da tecnociência, do consumismo e do mercado liberal, que mercantiliza todas as relações, inclusive na esfera religiosa. Não faltam na cultura dominante tendências de absolutismo de poder (econômico, político, ideológico), relativismo ético, conquista do êxito a todo custo, com o risco de agredir a dignidade da pessoa humana e a convivência dos povos. As culturas de dominação têm vários componentes sombrios de uma verdadeira "cultura de morte" e representam uma permanente violência às culturas locais, obrigando-as a se reestruturar e quando não as condenando a se dissolverem (cf. BAUM, 1994, p. 133-140).

No mundo de hoje, não somente está cada vez mais presente a diversidade como também se estimula a diversificação crescente. O que é uma grande conquista pela oportunidade de resgate de idiossincrasias e valores reprimidos ou mesmo negados, não deixa de ser também uma aventura permeada de ambiguidades e riscos. Por um lado, as "culturas de dominação" engendram uma espécie de "cultura copulativa", no seio da qual coexistem diversos estilos e formas de vida. Abre-se um leque de novos padrões de comportamento e de ofertas religiosas, numa espécie de grande mercado, onde cada um se sente no direito de escolher o que mais lhe apraz. Por outro lado, o cruzamento de culturas e a sociedade pluralista é também a sensação de perda de identidade e desenraizamento, de solidão no meio da multidão, fazendo com que muitos busquem orientação e segurança existencial. Em consequência, a sociedade pluralista é também a sociedade dos tradicionalismos, dos fundamentalismos; a sociedade da democracia é também a sociedade dos ultranacionalismos e do *apartheid* nas formas de impulsos separatistas, construção de novos muros e militarização das fronteiras; a sociedade da tolerância é também a sociedade da intolerância, do racismo, da xenofobia, da homofobia e dos exclusivismos. São realidades presentes inclusive no seio das religiões institucionais, como o catolicismo. Há segmentos importantes da Igreja, fazendo do passado um refúgio, o que redunda em enrijecimento institucional, entrincheiramento identitário, uma espécie de subcultura eclesiástica, incapaz de diálogo com uma sociedade pluralista.

A saída não está em isolar-se ou em criar um mundo dentro do mundo, muito menos, como cristãos, refugiar-se numa "subcultura eclesiástica", a típica postura de gueto (cf. AZEVEDO, 1981). É impossível, num mundo globalizado, fechar-se num "purismo cultural", até porque nenhuma cultura se basta a si mesma. Toda cultura é um projeto inacabado, passível de evoluir com as conquistas do ser humano. Como nem tudo o que é exógeno é mau, também nem tudo o que é novo é bom e passível de ser acolhido. Impõe-se o discernimento, a abertura e também a coragem e o profetismo para opor-se e denunciar tudo o que é sinal de morte na sociedade atual globalizada. No encontro com as outras culturas, sem perder a identidade da própria cultura, é preciso saber assimilar, a partir das próprias matrizes, o que são valores autenticamente humanos, mas também buscar transformar, à luz do Evangelho, aquilo que na cultura-ambiente é uma ameaça à "cultura da vida" (SUESS, 1995, p. 125).

Nesse particular, é preciso fortalecer e privilegiar como interlocutores na sociedade atual as iniciativas e grupos de muitos segmentos de nossos povos latino-americanos, que ensaiam práticas criadoras de liberdade e alternativas à situação vigente, sobretudo em movimentos populares e comunidades eclesiais comprometidos com a construção de uma nova sociedade (BOFF, 1991, p. 64). Nesses segmentos, apesar das ambiguidades e às vezes também da justaposição de culturas, se mantém um posicionamento crítico, de denúncia e superação das culturas de dominação, expressão do potencial transformador do Evangelho. A partir desses segmentos, muitos deles de Igreja, é que mais facilmente o Evangelho pode ser apresentado e acolhido como Boa-nova (AZEVEDO, 1991, p. 49-64).

8.2 Pastoral e evangelização inculturada no mundo urbano

Na cidade, a pastoral precisa ser uma evangelização inculturada. Precisa ser "pastoral urbana" e não simplesmente ação pastoral na cidade, muitas vezes de modo rural ou não levando em conta as peculiaridades do contexto (cf. BRIGHENTI, 2016, p. 83-96). Uma evangelização inculturada do mundo urbano é uma ação pastoral encarnada na realidade urbana, caracterizada por desafios, estilo de vida, linguagem, símbolos e imaginários próprios. Do contrário, ainda que atuando na cidade, pode-se estar transportando para o urbano a milenar pastoral marcada pelos parâmetros da quase extinta cultura rural, típica do período da Cristandade. Nesse caso, em lugar de inculturar o Evangelho na cidade, se estaria evangelizando, como diz Paulo VI na *Evangelii Nuntiandi*, "de maneira decorativa, como que aplicando um verniz superficial", e não "de maneira vital, em profundidade, indo até às raízes da cultura" (*EN* 21). Talvez seja essa uma das razões pela qual, hoje, apesar da Igreja estar majoritariamente evangelizando nas cidades, haver pouca pastoral urbana e a consequente dificuldade em responder aos anseios mais profundos daqueles que ela abriga ou acorrem a ela.

8.2.1 A cidade como um todo complexo e diversificado

Para uma evangelização inculturada no mundo urbano, o primeiro requisito é conhecer a cidade (cf. BRIGHENTI, 2010), que, como diz *Aparecida*, "é laboratório da cultura contemporânea, complexa e plural" (*DAp* 509), com "uma nova linguagem e uma nova simbologia, que se difunde também no mundo rural" (*DAp* 510). "O anúncio do Evangelho não pode prescindir da cultura atual", que "deve ser conhecida, avaliada e, em certo sentido, assumida pela Igreja" (*DAp* 480). A cidade não é simplesmente um espaço físico; mas sobretudo um horizonte cultural, que cria um estilo de ser, um modo de viver e conviver, uma nova cultura. Nela, há uma alteração das relações entre os seres humanos, Deus e a natureza, particularmente por uma maior valorização e efetivação da liberdade e da autonomia dos indivíduos, com profundas consequências para a missão evangelizadora da Igreja.

Com a encarnação, "o Verbo se fez cultura" (Bento XVI, Discurso Inaugural em Aparecida) em Jesus de Nazaré; mas, em nossos países do "novo mundo colonial", a evangelização, longe de inculturar o Evangelho, implantou uma Igreja exógena à alma de nossos povos (COMBLIN, 2003, p. 33-36). Entretanto, para uma evangelização inculturada no mundo urbano, que busque impregnar o mundo urbano dos valores evangélicos e da utopia do Reino de Deus, a primeira atitude é buscar entender a cidade de hoje, na qual a Igreja precisa ser "fermento na massa".

Toda cidade é sempre um todo complexo e diversificado (D'ASSUNÇÃO BARROS, 2007, p. 49-52). O todo é muito mais do que a mera soma das partes. Quando a parte é considerada dentro de um todo, deixa de ser parte para tornar-se "porção". A porção contém o todo; a parte, não. É muito comum os agentes de pastoral na cidade conhecerem fragmentos dela, partes, terem uma visão da cidade, a partir da paróquia ou do próprio local de moradia ou trabalho. Como a cidade forma um todo, uma ação pastoral que incida sobre o conjunto da cidade começa com um conhecimento global e diversificado desse ambiente.

Para uma pastoral urbana, o primeiro passo consiste em conhecê-la em todos os seus aspectos e âmbitos, com a maior profundidade e seriedade possíveis. Para isso, dada a complexidade da realidade urbana, não basta um olhar empírico, espiritualista, pragmático, amador. Além de convocar teólogos e pastoralistas, é preciso recorrer também a outros especialistas como: a) sociólogos e economistas, para conhecê-la em sua lógica econômica, em suas estruturas sociais, em sua dinâmica própria, com seus desafios permanentes e emergentes; b) cientistas políticos, para nos fazer ver as relações entre os grupos, seus esforços para firmar-se e afirmar-se no espaço urbano, suas lutas pelo poder nas várias esferas e nos vários níveis; c) antropólogos culturais, para nos ajudar a perceber as distintas identidades e as diversas mentalidades que existem e interagem no espaço urbano, onde convivem "mundos" culturais vários; d) estudiosos de sociologia da religião, com suas várias tendências; e) enfim, especialistas em ética social, para fornecer-nos critérios de discernimento moral dos processos e projetos que dão sentido às ações, grandes e pequenas, e decidem as atitudes que os cidadãos tomam no espaço urbano.

8.2.2 Componentes do mundo urbano

São muitas as realidades que compõem o mundo urbano. Limitemo-nos a caracterizar brevemente quatro delas. Elas são as principais portas de entrada, para conhecer a complexidade do mundo urbano.

8.2.2.1 A cidade como território ocupado

Uma das portas de entrada na complexidade da realidade urbana é situar-se em relação ao seu território. O uso do território é a condição da existência. Somos seres inevitavelmente situados. Mas o território não é algo meramente físico. Enquanto espaço humano, o espaço geográfico é espaço social, território usado ou praticado. Infelizmente, nem sempre de maneira equitativa por todos.

Do ponto de vista geográfico, o todo da cidade tem bairros, cada um com sua história, vida social, cultural e configuração própria. Geralmente são diferenciados por classes sociais, que vão desde as regiões da cidade dos condomínios fechados, às vezes, com todos os serviços disponíveis internamente, até às áreas suburbanas, sempre superpovoadas, com alto índice de densidade demográfica.

Além de bairros, do ponto de vista territorial, a cidade tem regiões, umas residenciais, outras são comerciais, outras industriais. O centro da cidade, outrora residencial, em geral é totalmente comercial. Igrejas situadas nessa região costumam não ter frequentadores residentes em suas imediações. Na cidade, há também os lugares de encontro das pessoas, seja em torno ao lazer e ao esporte, seja em torno à cultura ou à convivência, que vão desde as praças de alimentação e cinemas nos *shoppings centers* às academias de ginástica e praças esportivas, aos bares e casas noturnas. Em torno ao lazer, nas cidades e em torno a elas, estão as ilhas-paraíso no campo, as praias, os lugares turísticos, os parques ecológicos e de diversões etc.

Trata-se de uma realidade que incide diretamente sobre a evangelização no mundo urbano, sobretudo quando a Igreja se propõe propiciar espaços de fraternidade e solidariedade, em torno a comunidades eclesiais de tamanho humano. Ter presente onde as pessoas estão e onde costumam se encontrar pode ser importante diante da ruptura dos laços de vizinhança entre os moradores da cidade.

8.2.2.2 A cidade como midiatização

Outra porta de entrada na complexidade da realidade urbana é situar-se em relação ao mundo das comunicações. Nas cidades, no campo das *comunicações*, estão as TVs, as rádios, os jornais, meios de comunicação de massa que atingem o grande público, influindo preponderantemente na opinião pública. Nas últimas décadas, mudaram hábitos e atitudes graças à internet, que entra diretamente em todos os espaços, até na intimidade do lar, assim como o telefone celular, só para citar dois dos inúmeros recursos das novas tecnologias da comunicação.

Em torno à midiatização, sobretudo da vida urbana, estão também as *entidades culturais* – as academias e centros literários, as organizações de espetáculos, as companhias de cinema e teatro, as bandas musicais, os teatros, os centros de convenções e os centros culturais, os centros de artesanato e as galerias de arte, as salas de exposição, as feiras de arte, as bibliotecas, livrarias etc.

Tendo presente esse mundo das comunicações, quando pensamos a presença e atuação da Igreja na cidade, não se pode perder de vista o profundo impacto da "sociedade da imagem", em nosso caso como Igreja, sobre a linguagem simbólica da religião e sobre a cultura oral. Só existe o que é visualizável. A realidade das imagens – a realidade virtual – parece substituir o real da realidade. Não se respeita a dimensão "interior" ou o oculto ou ausente, como a realidade de Deus, que só pode ser evocada mediante o símbolo. A imagem devora o símbolo, desvaloriza a cultura oral e a tradição transmitida *ex auditu*. Com isso, ao lado de seus inúmeros benefícios, a mídia contribui para a banalização da religião, não só reduzindo-a à esfera privada como a um espetáculo para entreter o público. Trata-se de uma "estetização presentista", que substitui a religião por sensações "in-transcendentes", espelho das imagens da imanência. Também a religião passa a ser consumista, centrada no indivíduo e em sua degustação do sagrado.

Em contrapartida, a crise da racionalidade epistêmica, fria, que desconhece as razões do coração, trouxe de volta a linguagem simbólica, ritual, narrativa, estética e poética. Ora, isso tem tudo a ver com Igreja, pois o que a religião oferece são basicamente bens simbólicos, que se remetem ao sagrado, que sempre transcende. O simbólico dá a verdadeira dimensão do mistério. Entretanto, na religião hoje, incluída a Igreja Católica, ao lado do estético dessa "estetização presentista" urge colocar o ético sob o risco do simbólico se transformar em esotérico, em algo mágico. É o que podemos constatar em meio a tanto milagrismo, providencialismo e mesmo demonização ou satanização da realidade. A tendência a desresponsabilizar as pessoas diante de situações adversas à mensagem cristã só reforça a justa crítica dos "mestres da suspeita" e dos "filósofos da práxis" da religião como alienação.

8.2.2.3 A cidade como espaço da subjetividade e da autonomia

Uma terceira possível porta de entrada na complexidade da realidade urbana é situar-se em relação às pessoas e suas relações interpessoais. Começamos nossa reflexão dizendo que a cidade muda substancialmente o modo de relação entre as pessoas. Como bem constata J. Comblin, no antigo *modus vivendi* rural a cultura era homogênea, cuja alma e centro era a religião católica. A família e a vizinhança se encarregavam de introduzir os filhos na cultura e na religião dos pais. Entrava-se na Igreja, quase inconscientemente: a família se encarregava de introduzir os filhos nos padrões de comportamento aceitos na sociedade rural, bem como de levar as novas gerações para os sacramentos e as festas religiosas. Já na cidade, os pais não têm a garantia de transmitir seus padrões culturais e sua religião para os filhos; primeiro porque as novas gerações já não aceitam simplesmente o modo de viver, de pensar e de agir dos pais; segundo porque na cidade existem várias ofertas religiosas e se acha que se pode escolher. Fator agravante, na cidade, é a falta de espaço e de tempo na família para o convívio de pais e filhos. A televisão e a internet tiraram muito do tempo para a conversa, na qual os pais podem explicar aos filhos seus valores. Inclusive, eles mesmos duvidam de seus próprios valores diante do bombardeio de outros que a vida urbana exalta e, simplesmente intimidados, deixam que os filhos sigam seu caminho (COMBLIN, 1980, p. 34).

Na antiga cultura rural, as pessoas estão determinadas pelo ambiente, as tradições e as limitações materiais. Sabe-se que, na melhor das hipóteses, viver significa reproduzir a vida de seus pais. As pessoas se sentem vigiadas, fiscalizadas, julgadas permanentemente pela família e pela vizinhança. A satisfação dos desejos esbarra no limite do dinheiro, às vezes, circunscrita a uma economia de subsistência. Já o fascínio pela cidade tem muito a ver com possibilidade de fazer sua própria vida, livremente. Indo para a cidade, se rompe com essa dependência, pois lá se pode alimentar e satisfazer desejos pessoais. Ali, as pessoas não se importam muito com o que pensa a vizinhança e vice-versa. Podem escolher religião, namorado, partido político, time de futebol, sua roupa, seu jeito de viver. Inclusive nas favelas, apesar das duras condições de vida, se é mais livre na cidade. Ainda que os desejos nem sempre podem ser realizados, sempre se pode sonhar visitando um *shopping center* ou frequentando alguma tribo cultural (COMBLIN, 1980, p. 35).

Na antiga cultura rural, os comportamentos culturais e religiosos já estão determinados; qualquer transigência esbarra no constrangimento da família ou da vizinhança. Não há ofertas de outros padrões culturais e outras religiões. Já na cidade, abre-se um leque de novos padrões de comportamento e de ofertas religiosas, numa espécie de grande mercado, onde cada um se sente no direito de escolher o que mais lhe apraz. No espaço urbano, há liberdade religiosa, sem que as tradições do passado continuem exercendo um peso social.

Na antiga cultura rural, o mundo é parado, nada muda e nem se sente necessidade de mudar. A Igreja é parada, repete as mesmas coisas, nunca oferece coisas novas. Já na cidade, todos querem progredir, mudar, melhorar a casa, o salário, mudar a alimentação, o vestuário seguindo a moda, o visual pela adesão aos cosméticos e, para quem pode, cirurgias plásticas. O consumo de certos produtos (vestuários, alimentos, bebidas, moto, carro) aparece como conquista da personalidade e afirmação pessoal, inclusive o consumo de drogas. A cidade vive de novidades; é preciso mudar sempre, por isso está sempre em obras. Um bom administrador público é aquele que enche a cidade de obras. Os cidadãos detestam a repetição das mesmas coisas: os mesmos espetáculos, as mesmas festas, as mesmas músicas. Querem novas figuras, novos artistas.

A cidade como grande laboratório da cultura atual é o cenário do imperativo da inovação constante. Hoje, sabemos que o acúmulo dos ganhos da produção não é distribuído mas aplicado na criação de novas tecnologias. A última invenção sai com seus dias contados. É o mundo do provisório, do passageiro, do descartável e do efêmero. Há um encolhimento da utopia no momentâneo. A velocidade das mudanças cria a sensação de que estamos diante da novidade inesgotável das coisas e da possibilidade de afogar a insatisfação, pela degustação inacabável de novidades, a usar e descartar (MARDONES, 2003, p. 2). Tudo fenece rapidamente, obrigando a recomeçar desde o início: a vida aparece como um projeto transitório, com o qual se pode romper a qualquer momento. O compromisso, em longo prazo, é uma carga insuportável, levando a fugir de todo compromisso. Há uma cultura que favorece mais as sensações do que a reflexão, a visualização ou percepção sensitiva ou emocional. Dado que o passado perdeu relevância e o futuro é incerto, o *corpo* se torna referência da realidade presente, deixando-se levar pelas *sensações*. A "sociedade das sensações" rouba a capacidade de reflexão e de distância, condição para um posicionamento crítico, o discernimento e assimilação personalizada.

Frente a isso, está a exigência de um tipo de pessoa flexível, onde valem menos os conhecimentos armazenados do que a capacidade de aprendizagem e a adaptação contínua (MARDONES, 2003, p. 9). Não basta mudança de mentalidade, é preciso uma mentalidade de mudança. É o encolhimento da utopia no momentâneo e a revisão da concepção da utopia como dilatação indeterminada do futuro: as pessoas querem ser felizes hoje, no presente. Urge integrar o momentâneo e a gratuidade (dimensão sabática da existência).

Tudo isso leva a uma crise das instituições e passagem da sociedade à multidão. Sombra de nosso tempo são as instituições, atreladas ao mercado, deixando as pessoas órfãs de sociedade. Entretanto, as pessoas tomaram distância delas, internalizando as decisões na esfera da subjetividade, esvaziando-as. Cada um se sente no direito de fazer de sua vida pessoal o que bem entender, sem o controle das instituições. Numa sociedade plural, as tradições já não se apresentam como uma necessidade que se impõe, perdendo sua força orientadora e normativa. Em contrapartida, dá-se a passagem do social ao cultural, ou seja, a passagem da sociedade à multidão, entendida esta como os sujeitos, autônomos e dispersos, mas não isolados, constituindo como que "comunidades invisíveis" – sem dúvida, um grande desafio para a experiência comunitária cristã (COMBLIN, 2002, p. 21).

8.2.2.4 A cidade como lugar de novas formas de sociabilidade e exclusão

Uma quarta possível porta de entrada na complexidade da realidade urbana é situar-se em relação às formas de sociabilidade. Sociabilidade e exclusão em nossas cidades, em grande medida, têm a ver com economia. A economia está no centro da vida, das preocupações, dos valores e das atividades das cidades atuais. É tão forte que, como diz J. Comblin, o lado espetacular da cidade é a publicidade, que, por sua vez, move a economia fundada no vender e comprar. As empresas não têm ética, se regem pelo mercado e pelo lucro, pois elas não dependem de seus dirigentes, que são prisioneiros do sistema. Há empresas financeiras, industriais, comerciais, empresas de transporte, que ocupam milhares e milhares de empregados, apesar de todo desemprego. Ao lado dessas empresas, está o setor informal, que nem sempre é espaço de desempregados. Mas quase a metade da população vive da economia informal, da criatividade, de biscates. Depois, há os milhares de desempregados que vivem sustentados pelos pais ou pela aposentadoria dos mais velhos (COMBLIN, 1980, p. 45-46).

Como resultado de um modo de organização do trabalho e da produção, hoje 20% da humanidade detêm 80% dos recursos do planeta e os outros 80% só têm acesso a 20% dos recursos. Como dizia Josué de Castro: "metade da humanidade dorme com fome e a outra metade dorme com medo daqueles que têm fome". Os grandes anúncios parecem oferecer oportunidades a todos; entretanto, elas são para poucos. Surgem novos rostos da pobreza: como "supérfluos e descartáveis" (*DAp* 65). A liberdade é instrumentalizada para o consumismo em que o supérfluo se faz conveniente, o conveniente necessário e o necessário, indispensável.

Como se situam as pessoas da cidade frente a realidades como essa? Na antiga cultura rural, não havia necessidade de organizações cidadãs, bastam as autoridades, que respondem pelos diferentes serviços, sejam da sociedade civil ou da esfera religiosa. Já na cidade, para viver e interagir, os habitantes sentem-se na necessidade de formar associações de fins econômicos, políticos, sociais, culturais, ecológicos, referentes a saúde, segurança etc. Nas cidades, milhares de associações constituem o tecido da sociedade civil organizada, consciente, reivindicativa.

Entretanto, há o *desencanto* e a *desconfiança* do povo nos políticos, nas instituições públicas e nos três poderes do Estado, com o consequente enfraquecimento da política. Constata-se a falência da democracia representativa: os partidos políticos são máquinas eleitorais, cujo objetivo é ganhar a eleição. Poderíamos dizer que, na sociedade de hoje, especialmente na cultura urbana, de um lado, está o triunfo do indivíduo solitário: nunca o ser humano foi tão livre, mas também tão só; só e condenado a salvar-se sozinho, em meio a milhões de concorrentes. Há a emergência do indivíduo hipernarcisista, hiperindividualista e hiperconsumista. Em grande medida, isso é resultado da dinâmica do mercado, que absolutiza a eficiência e a produtividade como valores reguladores de todas as relações humanas. Há uma mercantilização das relações pessoais, sociais e religiosas; tudo é medido pela lógica do custo-benefício. Das grandes utopias da Modernidade, restou o gosto amargo do presente amenizado pela utopia de ser um pequeno-burguês, no pragmatismo do cotidiano (SPOZATI, 2009, p. 303-312).

Em contrapartida, há um deslocamento da militância política para a cidadania. Em contraposição à falência da democracia representativa, há crescimento da sociedade civil, com o surgimento de muitas organizações alternativas não governamentais e movimentos sociais sem vinculação partidária. Há a emergência de uma sociedade civil mundial em torno à busca de "outro mundo possível", urgente, porque necessário (Fórum Social Mundial). A interligação mundial fez surgir um novo poder político: o dos consumidores e suas associações, fruto da consciência de que comprar é sempre um ato moral. As bases de um novo sistema econômico são buscadas no fortalecimento de microiniciativas como a economia solidária, a agroecologia, a agricultura familiar...

8.2.3 Pistas de Aparecida para uma pastoral urbana

Para *Aparecida*, o grande obstáculo da pastoral urbana é o medo e a falta de abertura diante do novo: "percebem-se atitudes de medo em relação à pastoral urbana; tendência a se fechar nos métodos antigos e de tomar uma atitude de defesa diante da nova cultura, com sentimento de impotência diante das grandes dificuldades das cidades" (*DAp* 513). E, partindo, do trabalho renovador que já se realiza em muitos centros urbanos, a V Conferência propõe e recomenda uma nova pastoral urbana, com indicações concretas no nível da ação, dos agentes e da organização pastoral.

a) No nível das ações, um processo de evangelização que: responda aos grandes desafios da crescente urbanização (*DAp* 513); seja capaz de atender às variadas e complexas categorias sociais, econômicas, políticas e culturais: pobres, classe média e elites; desenvolva uma espiritualidade da gratidão, da misericórdia, da solidariedade fraterna, atitudes próprias de quem ama desinteressadamente e sem pedir recompensa; abra-se a novas experiências, estilos e linguagens que possam encarnar o Evangelho na cidade; transforme as paróquias cada vez mais em comunidades de comunidades; aposte mais intensamente na experiência de comunidades ambientais, integradas em nível supraparoquial e diocesano; integre os elementos próprios da vida cristã: a Palavra, a liturgia, a comunhão fraterna e o serviço, especialmente aos que sofrem pobreza econômica e novas formas de pobreza; difunda a Palavra de Deus, anuncie-a com alegria e ousadia e realize a formação dos leigos de tal modo que possam responder às grandes perguntas e aspirações de hoje e se inserirem nos diferentes ambientes, estruturas e centros de decisão da vida urbana; fomente a pastoral da acolhida aos que chegam à cidade e aos que já vivem nela, passando de um passivo esperar a um ativo buscar e chegar aos que estão longe com novas estratégias tais como visitas às casas, o uso dos novos meios de comunicação social e a constante proximidade ao que constitui para cada pessoa a sua cotidianidade; ofereça atenção especial ao mundo do sofrimento urbano, isto é, que cuide dos caídos ao longo do caminho e aos que se encontram nos hospitais, encarcerados, excluídos, dependentes das drogas, habitantes das novas periferias, das novas urbanizações e das famílias que, desintegradas, convivem de fato; procure a presença da Igreja, por meio de novas paróquias e capelas, comunidades cristãs e centros de pastoral, nas novas concentrações humanas que crescem aceleradamente nas periferias das grandes cidades devido às migrações internas e situações de exclusão.

b) No nível dos agentes, esforcem-se em desenvolver (*DAp* 518): um estilo pastoral adequado à realidade urbana com atenção especial à linguagem, às estruturas e práticas pastorais assim como aos horários; um plano de pastoral orgânico e articulado que se integre a um projeto comum às paróquias, comunidades de vida consagrada, pequenas comunidades, movimentos e instituições que incidem na cidade, cujo objetivo seja chegar ao conjunto da cidade (nos casos de grandes cidades, nas quais existem várias dioceses, faz-se necessário um plano interdiocesano); uma setorização das paróquias em unidade menores que permitam a proximidade e um serviço mais eficaz; um processo de iniciação cristã e de formação permanente que retroalimente a fé dos discípulos do Senhor integrando o conhecimento, o sentimento e o comportamento; serviços de atenção, acolhida pessoal, direção espiritual e do Sacramento da Reconciliação, respondendo à sociedade, às grandes feridas psicológicas que sofrem muitos nas cidades, levando em consideração as relações interpessoais; uma atenção especializada aos leigos em suas diferentes categorias: profissionais, empresariais e trabalhadores; processos graduais de formação cristã com a realização de grandes eventos de multidões, que mobilizem a cidade, que façam sentir que a cidade é um conjunto, que é um todo, que saibam responder à afetividade de seus cidadãos e, em uma linguagem simbólica, saibam transmitir o Evangelho a todas as pessoas que vivem na cidade; estratégias para chegar aos lugares fechados das cidades como grandes aglomerados de casas, condomínios, prédios residenciais ou nas favelas; uma presença profética que saiba levantar a voz em relação a questões de valores e princípios do Reino de Deus, ainda que contradiga todas as opiniões, provoque ataques e se fique só no anúncio. Isto é, que seja farol colocado no alto para iluminar as cidades; uma maior presença nos centros de decisão da cidade, tanto nas estruturas administrativas como nas organizações comunitárias, profissionais e de todo tipo de associação para velar pelo bem comum e promover os valores do Reino; a formação e acompanhamento de leigos e leigas que, influindo nos centros de opinião, organizem-se entre si e possam ser assessores para toda a ação social; uma pastoral que leve em consideração a beleza do anúncio da Palavra e das diversas iniciativas, ajudando a descobrir a plena beleza que é Deus; serviços especiais que respondam às diferentes atividades da cidade: trabalho, descanso, esportes, turismo, arte etc.; uma descentralização dos serviços eclesiais, de modo que sejam muito mais os agentes de pastoral que se integrem a essa missão, levando em consideração as categorias profissionais; uma formação pastoral dos futuros presbíteros e agentes de pastoral capaz de responder aos novos desafios da cultura urbana.

Resumindo...

O horizonte aberto pelo Concílio Vaticano II permitiu romper com o eclesiocentrismo dos períodos de Cristandade e Neocristandade, marcado por uma missão centrípeta, que consistia em sair da Igreja para trazer adeptos para dentro dela. Na ótica da *Evangelii Nuntiandi*, se passou da implantação da Igreja à encarnação do Evangelho por meio de uma relação dialógica e horizontal. A versão do cristianismo missionário, sempre condicionada pela própria cultura, não é nem modelo e nem ponto de partida para a missão evangelizadora. Se o ponto de partida do processo de evangelização não for o outro e sua cultura, a missão continuará atrelada, consciente ou inconscientemente, a modelos colonizadores, numa dinâmica diametricamente oposta à do Evangelho. "Descolonizar as mentes" foi um forte apelo de Aparecida. Por sua vez, em sua proposta de uma "Igreja em saída", o Papa Francisco fala da urgência de ir para as periferias, mas com o cuidado de não "domesticar as fronteiras".

A relação Evangelho-culturas pode dar-se em dois paradigmas diferentes: como "evangelização das culturas" ou como "evangelização inculturada". O primeiro parte da Igreja e dos evangelizadores e trata-se de um modelo de evangelização que busca implantar uma espécie de "cultura cristã", o que na prática é sempre resultado de um processo de transculturação ou aculturação forçada na medida em que implica a eliminação ou a substituição de um sistema cultural por outro. O segundo paradigma – *evangelização inculturada*, ao contrário do paradigma anterior, que parte da Igreja e do evangelizador, esse paradigma parte dos povos e suas culturas. Distanciando-se da miopia etnocêntrica de um agente exógeno, parte do pressuposto que o sujeito no processo de evangelização não é quem leva o Evangelho, que deve apenas desempenhar o papel de mediador entre Evangelho e cultura, mas aqueles que o recebem.

Na cidade, a pastoral precisa ser uma evangelização inculturada no mundo urbano. Precisa ser "pastoral urbana" e não simplesmente ação pastoral na cidade, muitas vezes de modo rural ou não levando em conta as peculiaridades do contexto. Uma evangelização inculturada do mundo urbano é uma ação pastoral encarnada na realidade urbana, caracterizada por desafios, estilo de vida, linguagem, símbolos e imaginários próprios. Para uma evangelização inculturada no mundo urbano, o primeiro requisito é conhecer a cidade, que, como diz *Aparecida*, "é laboratório da cultura contemporânea, complexa e plural". Para *Aparecida*, o grande obstáculo da pastoral urbana é o medo e a falta de abertura diante do novo. E, partindo do trabalho renovador que já se realiza em muitos centros urbanos, recomenda uma nova pastoral urbana, com indicações concretas no nível da ação, dos agentes e da organização pastoral.

9
A projeção da ação pastoral no seio de uma Igreja sinodal

A pastoral precisa ser uma ação pensada "antes", "durante" e "depois" de si mesma. É uma atitude que está na base do planejamento, que a caracteriza em suas três fases – a projeção da ação futura, sua execução e a retroalimentadora avaliação do projetado e realizado. Há diversas possibilidades de levá-lo a cabo, mas no contexto da eclesiologia sinodal do Vaticano II estão desautorizadas todas as formas de caráter verticalista ou autoritário. Dada a corresponsabilidade de todos os batizados na Igreja por tudo e por todos, o sujeito do planejamento pastoral é a comunidade eclesial em seu conjunto, no seio da Igreja local. Esta é a unidade básica do planejamento, porquanto a Igreja é "Igreja de Igrejas" locais, que têm em seu seio a paróquia como "célula viva" e, nestas, as comunidades eclesiais de base como "a célula inicial da estruturação eclesial" (*Med* 6,1). Da diocesaneidade da pastoral nasce a "pastoral orgânica e de conjunto", expressão da atuação do Povo de Deus na corresponsabilidade de todos os batizados, no seio de uma Igreja toda ela ministerial.

Para levar a cabo um processo sinodal de planejamento participativo, do exercício da eclesiologia de comunhão do Vaticano II derivam diretrizes de ordem pedagógica tais como: superar o amadorismo e o pragmatismo do cotidiano; privilegiar o processo aos resultados; ter paciência histórica para caminhar ao ritmo dos participantes; disposição para conviver com o conflito; e compromisso pessoal com as consequências do processo, entre outras. E do desafio de uma ação pastoral eficaz derivam exigências de ordem metodológica tais como: levar em conta o estatuto da ação; desconcentrar o poder de decisão; promover um discernimento comunitário e decisão partilhada; e conhecer o contexto e ter presente os âmbitos da pastoral, entre outras.

9.1 A comunidade eclesial como sujeito da pastoral

O sujeito da pastoral e, portanto, do planejamento na Igreja é a comunidade eclesial, fruto da superação do binômio *clero-leigos* pelo binômio *comunidade-ministérios*, em consonância com a eclesiologia do Povo de Deus do Vaticano II, em sua "volta às fontes". Essa eclesiologia aplicada na pastoral redunda em uma pastoral "orgânica e de conjunto", que, embora tenha nascido na primeira metade do século XX, tomou corpo no contexto da renovação do Vaticano II, superando a *pastoral de conservação* – assim denominada por *Medellín* (*Med* 6,1) – de cunho sacramentalista e devocional, centrada no padre e na paróquia, bem como a *pastoral coletiva*, tributária do projeto restauracionista da Neocristandade, apoiada nos movimentos eclesiais de corte universalista.

Em lugar desses dois modelos atrelados ao período da Cristandade, o Concílio assumiu a perspectiva apontada pelos movimentos de renovação que o precederam, como os movimentos bíblico, litúrgico, catequético, teológico, ecumênico, dos padres operários e da Ação Católica especializada (FLORISTÁN, 1991, p. 103-104) e colocou as bases de um novo modelo de pastoral (FLORISTÁN, 1991, p. 229-233). A pastoral orgânica e de conjunto se apoia na eclesiologia de comunhão ou da Igreja concebida como Povo de Deus e no resgate da Igreja local enquanto espaço onde se faz presente "a Igreja toda, ainda que não se constitua em toda a Igreja", dado que a Igreja é "Igreja de Igrejas" (cf. TILLARD, 1987).

9.1.1 Sinodalidade eclesial e pastoral de conjunto

Não há como viver a sinodalidade eclesial e fazer uma pastoral eficaz sem pastoral orgânica e de conjunto. Dentre os que tentam, não são poucos os que procuram levá-la a cabo respaldada por uma eclesiologia esclerosada (cf. COMBLIN, 2002, p. 52-57), como também de modo empírico ou improvisado. Em parte, está aí a razão da parca eficácia da ação evangelizadora em vários ambientes e de sua débil incidência ou impacto sobre a realidade. Uma ação circunscrita a paróquias isoladas umas das outras ignora o resgate da eclesiologia de comunhão e da Igreja local (diocese) pelo Concílio Vaticano II, bem como inviabiliza uma evangelização eficaz.

Já foi melhor, mas hoje em grande medida voltamos a ter uma ação pastoral com poucos vínculos com uma pastoral orgânica e de conjunto, quando ela nasceu precisamente para fazer da Igreja local o sujeito da pastoral e ser uma ação mais consequente com seu contexto (cf. CALVO, 1966, p. 13-24). Por um lado, a pastoral orgânica e de conjunto nasceu quando leigos e leigas na Alemanha da década de 1920 tomaram consciência que para evangelizar na cidade, como esta conforma um todo, as paróquias precisavam levar a cabo uma ação consertada entre si. Pastoralmente, para que a ação pastoral incidisse sobre o conjunto da sociedade no seio da qual as cidades se inserem, percebeu-se que a Igreja presente em uma cidade não poderia caminhar independente das comunidades eclesiais presentes em uma mesma cidade e nas demais. Descobriu-se que era preciso levar em conta a dimensão diocesana da pastoral que, por sua vez, implicava o resgate da Igreja local.

Estava aí, em gérmen, os postulados da eclesiologia do Vaticano II que, para K. Rahner, tem no resgate da Igreja local sua principal mudança. Em outras palavras, a busca de uma pastoral que incidisse sobre a cidade como um todo e entre elas (D'ASSUNÇÃO BARROS, 2007, p. 49-52) levou à superação do paroquialismo que, por sua vez, possibilitou o resgate da Igreja local, o referencial teológico de uma pastoral orgânica e de conjunto.

Por outro lado, em ordem a uma ação consequente com os desafios do contexto, também se toma consciência de que a eficácia de uma pastoral orgânica e de conjunto na Igreja local dependia de uma ação pensada, consertada entre todos, de forma participativa, sinodal. E pensar a ação significava planejar a ação, projetar um futuro desejável com o auxílio das ciências a ser perseguido por todos, dado que ele depende de todos. Percebeu-se que o planejamento, criado pelas ciências administrativas e presente havia quase um século nas empresas, com o devido cuidado e adaptações, precisava também ser trazido para o seio da Igreja, pois poderia contribuir para uma maior eficácia da ação pastoral.

A pastoral orgânica e de conjunto teve grande impulso nas décadas imediatas ao Concílio Vaticano II, em especial na América Latina, onde o planejamento participativo se tornou uma cultura eclesial. Entretanto, sobretudo a partir de meados da década de 1980, com a instalação de um gradativo processo de involução eclesial (cf. GONZÁLEZ FAUS, 1989) que se abateria sobre a Igreja como um todo por três décadas (cf. LADRIÈRE-LUNEAU, 1987), os planos de pastoral orgânica e de conjunto em âmbito nacional, pouco a pouco foram sendo deixados aos regionais, e estes, às Igrejas locais e, estas, às paróquias. Na prática, os planos foram substituídos por "diretrizes de ação" em todos os âmbitos, ficando-se mais no nível das intensões, sem descer ao nível da operacionalização. A Conferência de Aparecida fala da necessidade de se descer do nível dos princípios ao âmbito operacional. Entretanto, o clamor por uma ação pastoral mais eficaz, apoiada numa pastoral orgânica e de conjunto, continua pouco escutado.

9.1.2 O resgate da diocesaneidade da pastoral

A pastoral orgânica e de conjunto é sinônimo da diocesaneidade da pastoral. Ela se autocompreende como "orgânica" na medida em que cada iniciativa, setor ou frente pastoral se constitui num órgão, inserido num único corpo, que é comunidade eclesial; e de "conjunto" no sentido de as diferentes iniciativas pastorais de uma determinada comunidade eclesial se inserirem no conjunto das iniciativas da Igreja local ou diocese. Com isso, passa-se de um "conjunto de pastorais", ou seja, de organismos, movimentos e serviços pastorais que atuam de maneira desconsertada e separada uns dos outros para uma "pastoral de conjunto", no seio da qual cada uma dessas iniciativas está inserida no conjunto das ações da comunidade eclesial como um todo, perseguindo um objetivo comum. Há uma diversidade de iniciativas e ações, mas que convergem para um fim único, que é a edificação do Reino de Deus, no seio da Igreja local.

Uma pastoral orgânica e de conjunto só foi possível graças ao resgate da Igreja local, lugar da presença da "Igreja toda" (inteira), ainda que não se constitua em "toda a Igreja", pois nenhuma delas esgota esse mistério. Por um lado, a Igreja local é "porção" e não parte da Igreja universal, dado que essa é "Igreja de Igrejas locais" (cf. TILLARD, 1987). Por outro, dado que a Igreja local ainda seja a Igreja toda, mas não toda a Igreja, a catolicidade ou universalidade da Igreja acontece na comunhão das Igrejas locais, pois cada uma delas é também responsável pela solicitude de todas as Igrejas. Além disso, a autoconsciência da Igreja como Povo de Deus faz a passagem do binômio *clero-leigos* para o binômio *comunidade-ministérios*, fazendo da comunidade eclesial como um todo o sujeito da pastoral (cf. CHAPA, 1987, p. 197-212). Em consequência, nascem as assembleias de pastoral como organismos de planejamento e tomada de decisão e os conselhos e equipes de coordenação, como mecanismos de gestão da vida eclesial, na corresponsabilidade de todos os batizados (BOURGEOIS, 2000, p. 686-687).

Assim, dado que a Igreja toda está na Igreja local, estritamente falando, por um lado, a ação pastoral só será "eclesial" (ação da Igreja) na medida em que for realizada tendo presente a diocese como horizonte de sua realização e, por outro, se superar tanto o paroquialismo como o universalismo generalizante dos movimentos eclesiais. A superação do paroquialismo depende do desvencilhamento da paróquia da pastoral de conservação, centrada no padre e na Igreja matriz, o que tem se tornado um desafio maior com a volta do clericalismo e de uma pastoral devocional. Já a superação do universalismo dos movimentos depende de inseri-los no seio da Igreja local e na pastoral de conjunto, o que esbarra no alinhamento com diretrizes internacionais com pouco vínculo com a realidade local. Nesse particular, poderia ajudar a superação de certas posturas espiritualistas e a abertura a uma reflexão teológica sintonizada com a perspectiva do Vaticano II.

9.1.3 A Igreja local como unidade básica do planejamento

A Igreja local como unidade básica do planejamento não significa, entretanto, diocesanismo ou centralismo. Na pastoral de conjunto, não se trata de elaborar um plano diocesano para em seguida aplicá-lo em cada paróquia ou comunidade eclesial, de cima para baixo (FLORISTÁN, 1991, p. 229ss.). O princípio da subsidiariedade vale também para os âmbitos eclesiais no interior da Igreja local. Uma pastoral de conjunto alicerçada sobre comunidades-sujeito implica que cada comunidade eclesial, tendo a diocese como horizonte, projete a ação pastoral em seu próprio âmbito, de baixo para cima, de forma ascendente (BRIGHENTI, 2000, p. 37). Durante o processo de projeção da ação, assim como em sua execução, os diferentes âmbitos eclesiais continuamente se interpenetram e interagem, mas é sempre o âmbito superior subsidiando o âmbito inferior, condição para o exercício de um poder-serviço, em uma Igreja sinodal.

Por outro lado, dado que a Igreja é "Igreja de Igrejas locais" (TILLARD, 1987), a pastoral orgânica e de conjunto não se esgota na diocese. O exercício da catolicidade na comunhão das Igrejas abre a pastoral de conjunto para âmbitos extradiocesanos, como os âmbitos regional, nacional e internacional (BRIGHENTI, 2000, p. 37). Uma diocese que se isola ou um bispo que se liga só com o bispo de Roma se colocam fora da comunhão das Igrejas e da colegialidade episcopal, fazendo da Igreja local "parcela" e não "porção" do Povo de Deus. E mais do que isso. A pastoral orgânica e de conjunto não só não se esgota na Igreja local como também não se restringe à Igreja Católica. Dado que a Igreja de Jesus Cristo subsiste (*subsistit in*) na Igreja Católica e não somente nela (*solummodo*), toda ação eclesial precisa ter uma dimensão ecumênica e os cristãos são urgidos a agir com pessoas e organismos de outras Igrejas. Assim como também o cristianismo não é a única mediação de salvação e as religiões não cristãs têm raios da mesma luz que brilhou em plenitude em Jesus, a pastoral orgânica e de conjunto, além de sua dimensão ecumênica, precisa ter também uma dimensão inter-religiosa. A edificação do Reino se faz entre os cristãos e os adeptos de outras religiões. E mais que isso, dado que a Igreja é a comunhão do Povo de Deus com toda a humanidade (cf. BOURGEOIS, 2000, p. 654-659), um povo que peregrina no seio de uma humanidade toda ela peregrinante e que o destino do Povo de Deus não é diferente do destino da humanidade, a pastoral orgânica e de conjunto também não se esgota no âmbito religioso. A Igreja existe para a salvação do mundo. O Reino de Deus, do qual a Igreja é seu sacramento, seu gérmen e princípio (*LG* 5), é o desígnio de Deus para a totalidade da criação. Consequentemente, a ação evangelizadora precisa incidir na sociedade e os cristãos, como cidadãos, se inserirem profeticamente no mundo. Isso descentra a Igreja de si mesma e de suas questões internas e lança-a a abraçar como suas as grandes causas da humanidade. Segundo a *Gaudium et Spes*, a Igreja é um corpo de serviço do Reino de Deus no mundo (*GS* 1), desafiando os cristãos a trabalharem com todas as pessoas de boa vontade, em espírito de cooperação e serviço a toda a humanidade.

Como já frisamos, comunidades-sujeito da pastoral são expressão da superação do binômio clero-leigos, substituído pelo binômio comunidade-ministérios (FLORISTÁN, 1991, p. 289). As decisões são tomadas por meio do consenso das diferenças pelo diálogo entre os diferentes, no horizonte da razão comunicativa, que vai tecendo a verdade no consenso das diferenças, exteriorizadas pelo ato comunicativo. É o exercício do *sensus fidelium*, sem o qual não há comunidade eclesial e nem Igreja sinodal. Uma eclesiologia de comunhão e participação é o pano de fundo de um processo participativo e constitui-se como seu ponto de partida e de chegada. É ela que leva a crer na força da participação, no discernimento comunitário, na força dos fracos, num trabalho em colaboração com todas as pessoas de boa vontade; em resumo, numa Igreja que tem na Trindade o modelo da melhor comunidade. Na esfera *ad intra*, é a eclesiologia de comunhão e participação que sustenta uma Igreja toda ela ministerial, no exercício da corresponsabilidade que brota do mesmo Batismo; na esfera *ad extra*, é essa eclesiologia que plasma uma Igreja em diálogo e serviço com o mundo, a partir dos mais pobres, para que seja a Igreja de todos.

9.2 Condições de ordem pedagógica para um planejamento sinodal

Uma pastoral orgânica e de conjunto implica pensar a ação, tanto do ponto de vista pedagógico como do metodológico. Na pastoral, um bom método é sempre uma pedagogia em contexto, pois é sempre necessário conjugar o método com os sujeitos do processo e seu contexto, expressão de uma Igreja sinodal. Comecemos, pois, colocando algumas condições de ordem pedagógica para um planejamento sinodal, ou seja, que faz da comunidade eclesial o sujeito da pastoral.

9.2.1 Superar o amadorismo e o pragmatismo do cotidiano

Uma primeira condição de ordem pedagógica para um planejamento sinodal é o profissionalismo na pastoral, dado que a pastoral é uma ciência. Na prática pastoral, não basta a boa vontade de querer acertar ou então de se dar ao luxo de aprender com seus próprios erros. Acertamos mais quando valorizamos os demais e as ciências. A experiência é a mestra da vida à condição de saber aprender com ela. Em tempos de crise dos referenciais e toda ordem e das utopias, impera a ditadura do presente que nos leva ao espontaneísmo e ao pragmatismo do cotidiano. Vivemos imersos no mundo do provisório, do passageiro, do descartável e do efêmero (MARDONES, 2003, p. 2). Diante da sensação de que nada é para sempre, entra em xeque a noção de perenidade, de perseverança, de persistência. Há um encolhimento da utopia ao momentâneo.

Deixar-se levar pelo pragmatismo do cotidiano é desenvolver uma ação sem profissionalismo, pautada pelo voluntarismo. Com isso, perde-se a oportunidade de fazer história, caindo na repetição e na rotina. A pastoral envolve um saber, exigindo do agente competência e consciência prospectiva. A competência vem de uma formação inter e transdisciplinar. Para ser um agente de pastoral é preciso conhecer o objeto e o método da ação eclesial e o contexto no qual ela se dá, ou seja, a Igreja e o mundo no emaranhado de suas instituições e organizações (BRIGHENTI, 2006, p. 202-203).

9.2.2 Privilegiar o processo aos resultados

Uma segunda condição de ordem pedagógica para um planejamento sinodal é privilegiar o processo aos resultados. Na pastoral, enquanto ação da Igreja, um bom resultado é sempre fruto de um processo. Para fazer história da salvação, os fins são os meios a caminho. E o fim não é um plano, mas a comunidade eclesial sujeito de uma ação pastoral pensada. Na caminhada da fé, o importante não é ter chegado ao fim, mas ter-se colocado no caminho. O fim está no caminho, no processo, que nunca termina. Na pastoral, não se trabalha para o final dos tempos, mas para se antecipar o fim no tempo. O amanhã ou será consequência do hoje ou não passará de uma mera repetição do passado.

Privilegiar o processo significa privilegiar a participação. Quando se caminha com alguns, que vão à frente sozinhos, se vai mais rápido, mas se chega depois e, quase sempre, nunca se chega. É o vanguardismo que não crê na possibilidade de todos, que se crê precisarem ser puxados pelos mais esclarecidos. Caminhar com todos, vai-se mais devagar, mas se chega antes, pois nada ou quase nada muda quando só alguns mudam. Só há verdadeira mudança quando todos mudam. Quando todos mudam, tudo muda. É o único meio de fazer a comunidade não destinatária ou objeto da ação pastoral, mas sujeito. Evidente que todo processo é gradual e precisa respeitar o ritmo das pessoas ou o ritmo de Deus, pois se trata de um processo de conversão, que nos insere no tempo da graça. E as pessoas têm seu ritmo. Deus tem o seu ritmo, às vezes extremamente lento no que diz respeito à liberdade das pessoas; outras vezes, extremamente rápido, pois se trata da salvação no tempo que urge. Mas, fazendo a média, podemos dizer que o ritmo do tempo de Deus é um ritmo lento e persistente. Da mesma forma como deve ser o ritmo do processo de projeção de uma ação pastoral pensada por toda uma comunidade.

Há, hoje, a aposta em respostas imediatas a problemas complexos. Há um encolhimento da utopia num presentismo que exclui toda exigência de processo. Também a religião foi posta a serviço dos indivíduos, na busca de solução imediata de seus problemas particulares. Deus é transformado em objeto de desejos pessoais, nos parâmetros de um neopaganismo imanentista.

A *Evangelii Gaudium* frisa a necessidade de dar prioridade ao tempo e não aos resultados, que serão consequência de um processo. Isso significa ocupar-se mais com *iniciar processos* do que com possuir espaços, promovendo eventos ou iniciativas isoladas, desconectados do esforço de uma ação pensada. Para Francisco, entende-se por "tempo superior ao espaço" privilegiar as *ações que geram novos dinamismos* e comprometem outras pessoas, que levarão a frutos concretos em acontecimentos históricos (*EG* 223). Mais importante é *gerar processos* que construam um povo do que obter resultados imediatos (*EG* 224) que não geram mudanças.

Privilegiar o processo aos resultados é ter paciência histórica para caminhar ao ritmo dos participantes. No caminhar pode haver inércia, mas geralmente, num processo participativo, pecamos por pressa, sobretudo os que estão encarregados de sua animação e coordenação. Como na natureza, também aqui, os frutos dependem da paciência das sementes, na espera da estação propícia. Às vezes, pode parecer que o grão apenas dorme ou apodrece na escuridão do sulco da terra. Ou que a planta, tênue, não cresce.

E, precipitamo-nos a espichá-las, arrancando-as. É evidente que quem está atrás tem o dever de apressar o passo, mas também é necessário que quem vá à frente tenha a caridade da espera. Processos, sem o devido tempo de maturação, só podem dar frutos chochos.

9.2.3 Disposição para conviver com o conflito

Uma terceira condição de ordem pedagógica para um planejamento sinodal refere-se ao gerenciamento dos conflitos que inevitavelmente o processo faz aflorar. O diálogo faz emergir particularidades e diferenças que, confrontadas umas com as outras, se não houver capacidade de escuta, podem provocar confrontos. Já os conflitos não só são inevitáveis, como enriquecedores. Eles fazem parte do processo de assimilação de um dado novo e da elaboração de novas sínteses.

Conflito não é o mesmo que confrontação. Há confrontação sempre que há fechamento na própria posição e se procura impô-la aos demais. É um recurso ao argumento da força em detrimento da força do argumento. Já o conflito é o processo de elaboração do consenso das diferenças. Não que se deva buscar o conflito, enquanto consequência do caminhar juntos, ele precisa ser acolhido com naturalidade e apreço. Evitar o conflito é fugir do diferente e do novo.

Por isso, um processo de planejamento participativo só poderá avançar em clima de diálogo maduro, isento de paixões e preconceitos, com predomínio de uma postura de serenidade e de discernimento sincero. É o conflito que dá dinamismo à unidade. Opor-se à inevitabilidade do conflito é optar pelo indiferentismo e a uniformidade, sempre à custa da negação das originalidades. A unidade passa pelo conflito, por uma espécie de não violência ativa, enquanto a uniformidade, ainda que passe por uma aparente concórdia, é sempre uma violência ativa, consentida ou imposta.

Há a tendência, hoje, em fugir do conflito, em não tomar posição para não se incomodar, a viver numa zona de conforto, tudo em nome da tolerância, que na realidade não deixa de ser indiferença diante de situações que clamam aos céus. Frisa o Papa Francisco, que "a unidade é superior ao conflito"; o conflito precisa ser assumido e transformado em *elo de um novo processo* (*EG* 227). Ficar no conflito, ser prisioneiro dele, impede de chegar à solidariedade que gera vida. Mas assumi-lo é condição para avançar juntos e construir comunidade.

O Papa Francisco faz questão de frisar a diferença entre unidade e uniformidade. Para ele, trata-se de promover e viver uma *unidade multifacetada* (*EG* 228), unidade de diversidades. De acolher a diferença, expressão de respeito incondicional do outro. Unidade é sempre unidade de diversidades que, quando assumidas, convergem para além das próprias posições. Unidade sem conflitos assumidos é uniformidade. Num mundo globalizado, em processo de diferenciação crescente, cada vez mais as diferenças adquirem carta de cidadania e a Igreja precisa não só aprender a conviver com os diferentes, como se enriquecer com as diferenças. Isso exige capacidade de escuta, disposição para o diálogo e uma identidade flexível, em constante estado de reelaboração. Para interagir com o mundo de hoje, não basta de vez em quando fazer uma mudança de mentalidade. É preciso uma mentalidade de mudança.

9.3 Condições de ordem metodológica para um planejamento eficaz

Uma pastoral orgânica e de conjunto implica pensar a ação, além do pedagógico, também no aspecto metodológico. O desafio de uma ação pastoral eficaz implica exigências de ordem metodológica tais como: levar em conta o estatuto da ação; desconcentrar o poder de decisão; promover um discernimento comunitário e decisão partilhada; e conhecer o contexto e ter presente os âmbitos da pastoral, entre outros.

9.3.1 Levar em conta o estatuto da ação

Uma primeira condição de ordem metodológica para um planejamento eficaz diz respeito à natureza da ação enquanto tal. A ação, na medida em que é portadora de uma racionalidade própria, tem também seu estatuto, sua racionalidade. A ação pastoral não é independente dele. Assim, uma ação consequente com a realidade que se vive, transformadora e forjadora de um mundo crescentemente melhor, implica três exigências básicas. Elas são válidas também para o processo de projeção da ação pastoral por parte de uma comunidade eclesial.

9.3.1.1 Primeira exigência: pés no chão

Uma ação pastoral orgânica e de conjunto, enquanto processo que ajuda a Igreja a se encarnar e inculturar o Evangelho em seu meio, precisa estar estreitamente conectado com a realidade onde ela acontece (COMBLIN, 2002, p. 33-36). Planejar é, antes de tudo, não ignorar. Precisa estar sintonizada com os "novos sinais dos tempos", como diz Santo Domingo, e intuir por onde caminhar para chegar ao futuro almejado. Antes de pensar a ação futura, para que ela seja resposta a perguntas reais, o imperativo é situar-se em relação às pessoas, à instituição eclesial e à sociedade. Nada substitui o conhecimento experiencial e analítico experiencial da realidade, bem como ouvidos abertos para a escuta, condição para a apreensão do real da realidade.

Partir da realidade é partir de onde se está e não de onde se gostaria de estar. Do contrário, não se gera processo. Os processos ou estão alicerçados sobre a realidade ou não acontecem. E, sem gerar processo, estamos condenados ao eterno recomeço. E, sobretudo, é necessário estar conectado com os processos em curso, sempre existentes. Não detectá-los é ignorar a realidade e projetar um plano fictício, mesmo que bem-elaborado tecnicamente.

9.3.1.2 Segunda exigência: olhos no horizonte

Planejar é prever, é projetar um futuro desejável, é definir para onde se quer caminhar a partir de onde se está. Por isso, a eficácia de uma ação pastoral orgânica e de conjunto, além de se colocar os pés no chão, é preciso "olhar longe", para a utopia que se quer perseguir. A utopia serve sobretudo para caminhar para frente. Partir da realidade não significa que os problemas e os desafios que se apresentam têm a última palavra. A realidade, por mais contraditória e dura que seja, não tem a última palavra. Não estamos condenados ao passado, ao derrotismo e ao conformismo. Em meio às vicissitudes do cotidiano, os que caminham na fé contam sempre com uma voz que soa do coração dos fatos: "toma, come, levanta e continua o caminho" e a missão. Sem essa atitude de esperança não há metodologia, por melhor que seja, que faça caminhar com razão.

É o momento de projetar a esperança que, no cristianismo, é sempre uma esperança ativa, que procura antecipar na história aquilo que se espera na fé. Ter os olhos voltados para o horizonte é condição para sintonizar com a utopia do Evangelho e, desde aí, projetar um futuro desejável, na perspectiva do Reino de Deus. Toda visão catastrófica ou retrospectiva da realidade inviabiliza qualquer possibilidade de uma pastoral orgânica e de conjunto enquanto processo de uma comunidade sujeito, sacramento do Reino na concretude da história.

9.3.1.3 Terceira exigência: "sujar" as mãos

Na projeção e realização de uma pastoral orgânica e de conjunto, os pés no chão e os olhos no horizonte precisam encontrar-se com as mãos. De nada vale a consciência da realidade e a esperança de que um dia ela pode ser diferente se não aterrissam em ações concretas. É preciso conjugar conhecimento (cabeça), propósitos e convicções (coração) com a ação (mãos). O estatuto da ação tem também suas mediações que permitem baixar do projetado à execução. Critérios, estratégias, objetivos, programas, projetos e metas dão racionalidade ao processo de execução, isentando-o de improvisações e amadorismos.

Mas não há receitas. Aqui entramos no terreno da criatividade, do ensaio e, portanto, da possibilidade de acertos e erros. Mas não há outro caminho, a menos que fiquemos no nível dos princípios, o que também é um erro, pois a utopia do Reino jamais se faria história. É o encontro da verdade com a veracidade de sua comprovação histórica (BRIGHENTI, 2006, p. 210-211).

9.3.2 *Desconcentrar o poder de decisão*

Uma segunda condição de ordem metodológica para um planejamento eficaz diz respeito, mais do que à descentralização, à desconcentração do poder. É próprio do ser humano pensar e deve ser também para um cristão que busca a eficácia de sua fé. Mas, ainda que não exista uma ação humana nada pensada, não existe uma ação totalmente pensada, o que levaria a uma absolutização do planejamento. Um bom planejamento é aquele que nos ajuda a ir, cada vez mais, do menos pensado ao mais pensado. Por isso, mais importante do que pensar a ação é "como" pensá-la. Deve-se ter presente quem está envolvido no processo, como é feito o discernimento da realidade, como são tomadas as decisões, como se dá a relação com as ciências e a sociedade ou como são projetadas e executadas as ações. Uma ação pode ser pensada de forma autoritária, o que é incompatível com a ação pastoral. Planejar é um processo de tomada de decisões. Na Igreja, é fundamental "quem" toma as decisões. Na pastoral, se a decisão não for tomada entre todos, de forma participativa, colegiada, comunitária, no espírito de *koinonía* que funda a Igreja, o planejamento presta um desserviço ao Reino de Deus. Há basicamente três formas de exercício do poder que se expressam em três maneiras diferentes de planejar:

9.3.2.1 Planejar "para" os outros

Planejar "para" os outros é uma forma autoritária de conduzir a ação. Na Igreja, todo resquício de autoritarismo fere o espírito do Evangelho sobre o qual ela está fundada. Planejar "para" os outros é um modo de pensar a ação, fazendo da comunidade objeto e não sujeito da pastoral. É o exercício de um *poder-dominação*, que estabelece entre as partes uma relação "dominante-dominado". Nesse caso, o planejamento é autoritário, verticalista, diretivo. O plano é elaborado por alguns, para os demais executarem. É fruto de conchavos de cúpulas, no qual as bases não têm nenhum poder de decisão. Procura-se aumentar a dependência dos outros para aumentar o próprio poder. O ato do planejamento é discriminante, de exclusão da maioria. Há participação somente na execução do planejado, não na projeção da ação.

9.3.2.2 Planejar "com" os outros

Planejar "com" os outros é o exercício de um *poder a serviço*. Há participação, mas controlada, por cooptação, manipulada. A comunidade é ouvida, mas não decide. Há voz, mas sem voto. Há participação por uma "representação falseada" na medida em que, além de cada um representar a si mesmo, também representam os interesses de quem os convocou autoritariamente. Procura-se manter a dependência para se manter no poder. Cede-se para não ceder. Abre-se a certa participação para guardar o poder de sempre. Nesse modo de planejar, o sujeito é ainda o dominante. A comunidade continua objeto da pastoral, a destinatária de determinados serviços impostos à participação de todos na execução.

9.3.2.3 O planejamento pela própria comunidade

Aqui há o exercício de um *poder-serviço*. O sujeito da ação pastoral é toda a comunidade eclesial, numa relação *sujeito-sujeito*. Nesse caso, procura-se eliminar toda forma de dependência, promovendo a autonomia dos dependentes para que possam ter cada vez mais poder. O processo de tomada de decisões é participativo. Funda-se numa "pedagogia da autonomia". Há participação de todos os interessados nas decisões, na execução e nos resultados, num espírito de corresponsabilidade de todos os batizados. A representatividade é efetiva, não falseada.

Há, aqui, no plano eclesiológico, a superação do binômio *clero-leigos* para *comunidade-ministérios*. No seio de uma Igreja toda ela ministerial o ministério da presidência é o ministério de quem, a exemplo de Jesus que serve, promove a inclusão de todos no processo de tomada de decisões. As decisões são tomadas por meio do consenso de todos, expressão do *sensus fidelium*, sem o qual não há comunidade eclesial, não há Igreja.

Como se pode perceber, não basta uma descentralização do poder que mantenha um centro único de decisão. O planejamento participativo leva à desconcentração do poder na medida em que estabelece diversos centros de decisão. Ele promove a autonomia das pessoas, sujeitos no seio de um processo que se pauta pelo consenso das diferenças. Ele possibilita o exercício do poder entre os níveis eclesiais, com controle de baixo para cima, ou seja, só delegando-se ao nível superior aquilo que não se tem condições de realizar no nível inferior. É o princípio da subsidiariedade, fundamental para o exercício de um poder-serviço. O nível superior subsidia o nível inferior, vem em seu socorro, potenciando-o na busca de sua autonomia. A separação entre os níveis nega a sinodalidade. A autonomia é condição para um planejamento sinodal, pois sem ela não há poder de decisão.

9.3.3 Discernimento comunitário e decisão partilhada

Uma terceira condição de ordem metodológica para um planejamento eficaz concerne ao discernimento comunitário e à decisão partilhada. O processo contempla a intervenção de todos os interessados. Não é um processo que exclui, mas inclusivo de todos. Participação com voz e voto. Por "todos", se entende pessoas, grupos, organismos e instituições envolvidas na vida pastoral de uma comunidade eclesial. Ninguém deve se sentir excluído. Todos, desde sua condição e situação, têm o direito de fazer parte do processo de tomada de decisões. Já frisamos que quem não tem o direito de participar no processo de tomada de decisão não tem nenhuma obrigação de participar em sua execução.

A intervenção de todos implica decisão partilhada. Ninguém decide por ninguém. Cada um decide para si, tendo presente o bem dos demais. Todos decidem, mas não sozinhos e só pensando em si mesmos. A decisão é partilhada com todos os que integram o processo. Por sua vez, decisão partilhada implica discernimento comunitário, entre todos. O método participativo, ainda que reconheça que a verdade nem sempre coincide com o consenso da maioria, aposta que, quanto mais pessoas discernindo juntas, mais possibilidades existem de acertar. Em outras palavras, a maioria pode se equivocar, mas isso tem mais probabilidade de acontecer com a minoria.

9.3.4 *Conhecer o contexto e ter presente os âmbitos da pastoral*

Uma quarta condição de ordem metodológica para um planejamento eficaz diz respeito ao conhecimento do contexto em que se vai atuar e aos seus diferentes âmbitos. Para uma pastoral pensada, um primeiro requisito para uma ação pastoral eficaz consiste em conhecer o contexto socioeclesial em todos os seus aspectos e âmbitos, com a maior profundidade e seriedade possíveis. Para isso, dada a complexidade da realidade, não basta um olhar empírico, espiritualista, pragmático, amador. Além de convocar teólogos e pastoralistas, é preciso recorrer também a outros especialistas como: sociólogos e economistas, para conhecê-la em sua lógica econômica, em suas estruturas sociais, em sua dinâmica própria, com seus desafios permanentes e emergentes; cientistas políticos, para fazer ver as relações entre os grupos, suas lutas pelo poder nas várias esferas e nos vários níveis; antropólogos, para ajudar a perceber as distintas identidades e as diversas mentalidades que existem e interagem no contexto em que se está inserido, onde convivem "mundos" culturais vários; estudiosos de sociologia da religião e especialistas em ética social, para fornecer critérios de discernimento dos processos e projetos que dão sentido às ações. Evangelizar é antes de tudo não ignorar. Para uma pastoral de encarnação, assumir é condição para redimir. Por isso, insistiu *Medellín* que toda ação evangelizadora começa com o discernimento da realidade. O melhor ponto de partida é sempre aquele onde a gente está. Um olhar analítico da realidade socioeclesial permite superar um olhar fragmentado do todo, em retalhos incapazes de exprimir "o todo no fragmento" (H. Urs von Balthasar). Em uma visão fragmentada da realidade, a paróquia toma dimensões de mundo e o mundo se transforma em um entorno insignificante, olhado, ora com desinteresse, ora com desdém, nunca como o todo que dá significado às suas partes. A paróquia precisa ser porção da Igreja local e não parte.

Um segundo requisito para a eficácia da ação é a explicitação dos objetivos e critérios de ação. Sem a consciência de onde chegar, dos resultados a alcançar e do modo e das condições do processo a ser percorrido, a eficácia da fé estará comprometida e a ação pastoral se tornará irrelevante para seu contexto. São os objetivos e os critérios, derivados da utopia evangélica, confrontados com a realidade em que se está, que asseguram a especificidade da ação eclesial.

Um terceiro requisito para uma ação pastoral consequente com os imperativos da fé e os desafios da realidade é não perder de vista os diferentes âmbitos da ação eclesial ou os diversos campos de atuação possível, capazes de ir antecipando o Reino de Deus na história (*LG* 6c). Limitar a ação pastoral ao espaço da subjetividade individual ou ao âmbito intraeclesial leva ao espiritualismo e ao eclesiocentrismo, fazendo da Igreja um fim em si mesma, em lugar de mediação do Reino de Deus na concretude da história. A salvação ou a libertação integral da pessoa inteira e de todas as pessoas, bem como de seu contexto, implica uma ação abrangente no interior do plano da criação, para além do estritamente religioso (*GS* 45). Por isso, a ação pastoral, além do âmbito pessoal e da comunidade eclesial, precisa abarcar também o âmbito da sociedade.

Um quarto requisito para uma ação pastoral pensada é projetar ações que sejam resposta aos desafios concretos do contexto da comunidade eclesial, inserida na sociedade de seu tempo. São as necessidades reais do contexto onde a Igreja se situa que determinam as ações pastorais. Também não se pode esquecer de pensar a execução propriamente dita da ação, que precisará contar com o suporte institucional e organizacional necessário, sob pena de comprometer os resultados almejados. Prescindir da instituição, das estruturas, da organização, da coordenação e da avaliação é estar exposto ao risco da anarquização da ação.

Resumindo...

Há diversas possibilidades de levar a cabo o planejamento pastoral; mas, no contexto da eclesiologia sinodal do Vaticano II, estão desautorizadas todas as formas de caráter verticalista ou autoritário. Dada a corresponsabilidade de todos os batizados na Igreja por tudo e por todos, o sujeito do planejamento pastoral é a comunidade eclesial em seu conjunto, no seio da Igreja local. Essa é a unidade básica do planejamento, porquanto a Igreja é "Igreja de Igrejas" locais. É a diocesaneidade da pastoral que gera a "pastoral orgânica e de conjunto", expressão da atuação do Povo de Deus na corresponsabilidade de todos os batizados no seio de uma Igreja toda ela ministerial. A pastoral orgânica e de conjunto se autocompreende como "orgânica" na medida em que cada iniciativa, setor ou frente pastoral se constitui num órgão, inserido num único corpo, que é comunidade eclesial; e de "conjunto" no sentido de as diferentes iniciativas pastorais de uma determinada comunidade eclesial se inserirem no conjunto das iniciativas da Igreja local ou diocese.

A comunidade eclesial como sujeito da pastoral é fruto da superação do binômio *clero-leigos* pelo binômio *comunidade-ministérios*, conforme as novas bases da eclesiologia do Povo de Deus do Vaticano II, em sua "volta às fontes". A nova eclesiologia aplicada na pastoral redunda em uma pastoral orgânica e de conjunto. Não há como viver a sinodalidade eclesial e fazer uma pastoral eficaz sem pastoral orgânica e de conjunto. Uma ação circunscrita a paróquias isoladas umas das outras seria ignorar o resgate da eclesiologia de comunhão e da Igreja local (diocese) pelo Concílio Vaticano II, bem como inviabilizar uma evangelização eficaz. Em ordem à eficácia da ação, uma pastoral orgânica e de conjunto na Igreja local depende de uma ação pensada, consertada entre todos, de forma participativa.

Para levar a cabo um processo de planejamento participativo e sinodal, do exercício da eclesiologia de comunhão do Vaticano II derivam diretrizes de ordem pedagógica como: superar o amadorismo e o pragmatismo do cotidiano; privilegiar o processo aos resultados; ter paciência histórica para caminhar ao ritmo dos participantes; disposição para conviver com o conflito; e compromisso pessoal com as consequências do processo, entre outras. E do desafio de uma ação pastoral eficaz derivam exigências de ordem metodológica tais como: levar em conta o estatuto da ação; desconcentrar o poder de decisão; promover um discernimento comunitário e decisão partilhada; e conhecer o contexto e ter presente os âmbitos da pastoral, entre outras.

Referências

ALMEIDA, A.J. *Paróquia, comunidades e pastoral urbana.* São Paulo: Paulinas, 2009.

_____. *Igrejas locais e colegialidade episcopal.* São Paulo: Paulus, 2001.

AZEVEDO, M. "Cristianismo, una experiencia multicultural. Cómo vivir y anunciar la fe cristiana en las diferentes culturas". In: *Medellín,* 83, 1995, p. 229-249.

_____. "Igreja, cultura, libertação". In: *Encontros e entrechoques*: Vivendo a fé em um mundo plural. São Paulo: Loyola, 1991.

AZEVEDO, M. *Modernidade e cristianismo*: o desafio à inculturação. São Paulo: Loyola, 1981.

BAENA, G. "Fundamentos bíblicos de la inculturación del Evangelio". In: *Theologica Xaveriana,* 106, 1993, p. 125-161.

BARREIRO, A. "As comunidades eclesiais de base como modelo inspirador da nova evangelização". In: *Perspectiva Teológica,* 24, 1992, p. 331-356.

BASTOS DE ÁVILA, F. & BIGO, P. *Fé cristã e compromisso social.* São Paulo: Paulinas, 1982.

BAUM, G. "Inculturación y multiculturalismo – Dos temas problemáticos". In: *Concilium,* 251, 1994, p. 133-140.

BEOZZO, J.O. (org.). *O Vaticano II e a Igreja latino-americana.* São Paulo: Paulinas, 1985.

BOFF, L. *Nova era*: civilização planetária. São Paulo: Ática, 1994.

_____. *Ecologia, mundialização, espiritualidade.* São Paulo: Ática, 1993.

_____. *Nova evangelização* – Perspectiva dos oprimidos. Petrópolis: Vozes, 1991.

_____. *Modelos de teologia, modelos de Igreja* – Curso para coordenadores diocesanos de pastoral. Porto Alegre: Instituto de Pastoral da Juventude, 1988 [Subsídio, 3].

_____. *Eclesiogênese*: as comunidades eclesiais de base reinventam a Igreja. Petrópolis: Vozes, 1977.

BOURGEOIS, D. *La pastoral de la Iglesia*. Valência: Edicep, 2000.

BRIGHENTI, A. *O laicato na Igreja e no mundo* – Um gigante adormecido e domesticado. São Paulo: Paulinas, 2019.

_____. *Os ventos sopram do Sul* – O Papa Francisco e a nova conjuntura eclesial. São Paulo: Paulinas, 2019.

_____. "Evangelização na Contemporaneidade e educação". In: *Educação e evangelização na Contemporaneidade* – Contextos, desafios, práxis e pistas para a pastoral no currículo. Curitiba: PUCPress, 2018a, p. 15-45.

_____. "Desafios e horizontes de Medellín para a configuração e organização da Igreja hoje". In: GODOY, M. & AQUINO JÚNIOR, F. (orgs.). *50 anos de Medellín* – Revisitando textos, retomando o caminho. São Paulo: Paulinas, 2017, p. 306-331.

_____. *Em que o Vaticano II mudou a Igreja*. São Paulo: Paulinas, 2016.

_____. "A cidade como horizonte cultural". In: *Studium* – Revista Teológica, vol. 10, 2016, p. 83-96.

_____. "Pacto de las Catacumbas y Tradición eclesial liberadora". In: PIKAZA, X. & SILVA, J.A. (orgs.). *El Pacto de las Catacumbas* – La misión de los pobres en la Iglesia. Navarra: Verbo Divino, 2015, p. 197-214.

_____. "Perfil pastoral da Igreja que o Papa Francisco sonha". In: SILVA, J.M. (org.). *Papa Francisco* – Perspectivas e expectativas de um papado. Petrópolis: Vozes, 2015, p. 19-40.

_____. "Ciência da Religião aplicada à pastoral". In: PASSOS, J.D. & USARSKI, F. (orgs.). *Compêndio de Ciência da Religião*. São Paulo: Paulinas/Paulus, 2013, p. 663-676.

_____. "A pastoral na vida da Igreja – Repensando a missão evangelizadora em tempos de mudança". In: *Anais do I Congresso Brasileiro de Animação Bíblica da Pastoral*. Brasília, CNBB, 2012, p. 117-138.

_____. "Teologia e profecia – A responsabilidade social do teólogo". In: ABREU, E.H. & ZACHARIAS, R. (orgs.). *Sagrada Escritura e teologia* – Por uma responsabilidade social e comunitária da fé cristã. São Paulo: Paulinas/Unisal, 2011, p. 133-155.

_____. "Para que nossos povos tenham vida – Finalidade de todo itinerário formativo". In: *Medellín*, vol. 36, 2010, p. 225-250.

_____. *Pastoral urbana* – Categorias de análise e interpelações pastorais. Brasília: CNBB, 2010.

_____. *A desafiante proposta de Aparecida*. São Paulo: Paulinas, 2008.

_____. *A pastoral dá o que pensar* – A inteligência da prática transformadora da fé. São Paulo/Valência: Paulinas/Siquem, 2006 [Livros Básicos de Teologia, 15].

_____. "Énfasis pastorales de la Iglesia en América Latina y El Caribe en los últimos 50 años". In: *Medellín*, 123, 2005, p. 375-398.

BRIGHENTI, A. & CARRANZA, B. (orgs.). *Igreja comunidade de comunidades* – Experiências e avanços. Brasília: CNBB, 2009.

CASALDÁLIGA, P. "Opción por los pobres, inculturación y comunitariedad". In: *Iglesia Viva*, 157, 1992, p. 67-76.

CHAPA, J. "Sobre la relación laós-laikós". In: ILLANES, J.L. *La misión del laico en la Iglesia y en el mundo*. Pamplona: Eunsa, 1987, p. 197-212.

CHENU, M.D. "La Iglesia de los pobres en el Vaticano II". In: *Concilium*, 124, 1977, p. 73-79.

CNBB. *Cristãos leigos e leigas na Igreja e na sociedade*: sal da terra e luz do mundo (Mt 5,13-14). Brasília: CNBB, 2017 [Documentos da CNBB, 105].

COMBLIN, J. "Los pobres en la Iglesia latinoamericana y caribeña". In: AMERINDIA. *Tejiendo redes de vida y esperanza* – Cristianismo, sociedad y profecía en América Latina y El Caribe. Bogotá: IndoAmerican, 2006, p. 289-305.

_____. *Os desafios da cidade no século XXI*. São Paulo: Paulus, 2003.

_____. *O Povo de Deus*. 2. ed. São Paulo: Paulus, 2002.

_____. "Evangelização e inculturação. Implicações pastorais". In: ANJOS, M.F. (org.). *Teologia da inculturação e inculturação da teologia*. Petrópolis: Vozes/Soter, 1995, p. 57-89.

_____. "Evolução da pastoral urbana". In: VV.AA. *Pastoral urbana*. São Paulo: Paulinas, 1980, p. 33-51.

CONGAR, Y. "La réception comme réalité ecclésiologique". In: *RSPT*, 56, 1972, p. 369-403.

_____. *Église et État ou pouvoir spirituel et temporel*. Paris: Sainte Église, 1963.

_____. *Sacerdoce et laïcat devant leurs tâches d'évangélisation et de civilisation*. Paris: Cerf, 1962.

D'ASSUNÇÃO BARROS, J. *Cidade e história*. Petrópolis: Vozes, 2007.

DUQUOC, C. *"Creo en la Iglesia"* – Precariedad institucional y Reino de Dios. Santander: Sal Terrae, 2001 [Presencia Teológica, 112].

ESQUERDA BIFET, J. *Teología de la evangelización* – Curso de Misionología. Madri: BAC, 1995.

ESTRADA, J.A. *La Iglesia: identidad y cambio* – El concepto de Iglesia del Vaticano I a nuestros días. Madri: Cristiandad, 1985.

FLORISTÁN, C. "Evangelización". In: FLORISTÁN, C. (org.). *Nuevo Diccionario de Pastoral*. Madri: San Pablo, 2002, p. 550-559.

_____. "Laicado". In: FLORISTÁN, C. (org.). *Nuevo Diccionario de Pastoral*. Madri: San Pablo, 2002, p. 761-772.

_____. "Parroquia". In: FLORISTÁN, C. *Teología Práctica* – Teoría y praxis de la acción pastoral. Salamanca: Sígueme, 1991, p. 597-622.

_____. *Teología práctica* – Teoría y praxis de la acción pastoral. Salamanca: Sígueme, 1991.

_____. "Modelos de Iglesia subyacentes a la acción pastoral". In: *Concilium*, 196, 1984, p. 417-426.

FOSSION, A. "Images du monde et images d'église". In: *Lumen Vitae*, 45, 1990, p. 61-70.

FRANCISCO. *Evangelii Gaudium*. São Paulo: Paulinas, 2013.

_____. *Palavras do Papa Francisco no Brasil*. São Paulo: Paulinas, 2013.

GONZÁLEZ DORADO, A. "Historia de la nueva evangelización en América Latina". In: *Medellín*, 73, 1993, p. 35-62.

_____. "Inculturación y endoculturación de la Iglesia en América Latina – Anotaciones para una investigación del proceso". In: *Estudios Eclesiásticos*, 255, 1990, p. 405-442.

GONZÁLEZ FAUS, J.I. "El meollo de la involución eclesial". In: *Razón y Fe*, 220, 1989, n. 1.089/90, p. 67-84.

GONZÁLEZ-CARVAJAL, L. *Evangelizar en un mundo post cristiano*. Santander: Sal Terrae, 1993.

GUTIÉRREZ, G. "La opción profética de una Iglesia". In: AMERINDIA. *Tejiendo redes de vida y esperanza* – Cristianismo, sociedad y profecía en América Latina y El Caribe. Bogotá: IndoAmerican, 2006, p. 307-320.

_____. "La recepción del Vaticano II en América Latina". In: ALBERIGO, G. & JOSSUA, J.-P. (orgs.). *La recepción del Vaticano II*. Madri: Cristiandad, 1987, p. 213-237.

HUNERMANN, P. "Reino de Dios". In: *Sacramentum mundi*. Vol. 5. Madri: Herder, 1973, col. 880-897.

IRARRÁZAVAL, D. "Práctica y teología en la inculturación". In: *Páginas*, 122, 1993, p. 32-48.

KUZMA, C. "Leigos". In: PASSOS, J.D. & LOPES SANCHEZ, W. *Dicionário do Vaticano II*. São Paulo: Paulinas/Paulus, 2015, p. 527-533.

LADRIÈRE, P. & LUNEAU, R. (orgs.). *Le retour des certitudes* – Événements et orthodoxie depuis Vatican II. Paris: Le Centurion, 1987.

LIBANIO, J.B. *A volta à grande disciplina*. São Paulo: Loyola, 1984.

LIÉGÉ, P.A. *Comunidad y comunidades en la Iglesia*. Madri: Herder, 1978.

LOSADA, J. "La Iglesia, Pueblo de Dios y Misterio de Comunión". In: *Sal Terrae*, 74, 1986, p. 243-256.

MARDONES, J.M. "La cultura actual en la gran ciudad". In: *II Seminario sobre Pastoral de Megápolis*. Celam, Santiago de Chile, 11-13/03/2003.

MERLOS, F. *Teología contemporánea del ministerio pastoral*. México: Palabra, 2012.

MIDALI, M. *Teologia pastorale o pratica* – Camino storico di una riflessione fondante e scientifica. Roma: L.A.S., 1991.

MUÑOZ, R. "Para una eclesiología latinoamericana y caribeña". In: AMERINDIA. *Tejiendo redes de vida y esperanza* – Cristianismo, sociedad y profecía en América Latina y El Caribe. Bogotá: IndoAmerican, 2006, p. 333-352.

PAULO VI. *Populorum Progressio*. São Paulo: Paulinas, 1967.

_____. "Le Congrès international de théologie du IIe Concile Œcuménique du Vatican". In: *Documentation Catholique*, 63, 1966, p. 1.731.

QUEIRUGA, A.T. *Fin del cristianismo pré-moderno*. Santander: Sal Terrae, 2000.

_____. "Inculturación de la Fe". In: FLORISTÁN, C. & TAMAYO, J.J. (orgs.). *Conceptos fundamentales de pastoral*. Madri: Cristiandad, 1983, p. 371-480.

RAHNER, K. "Iglesia y mundo". In: *Sacramentum Mundi*. Vol. 3. Barcelona: Herder, 1973, col. 752-775.

RAMOS, A.J. *Teología pastoral*. Madri: BAC, 2001.

RAYMOND, B. & SORDET, J.M. (orgs.). *La théologie pratique*: statut, méthodes, perspectives d'avenir. Paris: Beauchesne, 1993.

REDING, J. "Évangéliser dans un monde sécularisé". In: *La foie et le Temps*, 5, 1992, p. 453-469.

ROUTHIER, G. & VIAU, M. *Précis de théologie pratique*. Montreal/Bruxelas: Novalis/Lumen Vitae, 2004.

SALGADO, S. *Êxodos*. São Paulo: Cia. das Letras, 2000.

SCATENA, S. *In populo pauperum*: La chiesa latino-americana dal Concilio a Medellín (1962-1968). Bolonha: Il Molino, 2007.

SCHILLEBEECKX, E. "A definição tipológica do leigo cristão, conforme o Vaticano II". In: BARAÚNA, G. (org.). *A Igreja do Concílio Vaticano II*. Petrópolis: Vozes, 1965, p. 981-1.000.

SOBRINO, J. "El Reino de Dios anunciado por Jesús – Reflexiones para nuestro tiempo". In: AMERINDIA. *Tejiendo redes de vida y esperanza –* Cristianismo, sociedad y profecía en América Latina y El Caribe. Bogotá: IndoAmerican, 2006, p. 267-288.

_____. "Aprender a unir lo divino y lo humano". In: *Sal Terrae*, 91, 2003, p. 817-829.

_____. "Centralidad del Reino de Dios en la teología de la liberación". In: ELLACURÍA I. & SOBRINO, J. (orgs.). *Mysterium Liberationis*. Madri: Trotta, 1990, p. 467-510.

_____. "El Vaticano II y la Iglesia latinoamericana". In: FLORISTÁN, C. & TAMAYO, J.-J. (orgs.). *El Vaticano II, veinte años después*. Madri: Cristiandad, 1985, p. 105-134.

SPOZATI, A. "Leituras contemporâneas da exclusão e da inclusão social". In: LIGORIO SOARES, A.M. & PASSOS, J.D. (orgs.). *A fé na metrópole –* Desafios e olhares múltiplos. São Paulo: Educ/Paulinas, 2009, p. 301-326.

SUESS, P. "A disputa pela inculturação". In: ANJOS, M.F. (org.). *Teologia da inculturação e inculturação da Teologia*. Petrópolis: Vozes/Soter, 1995, p. 113-132.

_____. "Evangelizar os pobres e os outros a partir de suas culturas – Uma proposta de fundo para Santo Domingo". In: *Revista Eclesiástica Brasileira*, 206, 1992, p. 364-386.

SUSIN, L.C. "Le danger de vivre et la créativité de la foi". In: MULLER, H.A.M. & VILLEPELET, D. *Risquer la foi dans nos sociétés –* Églises d'Amérique latine et d'Europe en dialogue. Paris: Karthala, 2005, p. 31-51.

TAMAYO, J.J. *Presente y futuro de la teología de la liberación*. Madri: San Pablo, 1994.

THEOBALD, C. "As opções teológicas do Concílio Vaticano II: em busca de um princípio 'interno' de interpretação". In: *Concilium*, 312, 2005/4, p. 115-138.

TILLARD, J.M.R. *Église d'Églises* – L'ecclésiologie de communion. Paris: du Cerf, 1987.

VELASCO, J.M. *La transmisión de la fe en la sociedad contemporánea*. Santander: Sal Terrae, 2002.

Índice

Sumário, 5

Apresentação à segunda edição da Coleção Iniciação à Teologia, 7

Prefácio, 11

Introdução, 13

Unidade I – Pastoral e teologia, 17

1 A pastoral na teologia, 21

   1.1 O que se entende por pastoral e Teologia Pastoral, 23

      1.1.1 Delimitações semânticas, 23

      1.1.2 Pastoral e evangelização, 24

      1.1.3 Pastoral e missão, 27

      1.1.4 Teologia Pastoral ou Teologia Prática?, 29

   1.2 O sujeito e o lugar da pastoral, 31

      1.2.1 O Povo de Deus como sujeito da pastoral, 32

      1.2.2 Lugares da pastoral, 34

         1.2.2.1 Igreja local e lugar da pastoral, 35

         1.2.2.2 Paróquia e lugar da pastoral, 36

         1.2.2.3 As CEBs como lugar natural da pastoral, 38

   1.3 A sociedade pluralista e excludente como contexto da pastoral, 39

      1.3.1 O Reino de Deus enquanto horizonte da ação pastoral, 39

      1.3.2 A inserção dos cristãos no contexto de uma sociedade excludente, 40

2 A pastoral como o ser da Igreja, 43

2.1 A pastoral como realização do tríplice múnus, 44

2.1.1 A pastoral profética, 44

2.1.2 A pastoral do serviço e da comunhão, 46

2.1.3 A pastoral litúrgica, 49

2.2 A primazia da caridade no exercício do tríplice múnus, 51

2.2.1 Da necessidade à gratuidade, 51

2.2.2 A caridade, mãe de todas as virtudes, 52

2.2.3 Caridade e justiça social, 53

2.3 O trinômio Reino-Igreja-Mundo como tripé da pastoral, 55

2.3.1 A Igreja como "gérmen e princípio" do Reino, 55

2.3.1.1 O eclipse do Reino de Deus e a fuga do mundo, 56

2.3.1.2 Reino e mundo são constitutivos da Igreja, 57

2.3.2 A relação Igreja-Reino de Deus, 58

2.3.2.1 De uma Igreja absorvedora a uma Igreja servidora do Reino, 58

2.3.2.2 A relação Igreja-Reino está marcada por uma tensão, 59

2.3.2.3 Acolher e contribuir com a presença do Reino fora da Igreja, 60

2.3.3 A relação Igreja-Mundo, 61

2.3.3.1 Os limites de uma relação de distância e dominação, 61

2.3.3.2 Com o Vaticano II, uma relação de diálogo e serviço, 62

2.3.4 Reino-Igreja-Mundo na Igreja da América Latina, 63

2.3.4.1 Inserir-se no mundo, mas em que mundo?, 64

2.3.4.2 Exercer no mundo um serviço profético, 65

2.3.4.3 A salvação como libertação integral, 65

2.3.4.4 As CEBs como sacramento do Reino, 66

3 Itinerário da pastoral e da Teologia Pastoral, 69

3.1 O percurso histórico da ação pastoral, 70

3.1.1 A atuação da Igreja na Idade Antiga, 71

3.1.2 A atuação da Igreja na Idade Média, 71

3.1.3 A atuação da Igreja na Idade Moderna, 72

3.1.4 A ação da Igreja na renovação do Vaticano II, 74

3.1.5 A atuação da Igreja na tradição libertadora latino-americana, 75

3.2 O percurso histórico da Teologia Pastoral, 76

3.2.1 A pastoral como pragmática, 78

3.2.2 A pastoral como processo histórico-salvífico, 79

3.2.3 A pastoral como a ação da Igreja, 80

3.2.4 A pastoral respaldada por uma teologia da ação, 82

3.3 Pastoral e ciência, 83

3.3.1 O desencontro da ação com a reflexão, 84

3.3.2 O reencontro da pastoral com a ação, 86

3.3.3 O reencontro da pastoral com a teologia, 87

3.3.4 O encontro da pastoral com as ciências, 89

Unidade II – Pastoral e ação evangelizadora, 93

4 A pastoral como ação em favor da vida em abundância, 97

4.1 A vida em abundância como horizonte da pastoral, 99

4.1.1 A vida como ponto de chegada da ação pastoral, 99

4.1.2 A vida como ponto de partida da ação pastoral, 101

4.2 A pastoral como ação transformadora, 103

4.2.1 O potencial transformador da fé cristã, 103

4.2.2 Os Santos Padres e o compromisso social, 106

4.2.2.1 Os pobres na Igreja, 107

4.2.2.2 A caridade organizada, 108

4.2.2.3 Sagrada Escritura e compromisso social, 109

4.2.2.4 A justiça social, 109

4.3 Uma ação no mundo em perspectiva profética, 110

4.3.1 Uma Igreja inserida profeticamente na sociedade, 111

4.3.2 Ação pastoral e profecia, 113

4.3.3 Opção pelos pobres e "Pacto das Catacumbas", 115

4.3.3.1 O Pacto em Medellín, 115

4.3.3.2 O mensageiro também é mensagem, 116

4.3.3.3 A instituição também é mensagem, 118

5 Modelos de pastoral em torno à renovação do Vaticano II, 121

5.1 Modelos presentes no contexto imediato do Vaticano II, 123

5.1.1 A pastoral de conservação (de Cristandade), 124

5.1.2 A pastoral coletiva (de Neocristandade), 126

5.2 O Vaticano II e a pastoral orgânica e de conjunto, 129

5.2.1 A superação do paroquialismo e do universalismo dos movimentos, 130

5.2.2 A Igreja como Povo de Deus que peregrina na história, 131

5.3 A Igreja na América Latina e a pastoral de comunhão e participação, 133

5.3.1 Uma ação em perspectiva libertadora, 134

5.3.2 A Igreja como eclesiogênese, 135

5.4 Na crise da Modernidade, a pastoral secularista (de Pós-modernidade), 137

5.4.1 O refluxo da Neocristandade, 137

5.4.2 A pastoral secularista (de Pós-modernidade), 138

5.5 Um novo modelo em torno a Aparecida, 140

5.5.1 A pastoral de conversão missionária, 140

5.5.2 Uma Igreja em estado permanente de missão, 142

6 Evangelização nova e conversão pastoral da Igreja, 146

6.1 A renovação do Vaticano II e o imperativo de uma evangelização nova, 148

6.1.1 Uma nova evangelização para manter a novidade do Evangelho, 148

6.1.2 Uma evangelização nova em seu ardor, métodos e expressões, 149

6.1.3 O novo como superação da Cristandade, 151

6.2 A exigência de uma conversão pastoral da Igreja, 153

6.2.1 O que se entende por "conversão pastoral", 154

6.2.1.1 O objeto da conversão pastoral, 156

6.2.1.2 A razão ou a finalidade da conversão pastoral, 157

6.2.1.3 A perspectiva da conversão pastoral, 159

6.2.2 Os quatro âmbitos de uma conversão pastoral da Igreja, 162

6.2.2.1 A conversão na mentalidade ou na consciência da comunidade eclesial, 163

6.2.2.2 A conversão nas ações, 163

6.2.2.3 A conversão nas relações de igualdade e autoridade, 164

6.2.2.4 A conversão no âmbito das estruturas, 165

Unidade III – A pastoral como processo de encarnação da fé, 169

7 Pastoral em uma Igreja em saída às periferias, 173

7.1 Somente uma ação pensada faz processo, 174

7.1.1 Caminhar apoiados nas ciências, 175

7.1.2 Os bons resultados são consequência de bons processos, 177

7.2 Perfil pastoral de uma Igreja em saída para as periferias, 180

7.2.1 A periferia como o centro da Igreja, 182

7.2.2 Uma Igreja nas fronteiras, 183

7.2.3 Uma Igreja samaritana, 185

7.2.4 Uma Igreja pobre e para os pobres, 187

7.2.5 Uma Igreja profética, 189

7.2.6 Uma Igreja sinodal, 191

7.2.7 Uma Igreja com uma cultura marcadamente laical, 193

8 Evangelização, inculturação e pastoral urbana, 196

8.1 Inculturação, interculturalidade e pastoral, 198

8.1.1 A pluriculturalidade como componente do ser da Igreja, 198

8.1.2 Relação Evangelho-culturas: dois paradigmas opostos, 201

8.1.2.1 O paradigma "evangelização das culturas", 201

8.1.2.2 O paradigma "evangelização inculturada", 202

8.1.3 O desafio da ambiguidade e da justaposição de culturas, 204

8.2 Pastoral e evangelização inculturada no mundo urbano, 207

8.2.1 A cidade como um todo complexo e diversificado, 208

8.2.2 Componentes do mundo urbano, 209

8.2.2.1 A cidade como território ocupado, 209

8.2.2.2 A cidade como midiatização, 211

8.2.2.3 A cidade como espaço da subjetividade e da autonomia, 212

8.2.2.4 A cidade como lugar de novas formas de sociabilidade e exclusão, 216

8.2.3 Pistas de Aparecida para uma pastoral urbana, 218

9 A projeção da ação pastoral no seio de uma Igreja sinodal, 223

9.1 A comunidade eclesial como sujeito da pastoral, 224

9.1.1 Sinodalidade eclesial e pastoral de conjunto, 225

9.1.2 O resgate da diocesaneidade da pastoral, 227

9.1.3 A Igreja local como unidade básica do planejamento, 228

9.2 Condições de ordem pedagógica para um planejamento sinodal, 231

9.2.1 Superar o amadorismo e o pragmatismo do cotidiano, 231

9.2.2 Privilegiar o processo aos resultados, 232

9.2.3 Disposição para conviver com o conflito, 234

9.3 Condições de ordem metodológica para um planejamento eficaz, 235

9.3.1 Levar em conta o estatuto da ação, 236

9.3.1.1 Primeira exigência: pés no chão, 236

9.3.1.2 Segunda exigência: olhos no horizonte, 237

9.3.1.3 Terceira exigência: "sujar" as mãos, 238

9.3.2 Desconcentrar o poder de decisão, 238

9.3.2.1 Planejar "para" os outros, 239

9.3.2.2 Planejar "com" os outros, 239

9.3.2.3 O planejamento pela própria comunidade, 240

9.3.3 Discernimento comunitário e decisão partilhada, 241

9.3.4 Conhecer o contexto e ter presente os âmbitos da pastoral, 242

Referências, 247

COLEÇÃO INICIAÇÃO À TEOLOGIA
Coordenadores: Welder Lancieri Marchini e Francisco Morás

- *Teologia Moral: questões vitais*
  Antônio Moser
- *Liturgia*
  Frei Alberto Beckhäuser
- *Mariologia*
  Clodovis Boff
- *Bioética: do consenso ao bom-senso*
  Antônio Moser e André Marcelo M. Soares
- *Mariologia – Interpelações para a vida e para a fé*
  Lina Boff
- *Antropologia teológica – Salvação cristã: salvos de quê e para quê?*
  Alfonso García Rubio
- *A Bíblia – Elementos historiográficos e literários*
  Carlos Frederico Schlaepfer, Francisco Rodrigues Orofino e
  Isidoro Mazzarolo
- *Moral Fundamental*
  Frei Nilo Agostini
- *Direito Canônico – O povo de Deus e a vivência dos sacramentos*
  Ivo Müller, OFM
- *Estudar teologia – Iniciação e método*
  Henrique Cristiano José Matos
- *História da Igreja – Notas introdutórias*
  Ney de Souza
- *Direito Canônico*
  Pe. Mário Luiz Menezes Gonçalves
- *Trindade – Mistério de relação*
  João Fernandes Reinert
- *Teologia Fundamental*
  Donizete Xavier
- *Teologia Pastoral – A inteligência reflexa da ação evangelizadora*
  Agenor Brighenti
- *Moral Social*
  Fr. André Luiz Boccato de Almeida, OP

CULTURAL

Administração
Antropologia
Biografias
Comunicação
Dinâmicas e Jogos
Ecologia e Meio Ambiente
Educação e Pedagogia
Filosofia
História
Letras e Literatura
Obras de referência
Política
Psicologia
Saúde e Nutrição
Serviço Social e Trabalho
Sociologia

CATEQUÉTICO PASTORAL

Catequese
Geral
Crisma
Primeira Eucaristia

Pastoral
Geral
Sacramental
Familiar
Social
Ensino Religioso Escolar

TEOLÓGICO ESPIRITUAL

Biografias
Devocionários
Espiritualidade e Mística
Espiritualidade Mariana
Franciscanismo
Autoconhecimento
Liturgia
Obras de referência
Sagrada Escritura e Livros Apócrifos

Teologia
Bíblica
Histórica
Prática
Sistemática

VOZES NOBILIS

Uma linha editorial especial, com importantes autores, alto valor agregado e qualidade superior.

REVISTAS

Concilium
Estudos Bíblicos
Grande Sinal
REB (Revista Eclesiástica Brasileira)

VOZES DE BOLSO

Obras clássicas de Ciências Humanas em formato de bolso.

PRODUTOS SAZONAIS

Folhinha do Sagrado Coração de Jesus
Calendário de mesa do Sagrado Coração de Jesus
Agenda do Sagrado Coração de Jesus
Almanaque Santo Antônio
Agendinha
Diário Vozes
Meditações para o dia a dia
Encontro diário com Deus
Guia Litúrgico

CADASTRE-SE
www.vozes.com.br

EDITORA VOZES LTDA.
Rua Frei Luís, 100 – Centro – Cep 25689-900 – Petrópolis, RJ
Tel.: (24) 2233-9000 – Fax: (24) 2231-4676 – E-mail: vendas@vozes.com.br

UNIDADES NO BRASIL: Belo Horizonte, MG – Brasília, DF – Campinas, SP – Cuiabá, MT
Curitiba, PR – Fortaleza, CE – Goiânia, GO – Juiz de Fora, MG
Manaus, AM – Petrópolis, RJ – Porto Alegre, RS – Recife, PE – Rio de Janeiro, RJ
Salvador, BA – São Paulo, SP